Rambo op lemen voeten

Tom Ronse

RAMBO op lemen voeten

Amerika in de jaren negentig

UITGEVERIJ KRITAK

Opgedragen aan Frank Soete

Met zeer veel dank aan Jacqueline Goossens,
zonder wier hulp dit boek er niet was gekomen.

Diestsestraat 249, 3000 Leuven

Omslagontwerp: Dooreman & Hendryckx
Foto achterplat: Jacqueline Goossens
Zetwerk: Griffo, Gent
Vertegenwoordiging voor Nederland: Meulenhoff, Amsterdam
Uitlevering: Integraal fonds bij Centraal Boekhuis, Culemborg

ISBN 90 6303 430 X
D/1992/2393/33
NUGI 654

INHOUD

INLEIDING

'Eindelijk, Indië!' Zoiets moet Columbus hebben uitgeroepen toen hij 500 jaar geleden voet aan wal zette in wat spoedig 'de Nieuwe Wereld' zou heten. De Italiaanse zeeman was vertrokken met een vaag plan, de bereidheid risico's te nemen en het intense verlangen om snel rijk te worden. Dat maakte hem tot het prototype van de miljoenen avonturiers die in zijn zog zouden volgen, gejaagd door 'the American Dream'.

De verovering begon in de zuidelijke helft van het continent, waar schatten van zwakkere beschavingen te plunderen waren. Het Noorden kwam pas in de 17de eeuw aan de beurt. Jamestown, de eerste Engelse kolonie, werd in 1607 gesticht. Negentien jaar later 'kochten' de Hollanders Manhattan van de Shinnecocks en bezorgden de Indianen een cultuurschok van formaat door ze meteen ook van het eiland te trappen (die 'wilden' hadden naar het schijnt geen flauw benul van het eigendomsrecht).

Zelfs vandaag vind je in de VS, vooral in het westen, nog streken die je een idee geven hoe ongerept en adembenemend mooi dit land toen moet zijn geweest. Het handjevol bewoners (ongeveer een miljoen 'Indianen') liet er nauwelijks sporen na. 385 jaar later is die wildernis veranderd in de machtigste economie ter wereld en het enige land dat nog de titel van 'grootmacht' kan opeisen: het hedendaagse Rome.

Na zelf een 32ste van die tijd hier te hebben doorgebracht – 12 jaren die in een oogwenk voorbij waren – vind ik het moeilijk te geloven dat die metamorfose zo weinig tijd in beslag nam. In 1620 landden de 'Pelgrims', een groep Engelse puriteinen, in Massachusetts. Zij waren de eerste kolonisten in het noordoosten, de streek die later 'New England' zou worden genoemd. Ze zouden hun eerste winter niet hebben overleefd zonder de hulp van de Wampanoag- en Pequamid-Indianen die de hongerige Pelgrims maïs gaven en hun toonden waar te vissen. Later gaven ze hun zaad en leerden hun landbouwtechnieken aan. Om hun succes te vieren gaven de Pelgrims een 'Thanksgiving'-feest, dat tot op vandaag een van de belangrijkste Amerikaanse feestdagen is gebleven. Europeanen en Indianen zaten samen aan tafel, deelden de oogst. Het leek een voorafschaduwing van de werkelijk nieuwe wereld die Amerika kon worden. Maar de kloof was te groot, de belangen en levenswijze van kolonisten en inboorlingen te tegenstrijdig. Vóór het einde van de eeuw waren de Indianenstammen die de Pelgrims hadden verwelkomd uitgeroeid. 'The American Dream' kon beginnen.

Europa en Amerika verschilden toen nog als dag en nacht. Maar naarmate de film van de voorbije eeuwen afrolt, wordt de oceaan smaller. Hoe meer het heden nadert, hoe meer West-Europa en Noord-Amerika op elkaar gelijken. In deze eeuw leven ze beide aan hetzelfde historische ritme. Oorlog en vrede, economische crisis en voorspoed, optimisme en nihilisme, vernieuwing en restauratie, dezelfde golven likken beide oevers van de Atlantische Oceaan.

Europeanen die naar Amerika kijken herkennen zichzelf: dezelfde overontwikkelde klassenmaatschappij waarin, de democratie ten spijt, raciale tegenstellingen opnieuw groter worden; een economie die steeds meer kan produceren maar juist daardoor steeds grotere problemen kent; dezelfde 'beschavingsziekten', spanningen, modes, trends, obsessies en publieke humeurschommelingen als thuis. Toch zien we als Europeanen ook grote verschillen, alsof we voor een lachspiegel staan. Omdat Amerika terzelfder tijd zo gelijkend en zo verschillend is, zijn we onweerstaanbaar geneigd tot vergelijken. Daarom schelden we zo graag op Amerika, lachen we ermee of prijzen het de hemel in. We gebruiken Amerika om onze ijdelheid te strelen of aan zelfkastijding te doen.

Maar zowel lof als kritiek steunen vaak op clichés en oppervlakkige impressies. Dit boek is een poging om verder te gaan, om de mechanismen te begrijpen die Amerika anders maken, het doen draaien en ontsporen.

Amerika is een land van contrasten. Het kan schaamteloos lijken eerst de neus op te halen voor clichés om dan met het meest afgezaagde voor de dag te komen, dat op bijna elk land ter wereld toepasbaar is. Maar is Amerika niet de recordhouder? Dit is het rijkste land ter wereld maar ook een land van schrijnende armoede. Een samenleving vol chaos en geweld maar ook het meest ordelijke en stabiele politieke regime ter wereld. Een multiculturele smeltkroes maar ook een land waar racisme onuitroeibaar lijkt. Een land met een heterogene bevolking, afkomstig uit alle delen van de wereld maar waar de levenswijze van staat tot staat weinig verschilt. Een land dat vrijheid en individualisme in het vaandel voert maar waar de media eenstemmig loeien en de uniformiteit de ogen uitsteekt. Dynamisch maar conservatief, groeigericht maar ook destructief, idealistisch maar geobsedeerd door materieel bezit. Alomtegenwoordig in heel de wereld maar zo weinig vertrouwd met wat zich buiten zijn grenzen afspeelt. Het machtigste land op aarde maar blijkbaar machteloos tegenover de meest dringende binnenlandse problemen...

In het eerste deel van dit boek graven we naar de wortels van wat Amerika zo verschillend maakt. We gaan na hoe de immigrantenervaring de Amerikaanse mentaliteit heeft gekneed, welke erfenissen de slavernij en de traditie van freelance geweld hebben nagelaten, wat de alomtegenwoordigheid van televisie betekent en wat het zoal met zich meebrengt te leven in het machtigste land ter wereld.

In het tweede deel onderzoeken we hoe Amerika in de afgelopen decennia is geëvolueerd. In de jaren '70 moest het Amerikaanse establishment rake klappen incasseren. De rebelse wind die in de sixties was opgestoken ondermijnde het gezag. Niets leek te werken om de economische crisis op te lossen. Winsten daalden maar inflatie, werkloosheid en sociale spanningen namen toe. Geostrategische schokken drongen de VS in het defensief. Beelden uit die periode die zich op het collectieve netvlies brandden, toonden een zieke supermacht: de chaotische evacuatie van de laatste Amerikanen uit Vietnam, Nixon die met rode kaken ontslag nam, Carter die tijdens het joggen uitgeput in elkaar stuikte, geblinddoekte gijzelaars in Teheran, bespot door een woedende menigte.

Maar in de jaren '80 werd de tegenaanval gelanceerd. Reagan, op de handen gedragen door de media, restaureerde het politieke gezag. Een spectaculaire economische heropleving maakte welgestelde Amerikanen nog rijker. En de grootste bewapeningsinspanning ooit in vredestijd ondernomen, dwong Amerika's aartsrivaal op de knieën. 'It's morning in America,' kraaiden de reclamespots van het Witte Huis. Symbool bij uitstek van dit 'ontwaakt Amerika' was de populaire filmheld Rambo, de onoverwinnelijke, zwaarbewapende macho die in Vietnam en Afghanistan revanche nam voor de vernederingen die Amerika in de jaren '70 had ondergaan.

De zwenking van de jaren '80 heeft de VS grondig veranderd. Een oude droom is in vervulling gegaan: Amerika is nu de enige supermacht. Geen enkel land kan het nog naar de kroon steken. Maar voor de successen van het Reagan-tijdperk werd een zware prijs betaald. De economische heropleving bleek een kuur die wel een aantal crisissymptomen wegmoffelde maar de patiënt intussen nog zieker maakte. De bewapeningsescalatie brak wel de economische ruggegraat van het Kremlin maar dreef ook vele binnenlandse problemen op de spits.

Rambo mag dan de generaal van de nieuwe wereldorde zijn, thuis staat hij op lemen voeten. De groei van Amerika's internationale macht ging niet gepaard met groeiende welvaart en rust op het thuisfront. Troepen die zegevierden in

Koeweit moesten een jaar later rellen onderdrukken in Los Angeles.

Amerika is meer dan ooit een maatschappij in crisis. In het derde deel van dit boek worden enkele facetten van die crisis onder de loep genomen, in de eerste plaats de verdieping van de kloof tussen rijk en arm: de afscheuring van de rijkste Amerikanen die zich in hun gouden kooi terugtrekken, de vrije val van de armsten, de versmalling van de groep tussen beide extremen in.

De metropolen ondergaan een metamorfose door de pletwals van verval in de binnensteden met daarrond de wildgroei van nieuwe, vooral blanke randsteden.

De explosieve combinatie van groeiende armoede en taaie discriminatiemechanismen zorgt voor een raciaal kruitvat, met groeiend wantrouwen tussen blanken en zwarten.

De kwaliteit van het onderwijs gaat achteruit, vooral in de grote steden. Terwijl de scholen voor kinderen van welgestelden meestal uitstekend zijn, kunnen afgestudeerden van scholen voor armen soms hun eigen diploma niet lezen.

De Amerikaanse gezondheidszorg is er beroerd aan toe: de medische kosten zijn op hol geslagen maar toch worden steeds meer zieken slecht verzorgd en verliezen steeds meer mensen door ziekte hun hebben en houden.

De misdaad-epidemie grijpt om zich heen. Nergens worden zo veel mensen in gevangenissen opgesloten, nergens ook blijven zo veel misdadigers ongestraft. Zowel de drugepidemie en de 'oorlog tegen drugs' beantwoorden op hun manier aan de groeiende nood om uit de werkelijkheid te ontsnappen.

De crisis van het gezin gaat gepaard met toenemend geweld in relaties. Amerika wordt seksueel overgestimuleerd en gestraft met seksuele ziekten, zelfkwelling en zondebesef.

In de Amerikaanse totalitaire democratie fungeert geld meer dan ooit als moedermelk van de politiek. De verkiezingen zijn een propaganda-circus dat met het werkelijk beleid nog nauwelijks iets te maken heeft. Politiek cynisme en cynisme over de politiek vieren hoogtij.

De diepere oorzaken van Amerika's crisis zijn niet uniek. De wereld staat tegenover globale bedreigingen die globale oplossingen vereisen. Maar terzelfder tijd verscherpt de globale economische crisis de internationale concurrentiestrijd. Amerika is militair machtiger dan ooit maar zijn concurrentievermogen lijdt aan erosie, door het gewicht van zijn militaire lasten en de verwaarlozing van zijn interne problemen. Die combinatie zal onvermijdelijk in de komende jaren het lot van de hele wereld ingrijpend beïnvloeden.

I. HET ANDERE AMERIKA

NOMADEN IN EEN NIEUWE WERELD
DE IMMIGRANTENERVARING

Al hebben we grotendeels dezelfde voorouders, we vinden elkaar toch zo anders. Amerikanen verwijten Europeanen formalisme, pessimisme, terughoudendheid, gebrek aan durf en dynamisme... Wij vinden hen oppervlakkig, naïef, ongeduldig, materialistisch, drukdoenerig, geneigd tot overdrijven...

Clichés? Jawel, maar ze steunen op echte verschillen die een rechtstreeks gevolg zijn van de Amerikaanse immigrantenervaring.

Niets heeft zo sterk zijn stempel gedrukt op de Amerikaanse psyche. Wat een Amerikaan Amerikaan maakt is niet zijn ras, zijn etnische of culturele banden, gedeelde tradities en geschiedenis. Het enige wat alle Amerikanen (op de Indianen na) gemeen hebben, is dat ze immigranten of afstammelingen van relatief recente immigranten zijn. De meerderheid van de bevolking heeft minstens een grootouder die in het buitenland is geboren. Volgens de *US Information Agency* hebben meer dan 75% van alle mensen die ooit uit eigen land emigreerden, zich in de VS gevestigd.

De opeenvolgende immigratiegolven hebben de VS steeds multicultureler gemaakt. Op het einde van de achttiende eeuw telden de VS slechts 7 miljoen inwoners, waaronder ruim 1 miljoen slaven. Drie vierden van de bevolking was van Angelsaksische oorsprong. Tussen 1840 en 1860, toen Europa werd geteisterd door honger en politieke beroering, ontvingen de VS 5 miljoen immigranten per jaar, vooral uit Ierland en

Duitstalig Europa. Een nieuwe golf, van 1880 tot 1920, voerde miljoenen uit Oost- en Zuid-Europa aan.

De laatste immigratiegolf is nog volop aan de gang. Tijdens de jaren '80 absorbeerden de VS 8,6 miljoen nieuwkomers. In 1991 kregen 1,8 miljoen immigranten de status van permanente resident. Minder dan een vijfde van de nieuwe immigranten zijn Westeuropeanen; de meerderheid komt nu uit Latijns-Amerika, de Caraïben, Azië en het vroegere Oostblok. Het percentage Amerikanen dat thuis een andere taal spreekt dan Engels verdubbelde in de jaren '80 van 6,6% naar 13,8%. De Spaanstalige cultuur heeft definitief wortel geschoten in staten zoals Californië, Texas, Florida en in grote steden als New York en Chicago. Voor 23 van de 250 miljoen Amerikanen is Spaans de voertaal.

Ook de illegale immigratie is nog altijd zeer hoog. In 1991 werden meer dan 1 miljoen illegalen opgepakt maar hun totaal aantal werd dat jaar op 3 miljoen geschat. Velen van hen zijn Mexicanen die na korte of lange tijd naar hun land terugkeren. Maar anderen vinden een permanent en relatief veilig onderkomen in de multinationale hutsepot die vele steden zijn geworden.

In tegenstelling tot Europa heeft deze immigratiegolf geen politieke anti-vreemdelingenhetze op gang gebracht. Amerika heeft geen traditie van xenofobie zoals diegene die nu op het oude continent nieuw leven wordt ingeblazen. De *Ku Klux Klan* en uiterst-rechtse politici zoals Pat Buchanan eisen wel dat de immigratie van niet-blanken wordt afgeremd maar veel succes oogsten ze voorlopig niet. Met een uitspraak als: 'We zijn allen immigranten!' kan een doorsneepoliticus nog steeds op een warm applaus rekenen.

Ook het politieke en economische establishment bekijkt de immigratiestijging met welgevallig oog. 'De voordelen overtreffen de kosten ruimschoots', stelde het *Economisch rapport van de president* in 1990. In de legale immigratie ligt het accent op het aantrekken van hoog geschoolde arbeidskrachten. Een brain drain uit de rest van de wereld helpt het kwaliteitsverlies van de Amerikaanse scholen te compenseren. Maar ook de illegale immigranten zijn onmisbaar. Hun bereidheid om keihard te werken voor weinig geld oefent een neerwaartse druk uit op het loonniveau van alle ongeschoolde arbeidskrachten en levert de werkgevers dus gigantische besparingen op.

De immigrantenervaring in Amerika is totaal verschillend van deze in Europa. Een kleinkind van een Turkse of Marokkaanse immigrant wordt in West-Europa nog altijd als een Turk of Marokkaan beschouwd, ook al heeft hij zijn land van herkomst nooit gezien. De immigrant in de VS kan vrijwel onmiddellijk Amerikaan worden. Na enkele jaren in dit land gedraagt hij zich en denkt hij als een Amerikaan. Hij mag met een afschuwelijk accent spreken, niemand zal hem daarom als een vreemdeling beschouwen. Hij mag dan trots zijn op zijn herkomst, dat belet hem niet fier te zeggen: 'I'm as American as anyone else' en voor zijn kinderen zijn de banden met het moederland al grotendeels verbroken. Racisme en etnische vooroordelen zijn dagelijkse kost in de VS maar toch is geen land er beter in geslaagd om een multiculturele eenheid te scheppen. De immigrantenervaring maakt iedereen gelijk; voor iedereen zijn de banden met het verleden, de geschiedenis, de familie doorgesneden. Op de vraag aan welke vereisten immigranten moesten voldoen om in de Nieuwe Wereld te slagen, antwoordde John Quincy Adams, de zesde president van de VS: 'Zij moeten hun Europese huid voor altijd afgooien. Ze moeten vooruitzien naar hun nageslacht, in plaats van achterom te kijken naar hun voorouders.'

De immigrantenervaring maakt de Amerikanen toekomstgericht maar ook ongeduldig. Er was ruimte zat in het enorme continent en als het op een plaats niet lukte, dan probeerde je het honderd of duizend kilometer verderop. Integratie was geen probleem, overal vond je mensen die, net als jij, immigranten of immigrantenkinderen waren.

Dit scenario vind je in tal van Amerikaanse biografieën terug: mannen en vrouwen beginnen hun leven in een plaats en eindigen het ver van hun vertrekpunt, vaak niet goed wetend hoe ze daar zijn beland. Ze zwerven van hier naar daar, altijd het onverwachte verwachtend, tot een baan, een stuk grond, een huwelijk of een gevangenis hen vasthoudt.

Dit is een rusteloos land. Alexis de Tocqueville, de Franse diplomaat die in 1835-1840 een magistraal portret van de VS schilderde, merkte toen al op: 'Een Amerikaan bouwt een huis om er zijn oude dag in te slijten en dan verkoopt hij het nog voor het dak er op ligt; hij legt een tuin aan en verpacht hem nog voor de bomen vruchten dragen; hij bezaait een veld en laat anderen de oogst binnenhalen; hij vat een beroep aan en laat het dan weer in de steek; hij vestigt zich ergens om terstond weer te vertrekken als hem dat zint.'

De onmetelijke open ruimten die in de Tocquevilles tijd nog bestonden zijn verdwenen maar de rusteloosheid niet. Tussen 1985 en 1989 is de helft van de Amerikaanse bevolking verhuisd, zo blijkt uit officiële cijfers. Elk jaar verlaten meer dan vijf miljoen Amerikanen hun staat om elders in het land hun geluk te beproeven.

Geen wonder dus dat zo vele Amerikanen in mobilhomes en caravans wonen. Geen wonder dat zo vele huizen slecht en haastig in elkaar zijn geflanst; zelden blijft de eigenaar er zijn hele leven in wonen. 'Amerikaanse steden ademen de sfeer van nomadenkampen,' schrijft essayist Lewis Lapham, 'bezaaid met afval en tijdelijk bewoond door mensen die onderweg zijn naar elders.'

De steden ondergaan een voortdurende metamorfose. Door het veelvuldig verhuizen kan een buurt bliksemsnel totaal van karakter veranderen. In enkele jaren tijd wordt de chique wijk een getto of raakt een vervallen straat helemaal opgeknapt. In een stad als New York is het moeilijk tweemaal dezelfde wandeling te maken: de winkel waar je iets wou kopen blijkt verhuisd, het restaurant waar je wou eten is een nachtclub geworden, de bioscoop wordt afgebroken om plaats te maken voor een kantoorgebouw. De meeste restauranthouders in de VS volgen een andere tactiek dan hun Europese collega's. In het oude continent zal een restauranthouder meestal proberen gaandeweg een reputatie op te bouwen om zo een vaste cliënteel te verwerven. Hier tracht hij met veel reclame onmiddellijk een zo groot mogelijk publiek aan te trekken. Als de belangstelling begint te verminderen zal hij zijn deuren sluiten en elders een nieuw restaurant openen; met een nieuwe naam, een nieuwe inrichting en een nieuwe reclamecampagne.

De reclame is vaak veel beter gemaakt dan de produkten die ze aanprijst. Soms lijkt het of alle Amerikanen bezeten zijn door de droom om snel rijk te worden, alsof iedereen uit is op 'a quick buck' (een snel verdiende dollar). Verkopen is dus veel belangrijker dan produceren en de kwaliteit van wat in de VS gemaakt wordt, lijdt daaronder. Amerikanen zijn zelf de eersten om dit op te merken en te betreuren. Ze gaan er bijna automatisch – en soms ten onrechte – van uit dat alles wat uit Europa of Japan komt beter en duurzamer is.

De immigrantendroom – 'From rags to riches' (van voddeman tot miljonair) – wordt zelden werkelijkheid, maar in de VS nog altijd vaker dan waar ook ter wereld. Personen die plots fortuin maken, ongeacht of dit gebeurde door geluk of talent, bedrog of stom toeval, hebben altijd de status van volkshelden gekregen. Want zij bevestigen de verwachtingen van de immigrant, zijn geloof in de toekomst. 'Een Amerikaans karakter bestaat misschien niet,' schreef V.S. Pritchett, 'maar er bestaat een Amerikaans gevoel: een nostalgisch verlangen naar een onbestemde toekomst waarin de mens zichzelf onherkenbaar zal verbeterd hebben en alles goed zal zijn.'

De immigrantenervaring heeft misschien geen Amerikaans karakter gecreëerd maar wel een aantal kentrekken, zoals het optimisme waar Pritchett over schreef. Vele Europese bezoekers verbazen zich ook over de openheid van de Amerikanen, de informele manier waarop ze omgaan met mensen die ze niet of nauwelijks kennen (bijna iedereen spreekt je meteen bij je voornaam aan), het gemak waarmee ze hun gevoelens uiten tegenover volslagen onbekenden (wat gasten elke dag in televisie-talkshows over zichzelf vertellen, zouden vele Europeanen zelfs niet in de biechtstoel onthullen), hun spontaniteit (vergelijk bijvoorbeeld de reacties van een Europees en een Amerikaans publiek bij rockconcerten of in de bioscoop). Europeanen klagen er over dat de Amerikaanse vriendelijkheid zo 'oppervlakkig' is, dat het moeilijk blijkt om met Amerikanen een duurzame vriendschap op te bouwen. Ook die karaktertrekken zijn een erfenis van de immigrantenmentaliteit.

De immigrant is een vreemdeling tussen vreemdelingen. Iedereen zit in hetzelfde schuitje, niemand kan het zich veroorloven afstandelijk te doen en het heeft geen zin anderen te beoordelen op basis van afkomst of verwantschap. Tussen mensen die voortdurend in beweging zijn, worden relaties bijna automatisch minder uitgediept. Anderzijds is een grotere openheid mogelijk omdat het uiten van intieme gevoelens niet dezelfde gevolgen heeft als in een meer permanente sociale structuur.

Voor Europeanen zowel als Aziaten valt het ook op hoe expliciet de Amerikaanse cultuur wel is. Terwijl in oosterse of Europese literatuur en conversaties de boodschap vaak tussen de regels moet worden gezocht, geven Amerikanen er doorgaans de voorkeur aan alles zeer duidelijk uit te spellen. Subtiliteit is niet meteen een van Amerika's sterkste kanten. Dat merk je ook aan de Amerikaanse humor die vaak gebaseerd is op actie en overdrijving. Het meer subtiele komische talent heeft gewoonlijk geen globaal-Amerikaanse maar een etnische achtergrond, zoals Woody Allens joodse humor. Ook dat is niet verwonderlijk. Hoe meer een cultuur gebaseerd is op ervaringen, een verleden, een taal en achtergrond die door iedereen wordt gedeeld, hoe meer er kan worden geïmpliceerd, hoe breder het palet van nuances. Maar de achtergronden van immigranten en hun nakomelingen liggen in alle hoeken van de wereld. De gemeenschappelijke taal is voor velen een recente verworvenheid (meer dan 40% van de New Yorkers b.v. spreekt thuis een andere taal dan Engels) en, zoals het Swahili, een communicatiemiddel tussen zeer verscheiden etnische groepen. Om misverstanden te vermijden kun je de nuances en understatements dus maar beter achterwege laten en overdrijven in de andere richting. (Maar elke tendens verwekt ook een tegentendens. Ook een kunststroming als het minimalisme is zeer Amerikaans.)

Het is echter niet altijd gemakkelijk een onderscheid te maken tussen echte karaktertrekken en ideologische indoctrinatie. De immigranten en zeker de pioniers die het Westen veroverden, zullen ongetwijfeld wel trots zijn geweest dat ze hun lot in eigen handen hadden genomen en het op eigen krachten konden maken. Die trots wordt dan ook vaak als 'typisch Amerikaans' voorgesteld. Het ligt echter voor de hand dat de heersende klasse, via de scholen, de kerken, de media en Hollywood, die mentaliteit aanmoedigt. Ze levert de staat tenslotte enorme bezuinigingen op. Het is altijd opvallend hoe veel mensen die gedwongen zijn op overheidshulp een beroep te doen, blijk geven van diepe schaamte die door de media extra in de verf wordt gezet. Het is voor niemand prettig van bijstand afhankelijk te zijn. Maar Amerikanen lijken zich in zo'n situatie vaak te voelen alsof ze een zware misdaad hebben begaan, alsof hun gedrag 'unamerican' was.

Rusteloosheid, een grote sociale mobiliteit, zwakkere familiebanden, minder sociale cohesie, een 'ieder voor zich'-mentaliteit: het heeft allemaal voor- en nadelen. Er is meer ruimte voor individueel initiatief maar ook voor individuele vervreemding. Mensen die in psychische of materiële nood verkeren, worden veel minder dan in Europa door hun omgeving opgevangen. De kans dat ze er helemaal onderdoor gaan of in de grauwste armoede wegzinken is dus veel groter, ondanks het feit dat er ook een sterke traditie van liefdadigheidswerk bestaat. Je kunt in Amerikaanse grootsteden creperen terwijl de voorbijgangers over je heen stappen. Vaak lees je in de kranten over gevallen van systematische kindermishandeling of seriemoorden, waarvan de buren zeggen dat ze niets gemerkt hebben of op de kreten niet hebben gereageerd omdat ze met dader en slachtoffers niets te maken hadden; over mensen die sterven en pas weken later ontdekt worden omdat ze door niemand werden gemist.

Maar die lossere sociale structuur maakt ook meer vrijheid mogelijk. Vrijheid om te zijn wie je wil zijn, ongeacht je afkomst. Vrijheid om te experimenteren zonder te vrezen dat het netwerk van familieleden en streekgenoten je een afkeurend etiket zal opkleven waar je voor de rest van je leven mee opgezadeld blijft. Vrijheid om jezelf opnieuw uit te vinden, om je verleden als een dood gewicht van je af te gooien en met een schone lei te herbeginnen.

Geen enkele immigrantengroep was zo ontworteld als de slaven. Tussen 1619 en 1808 (toen de invoer maar niet het bezit van slaven werd verboden) arriveerde een half miljoen Afrikanen geketend in Noord-Amerika. Hun aantal groeide snel. Zolang ze winstgevende koopwaar bleven, werden ze gekweekt als vee. Het uiteenrukken van gezinnen en andere familiebanden was voor vele slavenhouders een systematische politiek. 'Door het gezin en de familiebanden van de negers te verwoesten, brak blank Amerika de wil van de zwarte bevolking... Drie eeuwen van onrecht hebben diepgewortelde structurele misvormingen veroorzaakt in het leven van de zwarte Amerikanen,' zo schreef de Democratische senator Daniel Moynihan in 1965 in zijn ophefmakende studie *The Negro Family: The Case for National Action*.

Volgens Moynihan was de erosie van het zwarte gezin de fundamentele oorzaak van de ontwrichting van de zwarte gemeenschap in de VS. En die erosie was in zijn ogen een directe erfenis van de slavernij. Gezinnen zonder vader werden toen de norm, zo stelde het rapport, en na de afschaffing van de slavernij bleef de armoede de stabiliteit van de relaties in de zwarte bevolking ondermijnen. Moynihan besloot zijn rapport met een vurig pleidooi voor een nationale politiek om het zwarte gezin te versterken.

Het rapport haalde zijn overtuigingskracht uit de feiten, maar niet deze uit de slavenperiode. Vandaag is het gezin met twee ouders inderdaad de uitzondering in plaats van de regel in de zwarte bevolking. Nauwgezet historisch onderzoek heeft echter aangetoond dat dit een relatief recent verschijnsel is. Slavenhouders ondermijnden systematisch de duurzaamheid van de relaties tussen hun 'niggers', maar de slaven ondergingen die politiek niet lijdzaam. Ze legden een opmerkelijke capaciteit aan de dag om de essentie van hechte relaties te bewaren in omstandigheden die daar lijnrecht tegen ingingen. Ook na de afschaffing van de slavernij was er geen wezenlijk verschil in de samenhang van families van zwarten en blanken, tenminste als men dezelfde inkomensgroepen vergelijkt.

De grote ontwrichting van de zwarte gemeenschap kwam er pas vlak na de tweede wereldoorlog. Tot dan leefde de helft van de zwarten op het platteland; in 1965 nog slechts een vijfde. Tussen 1950 en 1965 werd de Amerikaanse landbouw intensief gemechaniseerd. De produktie steeg met 45% en de tewerkstelling daalde met 45%. De katoen, die in de jaren '50 nog door zwarte leenpachters met de hand werd geplukt, werd in 1965 bijna volledig mechanisch binnengehaald. Miljoenen zwarten werden in zeer korte tijd naar de steden verdreven. Door de discriminatie in het huisvestingsbeleid moesten ze daar leven in overbevolkte getto's waar massale werkloosheid de regel was. En zoals we verder zullen zien, heeft de afschaffing van de legale discriminatie in de jaren '50 en '60 de situatie in sommige opzichten nog verergerd. Tijdens de laatste vijftien jaren werden de levensomstandigheden in de getto's door de stijgende armoede en sociale afbraak ellendiger dan ooit. De ontwrichting van de familiebanden in de zwarte bevolking is dus meer een gevolg van de spanningen die het leven in het moderne kapitalisme meebrengt (en die zwarten het scherpst aanvoelen omdat zij onder aan de ladder staan) dan een rechtstreekse erfenis van de slavernij.

Toch is de invloed van de slavernij op het Amerika van vandaag reëel en ingrijpend. Hoe zou het anders kunnen: ze heeft 246 jaar bestaan in Noord-Amerika, langer dan de VS zelf. En de afschaffing van de slavernij werd gevolgd door bijna honderd jaar legale discriminatie. In die periode was de behandeling van de zwarte bevolking niet veel beter dan tijdens de slaventijd. Legale gelijkheid bestaat minder dan dertig jaar en zelfs nu zijn discriminerende praktijken nog courant in bijna alle facetten van het sociale leven (tewerkstelling, behuizing, onderwijs, enz).

De essentiële erfenis van de slavernij is racisme. De Tocqueville benadrukte het fundamentele verschil tussen de slavernij zoals die in de Oudheid (en in niet-Europese maatschappijen) bestond en de slavernij in Amerika: 'Het christendom had de slavernij afgeschaft; de christenen van de zestiende eeuw hebben ze opnieuw ingevoerd; maar ze hebben ze slechts toegelaten als uitzondering in hun sociaal systeem en ze droegen er zorg voor dat ze beperkt bleef tot slechts een enkel ras. Zo hebben ze de mensheid een wonde toegebracht die kleiner is maar oneindig veel moeilijker om te genezen.'

Om de 'christelijke' slavernij te rechtvaardigen, moest het zwarte ras afgeschilderd worden als minderwaardig, dom, lelijk, iets tussen mens en dier. Die vooroordelen werden van generatie op generatie doorgegeven en verdwenen niet door de afschaffing van de slavernij. 'Ik zie de slavernij achteruitgaan,' schreef de Tocqueville 157 jaar geleden, 'maar het vooroordeel waaruit ze ontstaat, wankelt niet... Het raciale vooroordeel lijkt me sterker in de staten die de slavernij hebben afgeschaft dan in deze waar ze nog bestaat en nergens is men zo onverdraagzaam als in de staten waar de slavernij nooit bestond.' Hij legde uit dat de noordelijke staten de slavernij afschaften, 'niet in het belang van de zwarten maar in dat van de blanken' en stelde dat dit in het Zuiden niet kon zonder 'zeer grote gevaren' omdat de zwarten er veel talrijker waren.

Zo talrijk dat ze samen met de armste blanken een ruime meerderheid vormden. Na de afschaffing van de slavernij hadden de heersende machten er dus alle belang bij om via de scholen, de kerken en de pers het racisme in stand te houden en aan te wakkeren. Dank zij de kracht van die vooroordelen vereenzelvigden de arme blanken zich met hun rasgenoten die hen arm hielden, liever dan met diegenen die net een trapje lager stonden en nog stonken naar de slavernij. De armste blanken, wier levensomstandigheden het best op deze van de zwarten leken, waren het hevigst in hun racisme. Hun angst om als gelijken van de ex-slaven te worden beschouwd, wakkerde hun haat aan. Op het einde van de negentiende eeuw, toen het Zuiden zich van de burgeroorlog had hersteld, kwam die haat tot uitbarsting in een golf van anti-zwarte terreur en de instelling van apartheidswetten die tot 1964 van kracht zouden blijven.

Ook in het Noorden werd racisme systematisch gebruikt om verdeling te zaaien. In de autofabrieken, de staalindustrie en de koolmijnen kregen de zwarten vóór de tweede wereldoorlog systematisch de rol van stakingsbrekers toebedeeld. Het was vaak hun enige kans om er werk te vinden, ook al omdat de toenmalige vakbondsfederatie AFL geen zwarte leden toeliet. Vanzelfsprekend wakkerden zo'n praktijken het racisme nog aan. Zo leidde het gebruik van zwarte stakingsbrekers in 1919 tot anti-zwarte rellen in Detroit. Europese immigranten die geen traditie van racisme hadden, pikten de vooroordelen soms verbazend snel op. 'Het gebruik van de hatelijke term "niggers" gaf de in het buitenland geboren arbeider (vooral de Polen) het gevoel dat hij deel uitmaakte van de blanke maatschappij. En door de schijnwerper van het vooroordeel op de neger te richten, draaide hij het weg van hemzelf,' zo schrijft B.J. Widick over de immigranten in de auto-industrie in de jaren '20.

Ook vandaag wordt de raciale verdeelpolitiek nog vaak met succes gevoerd. In de afgelopen jaren braken in New York en andere steden herhaaldelijk gevechten uit tussen blanke bouwvakkers en zwarte werkzoekenden. De dreiging van afdankingen die misschien afgewend zou kunnen worden door gezamenlijke strijd, leidt vaak tot ruzie tussen blank en zwart over de vraag of de ontslagen op basis van anciënniteit (zodat meer zwarten afgedankt worden) of raciaal-proportioneel moeten gebeuren. De zogenaamde 'affirmative action'-wetten die in de jaren '60 en '70 zijn ingevoerd om zwarten makkelijker toegang te verlenen tot het hoger onderwijs en een minimum tewerkstelling te garanderen in de publieke sector en in bedrijven die overheidsbestellingen krijgen, hebben olie op het raciale vuur gegooid. De vlammen laaien hoger op naarmate de economische crisis goede jobs en universiteitsstudies minder bereikbaar maakt.

Opvallend is ook hoe racisme en Amerikaans chauvinisme steeds samengaan.

De Ku Klux Klan kende deze eeuw het meeste succes in het begin van de jaren '20 (de haatorganisatie telde bijna vijf miljoen leden en had zich over alle staten verspreid), toen het land nog dronken was van het hyperpatriottisme van de eerste wereldoorlog. En toen Reagan in de jaren '80 het chauvinisme aanwakkerde, ging dat ook gepaard met een stijging van de raciale onverdraagzaamheid.

Maar de VS hebben ook een sterke traditie van anti-racisme en de recente geschiedenis van dit land telt onvergetelijke momenten van hoop, ontroering en optimisme, toen blank en zwart zij aan zij vochten in de strijd voor gelijke burgerrechten en in de stakingsbewegingen op het einde van de jaren '60.

Vandaag is het racisme nog altijd een belangrijke onderhuidse kracht in de Amerikaanse maatschappij. De houding van het politiek systeem tegenover dit fenomeen is dubbelzinnig. Officieel wordt raciale onverdraagzaamheid door elke politicus (ex-Ku Klux Klan-leider David Duke inbegrepen) veroordeeld. Maar impliciet worden de vooroordelen toch vaak uitgespeeld (en dus aangemoedigd) om stemmen te ronselen of tegenstanders te verdelen.

Geen enkele rassenrel, geen enkele haatcampagne kan ook maar iets veranderen aan het multiraciaal, multi-etnisch, multicultureel karakter van de VS. Na elke uitbarsting moeten de betrokkenen toch weer met elkaar voortleven. De meeste Amerikanen, blanken zowel als zwarten en latino's, zijn op z'n minst in principe gewonnen voor het idee van raciale gelijkheid. Maar het reservoir van eeuwenoude vooroordelen is lang niet uitgeput. Door de verdieping van de economische crisis groeit de onzekerheid, de nood aan een vijand, aan een uitlaatklep voor frustraties, aan een zondebok. En de neveneffecten van die crisis, zoals de stijgende misdadigheid, wakkeren het wederzijds wantrouwen aan, niet het minst door de manier waarop de media dit verschijnsel rapporteren. Vele blanken die zich bevrijd voelen van raciale vooroordelen, zullen niettemin bij het zien van een groepje zwarte jongelui de straat oversteken. Niet uit afkeer maar uit angst.

Een van de spijtigste neveneffecten van het racisme is de slachtoffermentaliteit die het onder zwarten heeft doen ontstaan. Na eeuwenlang systematisch aan het kortste eind te hebben getrokken, gaan velen in de zwarte gemeenschap er al bij voorbaat van uit dat ze geen kans maken, dat het geen zin heeft om het nog te proberen.

Dit zijn geen nieuwe emoties, de rassenkwestie is een oude wonde in de VS. Soms lijkt het alsof er uit ervaringen niets wordt geleerd, alsof alles wat vroeger gebeurde, eeuwig terugkeert. Maar dat is gezichtsbedrog. Er is wel degelijk vooruitgang geboekt inzake raciale verdraagzaamheid, al lijkt die soms erg breekbaar.

Geen enkel land is zo heterogeen wat de afkomst van zijn bewoners betreft en toch vormen de VS veruit het meest homogene van alle grote landen ter wereld. Deze paradox is de sleutel van de Amerikaanse succes story.

Als je door Rusland, China of India reist, passeer je geen staatsgrenzen maar je doorkruist vele landen. De klederdracht, de fysieke kenmerken van de bevolking, hun temperament en gebruiken, de architectuur, de waren in de winkels, het eten in de restaurants, alles verandert van streek tot streek. In de VS kun je duizenden kilometers reizen en je nog steeds op dezelfde plaats wanen. Je ontmoet dezelfde mengelmoes van rassen, je ziet dezelfde winkelketens, dezelfde fastfood-restaurants met dezelfde menu's, dezelfde films in dezelfde bioscopen, dezelfde modes, dezelfde programma's op tv. Hoe verder je naar het westen reist en dus hoe jonger de dorpen en steden die je passeert, hoe groter de uniformiteit. Ironisch dat geen enkel land individualisme en diversiteit zo hoog in het vaandel draagt terwijl tevens geen enkel land zo uniform is als de VS. Niet in het cultiveren van diversiteit en noest individualisme munten de Amerikanen uit maar in collectief werk. Ze zijn het sterkst in hun organisatietalent, hun vermogen om samen te werken in structuren die soepel genoeg zijn om met de omstandigheden te veranderen. De origineelste bijdragen van de VS aan de internationale cultuur benadrukken het collectieve; zowel in de wetenschap (de research aan Amerikaanse universiteiten is een goed voorbeeld van flexibele coöperatie), de economie als de kunst (alle typisch Amerikaanse kunstvormen - de film, de musical, gospel, rock, jazz - zijn gebaseerd op samenwerking).

In traditioneel heterogene staten zoals Rusland werpt de verscheidenheid ontelbare hinderpalen op voor samenwerking, voor economische en culturele integratie. In landen die traditioneel homogeen zijn, zoals de meeste Europese staten en Japan, werkt die homogeniteit dan weer als een rem op vernieuwing, omdat ze steunt op tradities en banden die in de loop van de eeuwen gegroeid en dus niet gemakkelijk te veranderen zijn. De strijd om te overleven in een immigrantenland benadrukt niet de verscheidenheid maar de gelijkheid van de bewoners. Als immigranten zijn ze allen gelijk maar ze hebben weinig gemeen behalve hun toekomstgerichtheid, hun bereidheid om zich aan te passen. Dat heeft van de VS van bij het begin een dynamische, op groei gerichte samenleving gemaakt. En de enorme uitgestrektheid en vruchtbaarheid van het land boden die groeigerichtheid unieke mogelijkheden.

Dank zij die grootschalige homogeniteit werden de VS het machtigste land ter wereld. De kolossale, homogene markt creëerde de condities voor een weergaloze economische expansie. Ze produceerde in de politiek, de economie, de media, een doorgedreven machtsconcentratie en bezorgde de VS een ontzaglijke invloed op de rest van de wereld.

'WIE HET RIJKST STERFT, WINT'
SPIRITUEEL MATERIALISME

Amerikanen hebben de reputatie 'materialistisch' te zijn maar eigenlijk is het woord slecht gekozen. Als een materialist iemand is die zijn plezier in het materiële zoekt, dan is de Europese cultuur materialistischer dan de Amerikaanse. Het genot van lekker eten, goede wijnen en bieren, feestvieren en mooi wonen wordt in Europa intenser beleefd dan in de VS. Meer dan in Europa, heeft geld in dit land een spirituele betekenis.

De Tocqueville wijdde ettelijke pagina's van zijn *De la démocratie en Amérique* aan de hebzucht van de Amerikanen en hun passie voor het materieel welzijn. Die nationale obsessie was volgens hem een gevolg van het egalitaire karakter van de democratisch-kapitalistische maatschappij die in de VS in haar zuiverste vorm bestond – zonder monarchie, aristocratie en andere feodale ballast uit het verleden. In het egalitaire Amerika moet de rijke, onbeschermd door rang en privilege, er onophoudelijk over waken dat hij zijn fortuin niet verliest; de arme droomt er dan weer van er een te vergaren. Materieel bezit is dus de doelstelling die beiden voortdurend bezighoudt.

Heel veel is veranderd in de VS sinds de Tocqueville die analyse maakte. Maar de Amerikaanse obsessie met geld en bezit is iets wat bezoekers en nieuwe immigranten is blijven treffen, zowel in de negentiende eeuw als vandaag. Het thema komt regelmatig terug in brieven van immigranten van alle nationaliteiten. De Russische schrijver Solzhenitsyn wees op het contrast met de mentaliteit in zijn eigen land: 'Iedereen leeft erbarmelijk in Rusland,' zo zei hij, 'maar als je hulp nodig hebt hoef je die maar te vragen. Ik bijvoorbeeld werd geholpen door tientallen mensen, zonder enige bijbedoeling. En nooit moest ik mezelf afvragen: kan ik wel betalen?' Volgens Lewis Lapham 'kunnen de nieuwste immigranten niet begrijpen dat de ruil van liefde, sympathie, moed, buurmanschap en eer plaats maakt voor cash-transacties; en ze kunnen maar niet aanvaarden dat in de VS een commerciële band of economische gelijkheid een voorwaarde zijn voor vriendschap en loyaliteit. Amerikanen ontdekken dat ze elkaar erg weinig te vertellen hebben als ze geen transactie of gemeenschappelijke zakenrelatie hebben.'

Dat laatste is een overdrijving die aan waarheid inboet naarmate je de sociale ladder afdaalt. Maar toch zal het elke buitenlander die hier enkele jaren woont opvallen hoe vaak geld het onderwerp is van gesprekken en hoe de aandacht verscherpt als dat het geval is. Mensen vragen elkaar ongegeneerd hoeveel ze verdienen en rekenen hun vrienden een prijs aan voor de minste dienstverlening. De dichter W.H. Auden zag in de houding tegenover geld het meest opvallende verschil tussen Amerikanen en Europeanen. Volgens Auden hebben Amerikanen veel meer de neiging rijkdom te associëren met persoonlijke verdienste en armoede met persoonlijke mislukking. De Amerikaan, zo schreef hij, ziet het vermogen om geld te verdienen als 'een bewijs van zijn mannelijkheid' en de arme Amerikaan 'voelt zich schuldig omdat hij arm is'. Het is alleszins opvallend hoe de zelfwaardering van Amerikanen rechtstreeks afhankelijk lijkt van hun inkomen. Amerikanen die veel geld verdienen zijn vaak arrogant en vol van zichzelf; diegenen die het met zeer weinig moeten stellen, hebben dikwijls elk zelfrespect verloren.

De *Wall Street Journal* beschreef enkele jaren geleden de dagindeling van de yuppies die in Wall Street in de jaren '80 fabelachtige sommen binnenrijfden. Ondanks hun rijkdom leefden ze als asceten. Ze stonden op om 5 uur 's ochtends en werkten tot diep in de nacht. Hun maaltijden waren zelden meer dan een haastige sandwich. Een psychiater die in het artikel geciteerd werd merkte op: voor deze mensen, 'Business is God'.

Geld en bezit is voor vele Amerikanen de zingever van het bestaan, de maatstaf om zichzelf en anderen te definiëren. De ironische slogan op T-shirts die hier niet zo lang geleden populair waren, verwoordde die levensopvatting perfect: 'He who dies with the most things, wins.' Ook in andere landen definiëren mensen zichzelf met behulp van statussymbolen maar nergens is die tendens zo extreem als in de VS. De immigrantenervaring en het feit dat het Amerikaanse kapitalisme opgroeide zonder de concurrerende waarden van oudere maatschappijvormen, zijn daar niet vreemd aan. De immigranten konden zichzelf niet definiëren in functie van de tradities en familiebanden die ze hadden achtergelaten. Hun nieuwe vaderland bood hun echter volop gelegenheid om door hard werk en bezit een nieuwe identiteit te verwerven. De rusteloosheid van de Amerikaanse samenleving accentueerde deze tendens. In een maatschappij waar alles voorlopig en voorbijgaand lijkt, zorgen geld en bezit voor een houvast.

De daad van het kopen krijgt een veel grotere betekenis dan alleen maar het verwerven van spullen die je nodig hebt. Het wordt een ritueel waardoor de consument zijn macht uitdrukt, zijn ego, zijn volwaardig lidmaatschap van de gemeenschap die zonder zijn koopactiviteit maar al te vlug zou vergeten dat hij bestaat. Hoe meer hij koopt, hoe meer zijn bestaan wordt erkend: winkelpersoneel en kredietfirma's betuigen hem respect, hij wordt bewonderd of benijd door zijn omgeving en elke dag ontvangt hij een grote berg post vol kleurige catalogi en speciale aanbiedingen waarin zijn naam herhaaldelijk staat gedrukt en die hem het hoogste geluk beloven in ruil voor de nummers op zijn kredietkaart. Een fotomontage uit 1987 van de New Yorkse conceptuele artieste Barbara Kruger vat het mooi samen: Een grijze hand op een grijze achtergrond houdt een knalrood plaatje vast met een variatie op Descartes' beroemdste uitspraak: 'I shop therefore I am.'

Kopen lijkt in alle sociale lagen van de Amerikaanse samenleving even belangrijk. Een parvenu-mentaliteit domineert in de toplaag; vele Amerikaanse rijken lijken bezeten door de drang om indruk te maken door extravagante, vaak irrationele bestedingen. Ze geven dan ook veel meer uit dan rijken in andere landen. Maar ook in het leven van minder gegoeden heeft het kopen een diepe psychologische betekenis. Dat is een van de redenen waarom de misdaad in de VS een veel groter probleem is dan in andere landen waar de armoede - en dus de objectieve nood om te stelen - schrijnender en wijder verspreid is. Wat tot stelen en overvallen aanzet is blijkbaar niet zozeer de objectieve nood dan wel het subjectieve gevoel uitgestoten te zijn, verworpen door een samenleving waarin geluk, respect en zelfwaardering gelijk staan aan bezit.

Geen wonder dus dat de VS van alle industrielanden veruit het laagste spaarpercentage en de hoogste consumentenschuld kennen. In 1991 bedroeg de totale consumentenschuld meer dan vijf biljoen dollar. In dat jaar lieten 811.206 consumenten zich bankroet verklaren en spaarden Amerikanen 4,7% van hun inkomen, drie tot vier keer minder dan wat in andere industrielanden gespaard wordt. In heel het land zijn hulporganisaties ontstaan zoals *Debtors Anonymous* (naar het model van *Alcoholics Anonymous*) waarbij steeds meer consumenten aankloppen omdat hun leven door hun dwangmatige koopgewoonten een puinhoop is geworden. Volgens een psychiatrisch rapport over dwangmatig kopen, gaan koopverslaafden naar de winkel als ze zich depressief voelen, als hun zelfvertrouwen een opkikker nodig heeft of als ze door angsten worden geplaagd.

Recente ontwikkelingen hebben de individuele vervreemding en dus ook de troostende functie van het kopen nog groter gemaakt. De epidemische misdaad en het verval van de binnensteden hebben paranoia in de hand gewerkt. Automatisatie en decentralisatie in het produktieproces hebben de menselijke interactie tijdens het werk verder verminderd. De daling van de lonen heeft steeds meer vrouwen verplicht mee uit werken te gaan en de werkweek is de laatste vijftien jaar gevoelig verlengd; het contact binnen het gezin lijdt daaronder. Amerikanen kijken ook steeds meer tv. Elk programma wordt om de haverklap onderbroken met aansporingen om geluk, vrijheid, vriendschap, sex en bewondering te verwerven door het kopen van X, Y of Z.

In zo'n cultuur is niets zo onbetaalbaar als tevredenheid. In zijn boek *Money and class in America*, vertelt Lewis Lapham dat hij over een periode van 30 jaar aan mensen uit zeer verschillende inkomensgroepen de vraag stelde hoeveel ze nodig zouden hebben om gelukkig te zijn. Vrijwel iedereen noemde een bedrag dat tweemaal zo hoog lag als wat hij of zij verdiende, ongeacht hoeveel dat was.

200 MILJOEN VUURWAPENS
DE GEWELDSTRADITIE

Amerika is tot de tanden gewapend. Niet alleen tegen de rest van de wereld maar ook tegen de binnenlandse vijand. Zoals de Oost-Westspanningen de militaire escalatie tot absurde hoogten dreven, zo hebben interne spanningen en een traditie van free-lance geweld de binnenlandse bewapeningswedren uit de hand doen lopen.

Begin de geschiedenis van om het even welk groot land te bestuderen en voor je het weet, waad je tot aan je middel door het bloed. De VS vormen in dit opzicht geen uitzondering. Maar terwijl in andere landen het bloed vooral vloeide in oorlogen tegen buitenlandse machten, bevochten Amerikanen in de eerste plaats binnenlandse vijanden. Oorlogen zijn het werk van legers. De burgerbevolking is wel het slachtoffer maar neemt zelden actief deel aan het bloedvergieten. En zoals de staat de geweldpleging organiseert, zo handhaaft ze ook, tussen twee oorlogen in, de vrede. In de geschiedenis van de VS daarentegen is de geweldpleging een vrijwel ononderbroken proces dat hand in hand gaat met de continentale expansie. En terwijl het leger, de milities en nationale gardes het leeuwedeel van de slachtpartijen voor hun rekening namen, was er altijd ruimte zat voor privé-initiatief. Dat de stichters van het land erkenden dat de geweldpleging geen staatsmonopolie was, blijkt uit het feit dat ze het recht op wapenbezit in hun grondwet schreven.

Van in het begin ging de kolonisatie gepaard met het uitroeien van de oorspronkelijke bewoners. Tot in de eerste helft van de vorige eeuw werden de Indianen meer verdreven dan uitgemoord. Maar nadat de invasie van Mexico in 1847 voor de VS heel het westen van Noord-Amerika als oorlogsbuit opleverde, werd de genocide van de Indianen systematisch. Een presidentiële commissie die in 1869 een rapport opstelde over de 'verdwijning' van de Indianenstammen uit de vlakten in het centrum van het continent, was eerlijk genoeg om te besluiten: 'In de geschiedenis van de relatie tussen de blanke grensbewoners en de Indianen is een weerzinwekkende opeenstapeling van moorden, aanslagen, plunderingen en misdaden, begaan door de eersten, de regel; de occasionele wilde uitbarstingen en barbaarse wraakacties van de laatsten, de uitzondering.'

In het midden van de vorige eeuw kende het jonge Amerikaanse kapitalisme een enorme expansie die gepaard ging met een evenredige toename van het geweld. De scherpe tegenstelling tussen de belangen van de industrie van het Noorden en deze van de plantagebezitters in het Zuiden leidde tot de bloedigste burgeroorlog ooit in de westerse wereld uitgevochten. Het Noorden wou hoge importtaksen op industriële produkten om zijn eigen industrie te beschermen. Het Zuiden had er daarentegen alle belang bij die buitenlandse goederen zo goedkoop mogelijk te importeren. Een nog crucialer twistpunt betrof de bestemming van de westerse gebieden die van Mexico waren afgenomen. De zuiderse plantagebezitters waren gedwongen expansie te zoeken in het westen omdat hun katoenvelden na een generatie hun vruchtbaarheid verloren (een probleem dat later met chemische meststoffen zou worden opgelost). Maar de industriëlen in het Noorden konden dat niet aanvaarden omdat het zuiderse slavensysteem een enorme rem was gebleken op de produktiviteit en omdat ze beseften dat de ontginning van het westen hun fabelachtige winsten kon opleveren. De burgeroorlog begon in 1860; pas drie jaar later werd de slavernij afgeschaft. Intussen had het Congres al uitgestrekte gebieden in het westen geschonken aan investeerders, voor de aanleg van de eerste transcontinentale spoorweg.

De invoertaksen op industriële produkten waren verhoogd tot 47%. De laatste fase van de burgeroorlog was een orgie van verwoesting, brandstichting en massamoord. Toen de strijd in 1865 was beslecht, waren ruim 635.000 Amerikanen gesneuveld; meer dan in beide wereldoorlogen en de Vietnam-oorlog samen.

Na de burgeroorlog werd de expansie naar het westen in een ijzingwekkend tempo voortgezet. De regering in het verre Washington beperkte zich ertoe die groei mogelijk te maken maar deed weinig om de gevolgen ervan in de hand te houden. Het resultaat was een chaotische samenleving waarin het recht van de sterkste de enige wet was. De verdragen die de rechten van de Indianen beschermden bestonden enkel op papier. Onder impuls van de spoorwegindustrie werden de bizons, waarvan de Indianen afhankelijk waren om te overleven, razendsnel uitgemoord. In 1850 graasden nog vijftig miljoen bizons in de vlakten; 35 jaar later bleven er geen duizend meer over. De Indianen zelf zagen hun aantal krimpen tot 350.000. Alleen door zich te laten opsluiten in reservaten, waar uitzichtloze armoede sindsdien hun lot is, konden ze uitsterving vermijden.

De magnaten die deze bloedige verovering organiseerden en er snel ontzaglijk rijk door werden, golden als de helden van de nieuwe industriële beschaving. In zijn memoires herinnerde de schrijver Albert Jay Nock zich hoe in zijn jeugd in de jaren 1870, de plunderaars die de grootste buit wegsleepten 'in de scholen, in de pers en zelfs op de preekstoel werden voorgesteld als de prototypes van alles wat Amerika groot maakt en dus de voorbeelden par excellence voor de jeugd. "Go and get it!" was de som van de praktische filosofie die alle stemmen van die tijd aan Amerika's jonge mannen meegaven.' In dat opzicht is Amerika weinig veranderd. De schurk wordt veel vergeven, op voorwaarde dat hij succes kent. Meedogenloosheid in het streven naar winst blijft bewondering afdwingen, zoals blijkt uit fascinatie met figuren als 'JR' uit de populaire tv-serie *Dallas*.

Ook in arbeidsconflicten was (en is) die traditie van geweld opvallend. Al in de eerste grote stakingsgolf die de VS in 1877 teisterde, vielen meer dan honderd doden. Conflicten werden vaak op de spits gedreven doordat de bedrijven inspelen op de raciale en etnische verschillen binnen de arbeidersklasse om verdeling te zaaien. In stakingen waarin die tactiek lukte, zagen stakers vaak geen andere uitweg dan geweld, dat meestal snel escaleerde. Tijdens een staking in de koolmijnen in Illinois in 1922 bestormden duizend gewapende stakers de mijnen. Ze werden onthaald op een spervuur van machinegeweren. Maar de stakers hadden een vliegtuigje gehuurd dat dynamiet gooide op de werkwilligen. Toen de veldslag was uitgewoed, waren er 23 doden. De geschiedenis van de Amerikaanse arbeidersbeweging wemelt van dergelijke incidenten. En de traditie is niet dood. Ook in recente jaren werden vuurwapens gebruikt door stakende mijnwerkers en buschauffeurs.

Maar doorgaans kwam het geweld van de andere kant. Hoe meer de arbeiders erin slaagden hun interne verdeeldheid te overwinnen en hun strijd uit te breiden, hoe groter de legers die hun de weg versperden. Grote bedrijven hadden hun eigen privé-legers en deden een beroep op gespecialiseerde firma's zoals het Pinkerton-agentschap, dat op het einde van de vorige eeuw een troepenmacht van 32.000 man en een arsenaal van machinegeweren en kanonnen ter beschikking van de bazen stelde. Bij massale stakingen werd (en wordt) de nationale garde (legers van de deelstaten) ingezet en als het er werkelijk spande, het nationale leger, compleet met tanks.

De Amerikaanse traditie van geweld berust dus eigenlijk in de eerste plaats op de tomeloze expansiedrang van de bedrijfswereld. De Amerikaanse mythe daarentegen toont ons de eenzame cowboy die de wildernis onderwerpt door zijn vindingrijkheid, vermetelheid, vertrouwen op eigen krachten en vooral, behendigheid met revolvers. Die mythe kreeg in de jaren '20 en '30 een enorme impuls van Hollywood. Ironisch genoeg waren de meeste western-scenario's het werk van relatief recente Europese immigranten die zelf nooit wat van 'het Wilde Westen' hadden gezien maar in de onverschrokken pionier een metafoor zagen voor hun eigen immigrantenervaring.

Die mengeling van mythe en werkelijkheid vormde een vruchtbare voedingsbodem voor de macho-cultuur die in Amerika nog altijd veel meer uitgesproken is dan in de rest van de overontwikkelde wereld. Voor vele Amerikanen zijn 'mannelijkheid' en 'gewelddadigheid' nog steeds synoniemen. De ideologie van de jaren '80 – het agressieve chauvinisme van Reagan, de uitdagende 'hebzucht is goed'-mentaliteit in Wall Street – hebben dit machismo nog aangewakkerd. De plotselinge versnelling in diezelfde periode van de sociale afbraak, het verval van de binnensteden, de drugimport, hebben spanningen meegebracht die vaak in geweld tot uitdrukking kwamen.

In de loop van het voorbije decennium is de Amerikaanse maatschappij elk jaar gewelddadiger geworden. Elk jaar namen de mishandeling van vrouwen, kinderen, het vandalisme, het aantal aanslagen op minderheidsgroepen en moorden toe. Wij zelf, bewoners van een relatief veilige buurt van New York, konden die toename vooral hóren: elk jaar gebeurde het vaker dat de droge knallen van geweer- en revolverschoten 's nachts door het openstaande raam naar binnen waaiden. Voor mij is dat geluid nog uitzonderlijk genoeg om op te kijken en te raden waar het vandaan komt. Maar voor miljoenen Amerikanen die zich elke avond in hun appartementen in de getto's barricaderen, klinkt het geluid van wapens net zo vertrouwd als dat van de loeiende sirenes van politiewagens, brandweer en ambulances, die om de haverklap door de straten razen. Elk jaar ook vang je op straat, in bussen of in de subway meer flarden van conversaties op tussen tienerjongens waarin 'and then I shot him' ... 'he got shot' ... 'he tried to shoot me' voorkomt. Opschepperij van schooljongens misschien, maar de politiestatistieken doen vermoeden dat er meer achter zit. Schotwonden zijn de tweede voornaamste doodsoorzaak voor schoolkinderen. In 1986-1987 werden 21,9 per 100.000 mannen tussen 15 en 24 jaar oud vermoord in de VS, tegenover 1,4 in Nederland, 1,7 in België en 0,3 in Oostenrijk. De kans om als zwarte man door moord te sterven is al gestegen tot een op dertig. Volgens een rapport van het *Center for Disease Control* in 1990, lopen zwarte jonge mannen in vele Amerikaanse steden een groter risico om door een kogel gedood te worden dan Amerikaanse soldaten destijds in Vietnam.

De traditie van free-lance geweld heeft de VS opgezadeld met een gigantisch overbewapeningsprobleem. En toch wordt er weinig aan gedaan. In vele staten in het zuiden en westen van het land kan men zich nog altijd geweren en zelfs semi-automatische wapens aanschaffen met hetzelfde gemak als waarmee men een flesje bier koopt bij de kruidenier op de hoek. In het noordoosten en Californië is de legale wapenverkoop strikter gereglementeerd maar het aanbod van straatverkopers is er overvloedig en goedkoop, ook rond de scholen. De New Yorkse politie zegt dat in het begin van de jaren '80 10 tot 15% van de schooljongens die aangehouden werden vuurwapens bij zich had. Tien jaar later was dat percentage gestegen tot 60-65%. Geschat wordt dat er nu ruim 200 miljoen wapens in privé-bezit zijn in de VS. Dat aantal groeit jaarlijks met 4 tot 5 miljoen. De verkoop van pistolen, die in de jaren '50 slechts een vijfde van de vuurwapenmarkt omvatte, verdubbelde tussen 1950 en 1970 en verdubbelde opnieuw tussen 1970 en 1990. In mei '92, na de rellen in Los Angeles, steeg de verkoop van pistolen in Californië met 49%. De verkoop van semiautomatische pistolen waarmee men tot dertig kogels kan afvuren zonder te herladen, stijgt het snelst. Het populairste semi-automatische pistool is de *Tec-9*, het geliefkoosd alaam van drugbenden. Om criminele kopers te lokken benadrukt *Intratec*, de maker van de *Tec-9*, in haar reclame dat men op dit wapen geen vingerafdrukken kan vinden. De controle op de verkoop van machinegeweren en ander automatisch wapentuig is strikter. Maar op de *gunshows*, de open-luchtwapenmarkten die in vele plaatsen bijna elk weekend worden gehouden, kan men ze voor de juiste prijs krijgen. 'Je kunt er ook mortieren en granaten kopen,' zegt Robert Dart, de commandant van de anti-gangeenheid van de politie van Chicago, 'Ik kan geen wapen bedenken dat je er niet kunt krijgen.' Handleidingen zoals *The complete how to kill book* en *Hitman: a manual for independent contractors* (of: *Hoe word ik huurmoordenaar?*) worden er openlijk verkocht.

Zolang er geen nationale beperking bestaat op de verkoop en het bezit van wapens, blijft het ook voor de staten met de strengste *gun control*-wetten een gevecht tegen de bierkaai. In het conservatieve Zuiden en in de dunbevolkte bergstaten in het westen, waar de pioniersmythe nog springlevend is, is het verzet tegen elke beperking op het wapenbezit het sterkst. Een populaire bumper-sticker uit die streken verkondigt wat de wapenbezitter het dierbaarst is: 'My wife, yes. My dog, maybe. My gun: never.' 'Als je bij ons over gun control spreekt,' zei een senator uit Wyoming, 'dan denken ze dat je het hebt over de kunst om met vaste hand te schieten.' Maar elders in het land is de meerderheid van de publieke opinie voor strengere wapenwetten. De status quo wordt echter door machtige belangengroepen verdedigd. Zoals het militair-industrieel complex erin slaagt de overbewapening van de strijdkrachten in stand te houden, zo speelt de lobby van wapenfabrikanten en -verkopers het klaar om elk *gun control*-initiatief op nationaal vlak te kelderen. De NRA (*National Rifle Association*) wordt aangezien als een van de invloedrijkste lobby's van de VS. De organisatie, die ook Reagan en Bush onder haar 2,6 miljoen leden telt, is een belangrijke geldschieter van de kiescampagnes van honderden Congresleden. In 1986 slaagde ze erin om de enkele beperkingen die na de moorden op de Kennedy's en Martin Luther King werden ingesteld, opnieuw te versoepelen. Tijdens de voorbije jaren werd de invoer van automatische en semi-automatische wapens verboden. Maar als ze in de VS zelf gemaakt zijn, mogen deze oorlogswapens nog altijd vrij worden verkocht. De kans bestaat dat er in de komende jaren meer beperkingen zullen worden doorgevoerd. Maar de maatregelen waarover nu wordt gepraat zijn zo mild dat ze weinig verschil kunnen maken.

Het populairste argument van de wapenlobby is dat 'gun control' enkel de ordelievende burgers zou ontwapenen terwijl misdadigers nog altijd aan hun trekken zouden komen op de zwarte markt. Maar het onderscheid tussen de ordelievende burger en de misdadiger is niet altijd zo vanzelfsprekend. De meeste mensen die een vuurwapen in huis halen doen dat om zichzelf en hun gezin te beschermen tegen misdadigers. Maar volgens de *American Medical Association* gebruiken ze hun wapens 43 maal vaker tegen zichzelf en hun gezinsleden dan tegen misdadigers. Van de 398 mensen die in zes jaar tijd in de stad Seattle door kogelwonden stierven in huizen waar wapens werden bewaard, waren er slechts twee inbrekers. De andere sterfgevallen betroffen ongelukken (12), moorden op gezinsleden en vrienden (48) en zelfmoorden (333).

De bewapeningsescalatie is het resultaat van een vicieuze cirkel: hoe meer er wordt gemoord, hoe meer mensen wapens kopen om zich te beschermen en hoe moorddadiger de wapens van hun keuze. Maar mede daardoor stijgt het aantal moorden en verwondingen wat dan weer de wapenverkoop stimuleert. 'Vuurwapens doden geen mensen,' zo luidt de geliefkoosde slogan van de wapenlobby, 'mensen doen dat.' Maar in Amerika doen mensen dat vooral met vuurwapens en juist daarom vallen er zoveel doden.

JOE SIXPACK IN WONDERLAND
DE MACHT VAN DE MEDIA

Als het medium de boodschap is en het televisiemedium een nieuw soort mens doet ontstaan, zoals de invloedrijke socioloog Marshall McLuhan in de jaren '60 beweerde, dan is er geen land waar die 'nieuwe mens' beter kan worden geobserveerd dan in Amerika. Geen volk werd zo gekneed door tv-consumptie als het Amerikaanse; nergens is de grens tussen werkelijkheid en televisiespektakel zo vervaagd.

Er is ook geen land dat door de export van zijn televisiewonderwereld zo'n verregaande invloed heeft op de rest van de planeet. In de meeste landen maak je meer kans op tv beelden uit Amerika te zien dan uit het land zelf. Omdat het Engels de wereldtaal is en de Amerikaanse markt veruit de grootste en de rijkste, is de tv-produktie voor de VS vrijwel de enige economische sector waarin de buitenlandse concurrentie onbetekenend blijft. Op het einde van de jaren '80 was 79% van alle geëxporteerde film- en tv-produkten van Amerikaanse makelij. Groot-Brittannië is het enige andere land dat een positieve handelsbalans heeft op de televisiemarkt.

Ondanks hun enorme exportmarkt houden Amerikaanse tv-producenten zelden rekening met buitenlandse smaken en interesses. Het gros van de winst wordt thuis geboekt. Dus zijn het de Amerikaanse kijkers die bepalen wat er vanavond in heel de wereld op tv te zien is. Maar niet alle Amerikaanse kijkers. Televisie wordt gemaakt om consumenten naar reclame te doen kijken, maar reclame heeft slechts zin als die kijkers koopkrachtig zijn. Dus wordt voortdurend onderzocht wie naar wat kijkt. In een show die een publiek trekt van welgestelde vrouwen tussen 18 en 49 jaar kost de reclame minstens tweemaal zoveel als in een show die vooral populair is bij gepensioneerden; zelfs als het tweede programma veel hogere kijkcijfers haalt. Logisch dus dat de Amerikaanse tv in de eerste plaats toont wat gegoede, blanke, behoudsgezinde Amerikanen willen zien. De wereld van de Amerikanen met kleine inkomens (werklozen, gettobewoners, recente immigranten, gepensioneerden, enz.) komt zelden op het scherm. Controversiële beelden die een deel van de kijkers tegen de borst kunnen stuiten zodat ze naar een ander kanaal zappen, worden angstvallig vermeden. In spelprogramma's die gebaseerd zijn op het in contact brengen van een jongen en een meisje wordt er bijvoorbeeld altijd voor gezorgd dat de potentiële partners van hetzelfde ras zijn. Programmamakers die toch risico's nemen, worden er meestal voor gestraft. Het ABC-net verloor een miljoen dollar aan reclame-inkomsten toen in de serie *Thirtysomething* een episode werd getoond waarin twee mannen naast elkaar in bed lagen.

De overweldigende invloed van televisie blijkt uit de cijfers. De modale achttienjarige Amerikaan heeft 22.000 uren van zijn jonge leven voor de beeldbuis doorgebracht; tweemaal zo veel als op school. Toen televisie in Europa nog in de kinderschoenen stond, was Amerika al volop verslaafd. In 1960 had al 88,8% van de Amerikaanse gezinnen een tv en ze keken er gemiddeld 5 uur en 7 minuten per dag naar. In 1991 bezat 98,2% der gezinnen minstens één toestel dat 6 uur en 56 minuten per dag aanstond. Terwijl de tv-producenten naar een zo rijk mogelijk publiek streven, wordt er juist meer gekeken naarmate het inkomen kleiner is. De armsten kijken het meest omdat zij het meest tijd en het minst alternatieve amusementsvormen hebben. Daarom staat de tv in het modale zwarte huisgezin tien uur per dag aan.

Maar zoals gewoonlijk heeft de arme minder keuze. Op de meeste plaatsen kun je gratis een zevental kanalen oppikken die dag en nacht uitzenden. Met kabel-tv ontvang je 20 tot 150 kanalen meer. Maar aansluiting op de kabel is in vergelijking met Europa duur, vooral als je het volledige aanbod wil. In tegenstelling tot de gewone netten zijn de meeste kabelzenders specialisten die zich op een welbepaald marktsegment richten en uitsluitend via de kabelsystemen worden verdeeld. CNN en MTV zijn in Europa welbekend. Andere kabelnetten brengen enkel sport, economisch nieuws, country & westernmuziek, gerechtszaken, soft porno, humor, noem maar op. Een steeds groter deel van het kabelaanbod (57 van de 150 kanalen die in delen van New York te krijgen zijn) bestaat uit *pay per view*-kanalen die vooral nieuwe films en zeer populaire sportwedstrijden uitzenden maar pas op het scherm komen als de kijker extra betaalt. De Olympische Spelen van Barcelona bijvoorbeeld kwamen in twee versies op de Amerikaanse tv: via het NBC-net dat 160 uren hoogtepunten uitzond en via *pay per view* dat 1080 Olympische uren bracht voor de extra-prijs van 125 dollar.

Al die kanalen vechten om de aandacht van de kijkers wier concentratievermogen lijkt af te nemen naarmate het visuele aanbod groeit. De grote vrees van elke programmamaker is dat de kijker bij het minste spoor van verveling naar een andere zender zal overschakelen. Het komt er dus op aan geen enkel traag moment toe te laten, alles licht verteerbaar te houden, een ononderbroken stroom van visuele prikkels uit te zenden en te vermijden een beroep te doen op het vermogen tot nadenken.

Alleen al daarom krijgt de kijker een enorme dosis sex en geweld toegediend. Jaarlijks zijn er in prime time (van 18 tot 23 uur) 65.000 seksuele situaties te zien (27 per uur). Het gemiddelde twaalfjarige Amerikaanse kind heeft 40.000 moorden en 250.000 andere gewelddaden op tv gezien. Hoe jonger en mannelijker het beoogde publiek, hoe meer geweld er wordt getoond. De zaterdagochtendshows waar vooral jongens van 12 jaar en jonger naar kijken, bevatten driemaal zoveel geweld als de avondprogramma's die voor volwassenen zijn bedoeld.

En tussendoor verwerken de kijkers een gigantische hoeveelheid reclame: het modale Amerikaanse kind ziet 200.000 aanmaningen tot kopen per jaar.

Volgens een recente studie heeft al dat tv-kijken de Amerikaanse jongeren verbaal bekwamer maar fysiek passiever en ongezonder gemaakt dan de generatie van hun ouders. Televisie zou hen seksueel minder verantwoordelijk hebben gemaakt en onverschilliger tegenover werkelijk geweld. En in tegenstelling tot wat McLuhan voorspelde, zou televisie hun wereldbeeld steeds enger maken.

Joe Sixpack, de Amerikaanse neef van Jan-met-de-pet, zo genoemd omdat hij de bierblikjes die hij voor het scherm ledigt in pakken van zes koopt, is een *couch potatoe* (sofapatat) geworden. In welke mate televisie zijn wereldbeeld bepaalt, blijkt uit het feit dat het tv-nieuws voor 70% van de bevolking de enige bron van informatie is. Helaas bevat de brede stroom die uit die bron opwelt, bitter weinig echte informatie. Tijdens de eindfase van de Golfoorlog, toen de drie grote tv-netten net als CNN bijna permanent 'nieuws' uitzonden, hield de universiteit van Massachusetts een opiniepeiling om na te gaan wat de kijkers hadden bijgeleerd. Uit het onderzoek bleek, zo zei researchleider Justin Lewis, dat het publiek 'nog steeds alarmerend slecht op de hoogte' was over de achtergronden van het conflict en dat de onwetendheid het grootst was over 'feiten die gênant zijn voor de Amerikaanse regeringspolitiek'. Zo wist 73% van de ondervraagden nog altijd niet of de Amerikaanse regering Saddam Hoessein bij de invasie van Koeweit gesteund of bestreden had. Minder dan een derde (31%) wist dat Israël Arabische gebieden bezet houdt en slechts 3% dat er Syrische troepen in Libanon zijn. 81% kende de naam van de Amerikaanse raketten die naar de Iraakse Scuds werden afgevuurd en 80% wist dat Irak chemische wapens bezat, maar slechts 15% kende het woord *Intifada*. 'Hoe meer de ondervraagden tv keken,' zei professor Lewis, 'hoe minder ze bleken te weten.'

Aangezien winst en dus reclame-inkomsten ook voor de nieuwsuitzendingen de enige bestaansreden zijn, gelden dezelfde normen als in de amusementssector. Terecht worden deze programma's 'news shows' genoemd: ze moeten de kijkers vermaken, de aandacht van een zo groot mogelijke groep vasthouden en dat lukt nu eenmaal beter met sensatie en stereotypering dan met degelijke informatie.

De strijd om de hoogste kijkcijfers brengt mee dat elke nieuwsshow overladen is met visuele prikkels. De enige uitzonderingen zijn sommige nieuwsshows op de kabel-tv en het journaal van de openbare (niet-commerciële) omroep. Die vervallen in het andere uiterste: een uur lang ziet men er zwaarwichtige debatten tussen diverse experts, doorgaans leden van Washingtons conservatieve blanke en mannelijke politieke elite. Ook in de populaire nieuwsshows is het natuurlijk onvermijdelijk dat een nieuwslezer of reporter af en toe in beeld komt. Dat probleem wordt opgelost door de boodschapper belangrijker te maken dan de boodschap. De grote netten promoveren een ware persoonlijkheidscultus rond hun anchormannen. Een typische reclamespot toont een kijker die over de anchorman van NBC zegt: 'Ik wil van niemand anders het nieuws vernemen... Er gebeuren zo veel vreselijke dingen maar van hem gaat iets geruststellends uit. Je merkt dat het hem raakt maar hij vertelt alles zoals het is. Als je ziet hoe kalm hij blijft, voel je dat het toch allemaal zo erg niet kan zijn. Je zou kunnen zeggen dat hij voor mij de stem van het gezond verstand is. En daarbij, ik hou van zijn glimlach!'

Hoewel de anchormannen ook maar gewone redacteurs-nieuwslezers zijn, hebben ze de status van Amerika's grootste supersterren gekregen. Lokale nieuwsshows die nog ruimdenkender zijn in hun definitie van wat nieuws is, durven nog een stuk verder te gaan in het verkopen van hun 'anchorteams'. In deze shows vormen de presentators een leuke, gezellige groep die de modale kijker met plezier in zijn huiskamer binnenlaat. Al deze 'anchorteams' bestaan uit dezelfde cliché-personages: de aantrekkelijke jonge vrouw die in haar stem veel medeleven kan laten doorklinken, de viriele, bezadigde man die het nieuws brengt 'zoals het is', de olijke weerman en de sportredacteur die praat alsof hij met zijn makkers in de kroeg zit. Altijd is er een zwarte bij maar nooit eens iemand met een bril. Ze zijn zichtbaar geraakt door slecht nieuws en verontwaardigd over onrecht. Tussen het nieuws door maken de presentators grapjes, ze plagen de weerman, tonen hun vakantiefoto's, wensen elkaar geluk met verjaardag of vaderschap. Hun persoonlijke gedachten zijn allerminst taboe. Een zender in Baltimore wijdde enkele jaren geleden in vier achtereenvolgende nieuwsshows een stuk aan 'de geheime fantasieën' van zijn 'anchorteam'.

De reporters worden vaak op basis van hun uiterlijk gekozen. Voor vrouwelijke reporters is het veel belangrijker hoe lieftallig hun jonge, meestal blonde hoofd eruitziet dan wat het bevat aan grijze materie. De 'journalistieke talenten' van verscheidene vrouwelijke tv-reporters werden ontdekt toen ze schoonheidswedstrijden wonnen. Een mannequin die door een New Yorkse zender in dienst was genomen als 'anchorvrouw' en in die functie Henry Kissinger moest interviewen, gaf later toe nog nooit van de man te hebben gehoord. Dat niemand wat merkte, is weinig verbazend. Interviews tijdens nieuwsshows zijn altijd kort en oppervlakkig, want pratende hoofden mogen niet te lang in beeld. Alles moet snel en beweeglijk blijven, verveling slaat steeds sneller toe.

Het visuele primeert zo sterk in de nieuwsshows dat de hond door de staart wordt gekwispeld; vaak is het niet de nieuwswaarde van een onderwerp die de selectie van beelden bepaalt maar de beschikbaarheid van leuke beelden die een onderwerp 'nieuwswaardig' maakt. Alleen al daarom besteden de nieuwsshows honderden keren meer aandacht aan straatmisdaad dan aan witte-boordencriminaliteit; ook wanneer het laatste voor veel meer mensen implicaties heeft. Zoals Donna Woolfolk Cross in haar boek *Mediaspeak* schrijft: 'Banken die mensen beroven leveren minder leuke beelden op dan mensen die banken beroven.' Ze vertelt het verhaal van een NBCproducent die een reportage wou maken over de rol van de lobby's in Washington. Deze vertegenwoordigers van bedrijfsgroepen en andere machtige organisaties, oefenen achter de schermen een enorme invloed uit op het Congres. Maar hoe breng je een proces achter de schermen op een visueel onderhoudende manier in beeld? Het bleek onmogelijk, ook al omdat er in de gangen van het Congres niet mag worden gefilmd. En dus werd het stuk nooit gemaakt.

Enkele jaren later vond men de oplossing voor dit soort problemen: simulatie. Op het einde van de jaren '80 begonnen steeds meer nieuwsshows lekkere berichten waarover geen beelden beschikbaar waren, zelf te ensceneren. De trend werd gelanceerd door de *tabloid-tv* (het elektronische equivalent van de boulevardpers) maar waaide over naar de programma's die voor zichzelf meer respect opeisen.

Toen de diplomaat Felix Bloch verdacht werd van spionage, toonde 'ABC News' Bloch die een brieventas overhandigde aan een Russische geheime agent. Het beeld was korrelig en wat onscherp, zoals de kijkers het gewend zijn van opnamen met verborgen camera's. En zoals op alle videobanden van het FBI gaven digitale cijfers onderaan het scherm de precieze tijd aan waarop 'de feiten' werden gefilmd. Dat de scène een simulatie was, dat Bloch enkel verdacht was en niet beschuldigd, vernamen de kijkers niet.

Simulatie is slechts een van de manieren waarop de grens tussen fictie en feiten in het Amerikaanse nieuws wordt uitgewist. Ook inhoudelijk wordt het nieuws verdraaid om het te doen passen in het keurslijf van het dramatische maar simpele verhaaltje. Voor zijn boek *News from Nowhere* interviewde Edward Jay Epstein producenten van de nieuwsshows van alle netten. 'Wat je volgens de meeste producenten vooral nodig hebt voor een goed nieuwsverhaal,' aldus Epstein, 'zijn visueel identificeerbare tegenstanders die met elkaar in conflict komen, liefst gewelddadig. Dat vereist stereotypering (...) Andere nieuwsberichten zijn minder in trek omdat het dan moeilijk wordt "om het onderscheid te maken tussen de goeden en de slechten", zoals een CBS-producent het uitdrukte.'

Net als sprookjes en griezelfilms zijn vele nieuwsshows gebaseerd op het procédé van angst aanjagen en geruststellen. Avond na avond worden de kijkers de stuipen op het lijf gejaagd: moord, misdaad, drugs, seksuele perversie, ziekten (aids), rampen, onzichtbaar gif (in de lucht, het water), terroristen en andere buitenlandse vijanden (Rusland, Irak, Japan). Deze bedreigingen, die samen met processen (de geruststellende bestraffing) 90% van de meeste nieuwsshows in beslag nemen, zijn gelardeerd met de opgepepte vrolijkheid van de reclamespots en het monter gekeuvel van de presentators. Zelden wordt een nieuwsshow beëindigd zonder een leuke uitsmijter, een grappig stukje over een onschuldige situatie (bijvoorbeeld een varken dat een autokerkhof bewaakt), een kwestie van de kijker te overtuigen dat het toch allemaal best meevalt met 'onze gekke wereld'. Voor het geval hij de boodschap niet door zou hebben, komt de anchorman nog even in beeld, hoofdschuddend en met een schalks lachje om de lippen. Vooral in de lokale nieuwsshows is de inhoud zo repetitief dat een satirist zijn versie van het avondnieuws in een zin kon samenballen: 'Het nieuws van vandaag is hetzelfde als dat van gisteren, alleen gebeurde het met andere mensen.'

De concurrentie van de *tabloid-tv* heeft het niveau van de gemiddelde nieuwsshows verder omlaaggehaald. 'We brengen een ton vuilnis,' zei Gabe Pressman, de ster-reporter van WNBC-tv in 1992. 'Waar het om gaat is dit: kunnen we nog schandaliger en sensationeler dan de concurrenten?'

Ondanks het overvloedige aanbod, is diversiteit onbestaande in het televisienieuws. De herkenbaarheid van de anchormannen en ster-reporters is het enige dat de kijker in staat stelt de verschillende tv-netten te onderscheiden. De stijl, inhoud en politieke invalshoek gelijken op elkaar als druppels water. Op enkele uitzonderingen in kabel-tv na, zijn er geen nieuws- of duidingsprogramma's die een meer linkse of rechtse kijk op de wereld bieden. Hetzelfde geldt overigens voor de dagbladen en grote weekbladen. William Greider van de *Washington Post* legde dat profielverlies als volgt uit: 'De introductie van de massapers is het ogenblik waarop de dagbladen zich van hun partijdige, regionale of religieuze identiteit beginnen losmaken en zogezegd objectief worden. Dat heeft een voor de hand liggende economische reden. Een krant met een massale oplage moet tegelijk groepen met uiteenlopende standpunten aanspreken. Dus moet je je stem zo moduleren dat je hen allen de indruk geeft dat je tot hen spreekt.'

Voor televisie geldt dit nog meer. Het gevolg is dat alle massamedia in de VS één grote, eenstemmig loeiende kudde vormen. Hoewel dagbladen op hun opiniepagina's wel eens ruimte scheppen voor debat, is consensus de regel. Het is een consensus die bestendigend werkt, die de opvattingen en vooroordelen van de meerderheid uitdraagt en versterkt. 'Uit kijkonderzoeken blijkt dat berichten die de vooropgezette meningen van kijkers in vraag stellen, hun onrust verhogen,' schrijft Donna Woolfolk-Cross, 'en dat onrustige kijkers tweemaal zo vaak van kanaal veranderen.'

Alleen al door de aard van de media, in een context van ongeremde concurrentie binnen een grote, homogene markt, is het tv-nieuws in de VS intrinsiek conservatief. Maar er is nog een andere reden: de symbiotische relatie tussen de media, de bedrijfswereld en het politieke establishment. 'De massamedia zijn machtige instituties,' zegt William Greider, 'of dat nu juist is of niet, ze zien zichzelf als een deel van het regeringsproces en dus als verantwoordelijk tegenover de regerende elite.'

De persconcentratie is in de VS groter dan waar ook ter wereld. Het gros van de kranten, radio- en tv-stations, filmstudio's, weekbladen en uitgeverijen is in handen van slechts 29 bedrijven. In Forbes' lijst van de 400 rijkste Amerikanen prijken niet minder dan 84 mediamagnaten, veruit de grootste groep. In zijn boek *The Media Monopoly* toont Ben Bagdikian hoe dit handvol mediaconglomeraten via diverse financiële relaties en overlappende eigendommen nauwe banden onderhoudt met tientallen van de grootste bedrijven van het land. Met name banken alsook de wapenindustrie hebben aanzienlijke belangen in de media. Geen wonder dat de media, zoals sterreporter Sam Donaldson toegeeft, 'traditioneel de kant van het establishment kiezen'; ze zíjn tenslotte het establishment. Niet alleen de media-eigenaars en -directeurs, ook de journalisten zijn vertegenwoordigers van de bezittende klasse. Reporters van de grote tv-netten horen bij de 2% van de bevolking met het hoogste inkomen. Anchormannen zijn multimiljonairs. 'De politieke gevoelens van mensen die voor het tv-nieuws werken zijn conservatief, traditioneel, gematigd,' zegt CBS-producer Tom Yellin, 'onze basisopvattingen zijn dezelfde als deze van bankiers en de rest van het establishment.' Of zoals media-expert Mark Hertsgaard het uitdrukt: 'De media maken deel uit van de regerende klasse. Daarom reflecteert hun berichtgeving de waarden, opvattingen en belangen van die klasse. Hoewel ze formeel onafhankelijk zijn, functioneren de Amerikaanse media in de praktijk meestal als een arm van de Amerikaanse staat.' Dit geldt ook voor de kwaliteitskranten. 'Voor de jongens van het Witte Huis is het natuurlijk wel wat moeilijker om de troepen in het gelid te houden dan voor de jongens van het Kremlin,' observeerde de bekende journalist Seymour Hersch in 1987, 'maar het is waar dat er geen verschil is tussen de *Pravda*, de *Washington Post* en de *New York Times* in de zin dat ze niet zozeer de werkelijkheid rapporteren dan wel wat een kleine groep van topleiders hun als werkelijkheid voorhoudt.' De nieuwsmakers zien daar geen graten in. 'Het tv-nieuws is geen waakhond,' zei ABC-nieuwsproducent Jeff Gralnick, 'wij moeten de regering niet controleren. Het is onze taak het nieuws te nemen zoals zij verkiezen het aan ons te geven.'

De media reflecteren wel debatten maar alleen als die debatten plaatsgrijpen binnen het establishment. Het kan gebeuren dat ze de regeringspolitiek op de korrel nemen (tijdens de Vietnam-oorlog of het Watergate-schandaal bijvoorbeeld) maar alleen als die kritiek vertrekt vanuit het establishment. Al in het midden van vorige eeuw schreef de Tocqueville: 'Ik ken geen land waar in het algemeen zo weinig onafhankelijkheid van geest en echte vrijheid van discussie bestaat als in Amerika... Men zou zeggen dat in Amerika alle geesten naar hetzelfde model gemaakt zijn, zodanig volgen ze precies dezelfde wegen... zolang de meerderheid twijfelt, wordt er gepraat; maar als zij zich eenmaal onherroepelijk heeft uitgesproken, zwijgt iedereen.' De Tocqueville weet dit aan de zelfverheerlijking van de meerderheid in de burgerlijke democratie. De persconcentratie en de dominantie van de televisie hebben die tendens sindsdien nog veel sterker gemaakt. In zijn boek over de berichtgeving tijdens de Vietnam-oorlog, *The Uncensored War*, maakt Daniel Hallin een analyse die de Tocqueville's woorden in herinnering brengt. Volgens Hallin bestaat de wereld van de media uit drie verschillende zones, waarin telkens verschillende journalistieke normen gelden. Er is 'de zone van de consensus' die alle opvattingen en waarden bevat waarover iedereen in het establishment het eens is, zoals 'Amerika is het beste en meest vrije land ter wereld', 'het communisme is onze vijand', enzovoort. 'In deze zone voelen journalisten zich niet verplicht om andere standpunten te laten horen of objectieve observators te blijven,' schreef Hallin, 'het is in tegendeel hun rol de consensus-waarden te huldigen en te verdedigen.' Dan is er 'de zone van de afwijkingen' met alle opvattingen en waarden die ingaan tegen de consensus. Hier is de rol van de media 'het aan de kaak stellen en veroordelen, het uitsluiten van diegenen die de consensus schenden'. Tussen deze zones ligt het terrein 'van de legitieme meningsverschillen'. 'De grenzen van deze zone worden in de eerste plaats bepaald door het tweepartijensysteem – door de parameters van het debat tussen de Democratische en Republikeinse partij, alsook door de meningsverschillen binnen de bureaucratieën van de uitvoerende macht.' Alleen in deze zone geven de media de diverse standpunten objectief weer en brengen ze verhelderende achtergrond-analyses.

De grenzen tussen de drie zones zijn niet stabiel. De uiterst-rechtse standpunten van ex-Ku Klux Klan-leider David Duke verschoven, na zijn verkiezingssucces in 1991, van 'de zone van de afwijkingen' naar het grensgebied van 'de zone der legitieme meningsverschillen'. Toen over de wijsheid van het plan om een oorlog tegen Irak te lanceren in november '90 in het Congres werd gedebateerd, lag deze kwestie in 'de zone van de legitieme meningsverschillen'. De argumenten pro en contra werden uitvoerig gerapporteerd. Maar zodra het Congres het licht op groen had gezet voor de aanval, verhuisde de problematiek naar 'de zone van consensus'. Elk debat over de zin van de oorlog verdween. Zonder aarzeling of hapering, stapten de media en bloc in hun rol van totalitaire propagandamachine.

ROME NA DE VAL VAN CARTHAGO
DE LAATSTE SUPERMACHT

Vijftig jaar geleden telde de wereld zes grootmachten. Na de tweede wereldoorlog bleven er nog twee over. Een van de twee was door de oorlog zo verwoest en had economisch zo'n grote achterstand dat ze haar invloedssfeer enkel kon behouden door die manu militari van de rest van de wereld af te grendelen. Op economisch vlak was er slechts één supermacht: de VS.

Vandaag is Amerika ook militair de enige resterende grootmacht. Voorlopig kan geen land er ook maar van dromen de VS op dit vlak naar de kroon te steken. En de nog steeds gigantische bewapeningsuitgaven garanderen dat dit in de nabije toekomst ook zo zal blijven. Maar terzelfder tijd lijdt de economische macht van de VS aan erosie. Het ziet ernaar uit dat die in de komende jaren nog zal toenemen. Deze tegenstelling kan niet anders dan spanningen oproepen. Ze zal in de komende decennia het lot van de VS en de wereld ingrijpend beïnvloeden. In het slot van dit boek komen we hierop terug.

Nooit was de economische macht van de VS groter dan in de decennia na de tweede wereldoorlog. In Amerika had de oorlog een enorme expansie van het produktieapparaat meegebracht; in alle andere industrielanden had ze verwoesting en uitputting veroorzaakt. Amerika had dus geen concurrenten en een markt die grenzeloos leek. In 1950 was 40% van de totale wereldproduktie 'Made in the USA'. Amerikaanse produkten en kapitaal overspoelden de wereld. Het land bulkte van zelfvertrouwen, geloofde rotsvast in een stralende toekomst en genoot van een stijgende welvaart. Het modale inkomen was in 1950 tweemaal zo hoog als in Groot-Brittannië, driemaal zo hoog als in Duitsland en zesmaal zo hoog als in Japan.

Dat had onder meer voor gevolg dat de roep om sociale hervormingen veel zwakker bleef dan in West-Europa. De sociale wetgeving die in de naoorlogse periode tot stand kwam, bleef er dan ook veel beperkter. Daarom hebben de terugkeer van de economische crisis in de jaren '70 en de pogingen in de jaren '80 om die crisis in te dijken door privatisering en bezuinigingen, in de VS een veel grotere ravage aangericht. Het 'sociale vangnet' zat vol gaten; miljoenen vielen erdoor en kwamen in de grauwste ellende terecht. Alleen al door de toegenomen misdadigheid die daaruit voortvloeide, werd ook de kwaliteit van het leven van de rest van de bevolking aangetast.

Amerika ervoer de oorlog overigens heel anders dan Europa, vooral omdat het front zo ver weg was. De laatste keer dat buitenlandse troepen in Amerika hadden gevochten en dat de VS een militaire nederlaag leden was in 1814. De laatste oorlog op eigen bodem was de burgeroorlog. In de twintigste eeuw kon Amerika, beschermd door oceanen, de orgieën van verwoesting in Europa en Azië van op een afstand bekijken. Het land leek een veilige haven in een zwalpende wereld, immuun voor catastrofes. En de tweede wereldoorlog bewees dat geen enkel land de rijkdom of het technologisch vernuft bezat om Amerika te bedreigen. Dit alles gaf Amerika een gevoel van onoverwinnelijkheid en onkwetsbaarheid. Het begrip 'oorlog' kreeg niet de gruwelijke bijklank die het na twee wereldconflicten in Europa had verworven. En de technologische superioriteit van de VS creëerde de illusie dat militaire interventie een relatief pijnloos politiek instrument was dat Amerika naar hartelust kon gebruiken om zijn wereldwijde belangen te verdedigen. Zoals Kissinger het triomfantelijk uitdrukte: 'Een wetenschappelijke revolutie heeft de technische beperkingen in de uitoefening van macht in de buitenlandse politiek opgeheven.'

Maar technologische superioriteit is niet genoeg. Een interventionistische supermacht moet zich ook verzekeren van de steun van het thuisfront. Amerikanen ondergaan dan ook een ononderbroken stroom van chauvinistische propaganda. De historische wording van het land, als 's werelds eerste democratie geboren uit een egalitaire revolutie, heeft altijd al brandstof geleverd voor de 'zelfverheerlijking' waar de Tocqueville over schreef. De meest bombastische retoriek, die in Europa op hoongelach zou worden onthaald, is voor elke Amerikaanse politicus routinewerk; zowel in de vorige eeuw als vandaag:

'Amerika is de ark van veiligheid, de gezalfde beschaver, de enige bron van licht en warmte en rust in de donkere, woelige, twistzieke wereld.' (Congreslid William Evans Arthur, in 1850)

'Stemmingen komen en gaan maar onze grootheid blijft bestaan... Wij zijn het meest vrije land ter wereld, het edelmoedigste land ter wereld, het machtigste land ter wereld... En zo gaan wij voort, te zamen, een rijzende natie, het vroegere en toekomstige mirakel dat nog altijd de hoop van deze wereld is... God zegene ons geliefde land!' (President Bush in zijn *State of the Union*-toespraak in 1992)

Amerikaanse schoolkinderen beginnen hun dag met de eed van trouw aan de vlag en geen sportwedstrijd gaat van start alvorens het publiek uit volle borst het volkslied heeft gezongen.

Voor een supermacht is het natuurlijk een stuk gemakkelijker de patriottische passies op te kloppen. Zeker wanneer ze, zoals Amerika tijdens de koude oorlog, in een permanent conflict leeft met een andere grootmacht, met de controle over de wereld als inzet. In een land zonder buitenlandse conflicten worden de gevoelens van nationale eenheid verdrongen door binnenlandse problemen. Anderzijds laait het patriottisme des te hoger op naarmate de vijand machtiger en de bedreiging acuter lijken. De chauvinistische hysterie en de vereenzelviging van elke vorm van maatschappijkritiek met landverraad, scheerden dan ook de hoogste toppen wanneer het gevaar van oorlog met Rusland het grootst leek, zoals in de jaren '50, toen de McCarthy-heksenjachten op communisten een sfeer van intellectuele terreur creëerden.

Zoals in het vorige hoofdstuk al werd aangetoond, spelen de massamedia een cruciale rol in deze patriottische 'volksopvoeding'. Het is een algemene regel dat het voor de pers van landen die geen directe belangen hebben bij een bepaald conflict, gemakkelijker is om de situatie koel te analyseren en objectief te rapporteren. Daarom is de internationale berichtgeving van de BBC beter dan deze van *The Voice of America* en was de BBC-berichtgeving over Afghanistan beter dan die over de Falklands. Tijdens de koude oorlog was er vrijwel geen enkel conflict dat geen raakpunten had met de rivaliteit tussen Moskou en Washington. Alles wat zich op de internationale scène afspeelde, tot zelfs de Olympische Spelen toe, werd tot inzet van de titanische machtsstrijd tussen de supermachten.

In de Amerikaanse massamedia, met hun intense belangenvervlechting met het politieke en economische establishment en hun intrinsieke neiging tot simplificatie en stereotypering, kreeg die machtsstrijd de vorm van een sportwedstrijd: de 'onzen' tegen de 'hunnen', de 'goeden' tegen de 'slechten', het team van God, vrijheid en democratie tegen het team van atheïsten, communisten en andere terroristen. Dit wereldbeeld ging er gemakkelijker in doordat zo vele Amerikanen ontstellend weinig weten over de rest van de wereld. Uit een onderzoek dat in 1988 in opdracht van de *National Geographic Society* werd verricht in de VS, Japan, Canada, Mexico, Italië, Zweden, Engeland en Duitsland bleek dat de aardrijkskundige kennis van jonge volwassenen in de VS een stuk lager lag dan die van hun leeftijdgenoten in die andere landen. De ondervraagden kregen de opdracht de negen bovengenoemde landen, alsook Egypte, Vietnam, Centraal-Amerika, de Perzische Golf en de Stille Oceaan te plaatsen op een wereldkaart zonder namen. De modale Amerikaan kon nog geen 7 van de 16 plaatsen situeren. 45% van de Amerikanen kon niet zeggen in welk land Apartheid de officiële politiek is, 50% kon geen enkel land noemen dat deel uitmaakte van het toenmalige Warschau-pact.

Die onwetendheid is mede het gevolg van het feit dat de massamedia bijna al hun aandacht op het binnenland richten. Het gebeurt dat het tv-journaal, dat nochtans namen draagt als *World News Tonight*, geen spatje buitenlands nieuws bevat. Wie al zijn informatie uit het Amerikaanse tv-nieuws haalt, moet wel de indruk krijgen dat alle belangrijke gebeurtenissen plaatsgrijpen in de VS en dat alles wat elders gebeurt in feite ook rond Amerikanen draait. Iran begon voor de meeste Amerikanen pas te bestaan toen het Amerikaanse ambassadepersoneel er gegijzeld werd; in het daaropvolgende jaar draaide heel de wereld wel rond het lot van dat handjevol Amerikanen. Toen ze vrij waren verdween Iran opnieuw in een nieuwsvacuüm. Irak kwam pas in het blikveld toen Amerikaanse troepen werden uitgezonden om het te bestrijden. Over de Iraans-Iraakse oorlog die aan die episode voorafging en die aan bijna een miljoen mensen het leven kostte, hadden de meeste Amerikanen nog nooit gehoord. Afrika haalde het nieuws als zwarten vochten tegen blanken (een probleem dat Amerikanen kunnen invoelen), als Amerikanen konden getoond worden die de hongersnood hielpen lenigen of als een van de partijen in een conflict door Moskou ('de slechten') gesponsord werd.

De onschuld en edelmoedigheid van de Amerikaanse buitenlandse politiek is voor de massamedia immers een vanzelfsprekend gegeven. Buitenlanders begaan misdaden tegen de mensheid, Amerikanen begaan hoogstens goedbedoelde vergissingen. De intense anti-Amerikaanse gevoelens die deze 'edelmoedigheid' op sommige momenten in de wereld uitlokte, was voor vele Amerikanen dan ook volkomen onbegrijpelijk. Randy Newman ironiseerde dat onbegrip in zijn lied *Political Science*: 'No one likes us, I don't know why, we may not be perfect, but heaven knows we try...' De oplossing die Newmans ik-persoon voorstelde – 'Laten we er een atoombom op gooien, dan blijft er niemand meer over die ons de schuld kan geven' – vindt een echo in graffiti op muren in Amerikaanse steden: 'Nuke Iraq', boven de oude, reeds verbleekte 'Nuke Iran' en 'Bomb Moscow'...

Dank zij de massamedia wordt deze karikaturale visie op de wereld, als een zee van schurken en barbaren rond een Amerikaans eiland van welvaart en beschaving, door de meerderheid der Amerikanen in mindere of meerdere mate gedeeld. Dat is een van de redenen waarom president Reagan er zelfs tijdens de diepste naoorlogse recessie in slaagde de overheveling van gigantische bedragen van de sociale sector naar bewapening relatief populair te maken. Niets staat hoger op de nationale politieke agenda dan de verdediging van de Amerikaane militaire superioriteit; zelfs de ineenstorting van de vijand heeft daar geen verandering in gebracht.

In de loop van de koude oorlog heeft het Amerikaanse gevoel van onoverwinnelijkheid en onkwetsbaarheid natuurlijk averij opgelopen. De eerste deuk kwam er toen Moskou in staat was om de Amerikaanse steden met strategische kernwapens te vernietigen. De Cubaanse rakettencrisis die de grootmachten in 1962 op de rand van een globale oorlog bracht, was een schok die velen deed inzien dat 'onoverwinnelijkheid' in het nucleaire tijdperk een relatief begrip is geworden. Maar de zwaarste klap voor het gevoel van nationale superioriteit en eenheid was de mislukking van de Amerikaanse militaire interventie in Vietnam.

Washington leed geen militaire nederlaag in Vietnam. Maar het onvermogen van de Amerikaanse olifant om de Vietnamese mug dood te slaan zette een proces van militaire escalatie in gang dat onvoorziene gevolgen had. Binnen het politieke establishment – en dus ook in de media – groeide de kritiek. De stijgende kosten brachten inflatie op het ogenblik dat de naoorlogse economische expansie begon te sputteren. De oorlog belette de normalisatie van de betrekkingen met China, die na Beijings breuk met Moskou en de mislukking van China's isolatiepolitiek was mogelijk geworden. Amerika had geen vitale belangen te verdedigen in Vietnam; het kon zich terugtrekken zonder iets te verliezen en het deed dat uiteindelijk ook. De 'domino's' in Zuidoost-Azië vielen niet. Washington hield er goede relaties met China aan over, een land dat economisch en strategisch onnoemlijk veel belangrijker is dan Vietnam. Maar de ervaring had het Amerikaanse bewustzijn wezenlijk aangetast. De gruwel van de oorlog werd er reëel door gemaakt, ook al was het aantal Amerikaanse gesneuvelden zes keer kleiner dan in de tweede wereldoorlog. Het geloof in de 'fundamentele goedheid' van de Amerikaanse rol in de wereld was ondermijnd, het naoorlogse optimisme gebarsten. Volgens opiniepeilingen daalde het vertrouwen in Washington in de loop van het conflict van 76 naar 34%. Voor de generatie die in de jaren '60 en '70 volwassen werd, waren de ervaring in Vietnam en de protestbeweging tegen de oorlog vertrekpunten om andere aspecten van de Amerikaanse samenleving in vraag te stellen. De bereidheid om de regering in eender welk militair avontuur te volgen, was verdwenen. Dit Vietnam-syndroom legde een hypotheek op de 'ongelimiteerde machtsuitoefening in de buitenlandse politiek' waarover Kissinger had gesproken. De bestrijding ervan werd een van de voornaamste krachtlijnen van het Amerikaanse regeringsbeleid; vooral sinds 1981, toen een bejaarde Hollywood-acteur zijn intrek nam in het Witte Huis.

II. VERANDEREND AMERIKA

TIJD VOOR EEN BAANBREKER
DE ZWENKING VAN DE JAREN TACHTIG

Net als politici overal ter wereld zijn de meeste Amerikaanse presidenten pragmatische compromissensluiters die in het beleid van hun voorgangers hooguit hier en daar een accent verleggen. Eens in een generatie komt er een langs die een radicale koerswijziging tot stand brengt. Zo'n president was Reagan. In vergelijking met hem waren de zeven vorige presidenten, van Truman tot Carter, allen volgelingen van Roosevelt.

De tijd moet rijp zijn voor een baanbreker. In de jaren '70 zag het ernaar uit dat Reagans tijd al lang vervlogen was, dat zijn simplistisch wereldbeeld in het verleden, niet in de toekomst thuishoorde. Zijn politieke opvattingen waren bevroren in de jaren '50, toen de koude oorlog zijn hoogtepunt kende en het Amerikaanse gezin nog idyllisch leek. Zijn wereldbeeld geleek wonderwel op dat van de idiote films waarin hij toen acteerde. Het kwam telkens neer op de strijd tussen Goed en Kwaad, tussen helden en schurken. De namen van de schurken veranderden, naargelang van het script: Duitsers, Russen, regeringsbureaucraten. De held blijft dezelfde: de vriendelijke Amerikaanse macho die de wereld veilig en goed maakt, als hij daar de kans toe krijgt.

Toen zijn Hollywood-carrière was uitgesputterd werd Reagan opgepikt door een groepje Californische multimiljonairs die hem rijk maakten en in de politiek lanceerden. Als gouverneur van Californië was hij geen pottenbreker. Het concrete beleid liet hij over aan ondergeschikten en het verschilde maar weinig van dat in andere staten. Politiek was voor Reagan niets anders dan wat hij gedaan had als gastheer van de televisieshow van *General Electrics*: het verkopen van slogans, imago's. De details van zijn beleid interesseerden hem net zo weinig als die van de huishoudelijke apparaten die hij voor *General Electrics* verkocht. Reagan was intellectueel niet in staat tot een andere rol dan deze van boegbeeld. Maar die rol speelde hij dan ook met virtuositeit. Zijn filosofie was dezelfde als deze van Barry Goldwater, de ultra-conservatieve Republikein die in de presidentsverkiezingen van 1964 de zwaarste nederlaag aller tijden had geleden. Maar terwijl Goldwaters oorlogszuchtige taal de kiezers de stuipen op het lijf joeg, kon Reagan dezelfde boodschap verpatsen op een manier die zijn toehoorders geruststelde en vertrouwen gaf.

In 1980 was de tijd rijp voor een boegbeeld als Reagan. Het decennium was niet bepaald in schoonheid geëindigd. Een hoge werkloosheid en een inflatiegraad van bijna 20% toonden dat de klassieke recepten om de economische crisis te bestrijden hadden gefaald. Terwijl Amerika zijn Vietnam-wonden nog likte, culmineerde de steeds agressievere interventiepolitiek van Moskou in de invasie van Afghanistan. De Sjah van Iran, een van Washingtons belangrijkste strategische pionnen, was van zijn voetstuk getuimeld. De gijzeling van de diplomaten in Teheran symboliseerde de schijnbare machteloosheid van de Amerikaanse Goliath. Voor het Amerikaanse politieke establishment was het tijd om een bladzijde om te slaan.

De bijna ononderbroken economische groei waar Amerika sinds de tweede wereldoorlog van genoten had, was op het einde van de jaren '60 uitgeteld. Het wederopbouwmechanisme werkte niet meer. West-Europa en Japan hadden hun schulden aan de VS afbetaald en kenden eindelijk weer positieve betalingsbalansen. Dat betekende dat ze nu voor dezelfde markt knokten als Amerika. Maar die markt groeide niet snel genoeg om het produktievermogen bij te houden.

De bruuske stijging van de olieprijs in 1973 was de zondebok voor de vele economische kwalen die het Westen begonnen te teisteren. Maar zoals de economist Martin Mayer aantoonde, was de inflatiespiraal al jaren eerder op gang getrokken door 'de beslissing van alle financieministers en centrale banken om zich uit de recessie van 1969-70 te redden door de gaspedaal (van de geldcreatie) helemaal in te drukken'. De olieprijsstijging bracht voor de VS slechts een meeruitgave mee van 0,8 % van het BNP. En het gros van dat geld stroomde terug naar de Amerikaanse banken die met die toevloed van petrodollars geen raad wisten. In eigen land daalden de winsten, dus schonken de banken massale leningen aan Latijns-Amerika, in de hoop de afzetmarkt voor Amerikaanse produkten te vergroten. De 'economische mirakels' die daar het resultaat van waren bleken van korte duur, in tegenstelling tot de schuldenlast die nog steeds als een molensteen om de nek van de 'derde wereld' hangt.

Het echte probleem had weinig met olie te maken. In zekere zin werd de wereldeconomie het slachtoffer van haar eigen succes. Het produktievermogen was nooit zo groot geweest en kon moeiteloos verder worden uitgebreid. Maar de koopkracht op de wereldmarkt bleek niet hetzelfde groeivermogen te bezitten. En hoe groter het produktievermogen, hoe groter de markt moest zijn om het steeds gigantischer produktieapparaat rendabel te maken. Het was dan ook logisch dat de opeenvolgende recessies elk land aanzetten tot stimulerende maatregelen om de inkrimping van de markt af te remmen. Terzelfder tijd trachtte elk land ook z'n produktieapparaat te herstructureren en te besnoeien om de verscherpte concurrentiestrijd op de wereldmarkt te overleven. Iedereen volgde dezelfde keynesiaanse doctrine en oogstte dezelfde resultaten. Washington gaf het voorbeeld. Stagnerende vraag werd bestreden met goedkoop krediet en dus grotere geldcreatie. Devaluaties van de dollar moesten de uitvoer stimuleren. De herstructurering van de economie en de noodzaak om de ondergang van gigantische bedrijven zoals het autoconcern Chrysler te verhinderen, leidden tot groeiende overheidsinterventie.

Maar intussen werd de koopkracht afgeroomd door soberheidsmaatregelen en stijgende belastingdruk. Met de stabiele wisselkoersen was het afgelopen, de inflatie leek op hol geslagen. Maar ook de werkloosheid bleef stijgen en het winstniveau bleef ondermaats.

De combinatie van inflatie en stagnatie was zo ongewoon dat de economisten er een nieuw woord voor moesten bedenken: 'stagflatie'. Met elke inzinking werd de stagflatie erger en telkens werd dezelfde remedie geprobeerd. Tijdens de recessie van '74-'75 zwengelden de VS hard genoeg aan de dollarpomp om de wereldeconomie drie jaar lang groeiende te houden. Maar toen was de inflatie zo hoog en zo algemeen dat de dreiging dat de wereldeconomie door hyperinflatie verlamd zou raken, ijzingwekkend reëel werd. Zo kon het niet langer.

In het Oostblok was de economische stagnatie intussen nog veel erger. In welke mate de economische crisis Moskou ertoe aanzette een uitweg te zoeken in militaire expansie, zal misschien nooit met zekerheid kunnen worden vastgesteld. Feit is dat het Oostblok in de jaren '70 steeds meer tussenkwam in regionale conflicten en z'n militaire slagkracht in Oost-Europa versterkte. De détentepolitiek begon te ontrafelen. De wapenstilstand in de koude oorlog die Nixon en Breznjev bij de aanvang van het decennium hadden gesloten en die een relatieve verlaging van de Amerikaanse bewapeningsuitgaven had meegebracht van 7,4% van het BNP in 1970 naar 4,6% in 1979, werd aan flarden geschoten toen de Russische tanks in 1979 Afghanistan binnenrolden. President Carter verhoogde de bewapeningsuitgaven, maar niet genoeg naar de zin van het *Committee on the Present Danger*. Deze invloedrijke havikenclub vertolkte de nieuwe consensus in Washington. Met schromelijke overdrijvingen van de Russische militaire capaciteit staafde ze haar bewering dat het Westen in de jaren '70 'een venster van kwetsbaarheid' had opengezet dat zo vlug mogelijk door een nieuwe bewapeningsescalatie moest worden gesloten.

Nog andere veranderingen in de jaren '70 maakten de tijd rijp voor Reagan. De wind van vernieuwing die het einde van de jaren '60 had opgefrist, was uitgewaaid en een conservatieve tegenwind stak op. Het naïeve optimisme van de zogenaamde Woodstock-generatie kon in de harde crisisjaren '70 niet overleven. Het samenhorigheidsgevoel vervaagde na het einde van de Vietnam-oorlog. Individualisme en cynisme kwamen in de plaats.

Conservatief Amerika, dat in de voorbije jaren zo vele klappen had moeten incasseren, begon aan een tegenoffensief. Opgekropte verontwaardiging over de drugcultuur, de legalisatie van abortus, de militante houding van feministen, homo's, Zwarte Panters en andere radicalen, voedde de rangen van groepen als de *Moral Majority* die, zoals Reagan, het land terug wilden leiden naar de 'traditionele waarden' van God, Gezin en Vaderland. Amerika had heimwee naar de eensgezindheid, het vertrouwen, het internationale prestige van de naoorlogse jaren. Na de tweespalt over Vietnam die president Johnson z'n baan had gekost, de roemloze afgang van de corrupte Nixon in het Watergate-schandaal, de stuurloosheid van Ford en Carter wier beleid leek te zwalpen in de economische en geostrategische stormen, was het land klaar voor een president die wist wat hij wou, die op alle complexe vragen een simpel antwoord had en die er geen moment aan twijfelde dat zijn beleid, zoals zijn films, een happy end zou krijgen.

THE GREAT COMMUNICATOR
REGEREN VIA TELEVISIE

Het Nieuwe Begin dat Reagan Amerika beloofd had, leek al op de eerste dag van zijn bewind gestalte te krijgen. Op het ogenblik dat de inauguratie in Washington begon, werden de Amerikaanse gijzelaars in Teheran, wier gevangenschap al meer dan een jaar de obsessie van alle media was, eindelijk vrijgelaten. De rechtstreekse tv-reportages over de dolgelukkige ex-gijzelaars die in Algiers arriveerden en over Reagan die de eed aflegde en het startsein gaf voor de meest luxueuze inauguratiefeesten ooit in Washington gehouden, versmolten tot een symfonie van patriottisch gejubel. De samenloop van omstandigheden was zo mooi dat ze wel geënsceneerd leek. En dat was ze ook, volgens Gary Sick, een ex-lid van de Nationale Veiligheidsraad. Sicks research, die bevestigd werd door het onderzoek van onafhankelijke journalisten, leek te bewijzen dat de Iraanse leiders in 1980 een geheim akoord hadden afgesloten met de Reagan-organisatie. Iran beloofde de gijzelaars vast te houden tot op de dag van de inauguratie zodat Carter uit hun vrijlating geen electorale winst kon halen en Reagans regering met een publicitaire coup kon beginnen. In ruil hiervoor mocht Iran opnieuw voor honderden miljoenen dollar Amerikaanse wapens kopen. De geheime levering daarvan begon inderdaad vrijwel onmiddellijk, via Israël. De man die dit akkoord voor Reagan zou hebben bekomen was zijn campagnedirecteur Bill Casey, die ook later als CIA-baas de spilfiguur was in alle clandestiene activiteiten van Washington. Zijn dood heeft de mogelijkheid geëlimineerd om deze zaak en vele aspecten van dit schandaal volledig op te helderen. Maar dat akkoord had alleszins twee karakteristieken die telkens weer zouden opduiken tijdens Reagans bewind: het gebruik van illegale maneuvers op internationaal niveau die voor het Congres en de pers verborgen bleven en het ensceneren van politieke gebeurtenissen speciaal voor de media, om de publieke opinie te manipuleren.

De invasie van Grenada in 1983 is een goed voorbeeld van zo'n media-event. Dit zakdoekgrote eilandstaatje zou wellicht nooit in het nieuws zijn gekomen, als de regering enkele dagen eerder niet in verlegenheid was gebracht door een bomaanslag in Beiroet die aan 239 Amerikaane mariniers het leven kostte. De aanslag dreigde het nieuws van het jaar te worden en zowel de populariteit van Reagan als de steun aan buitenlandse militaire interventie te ondermijnen. Maar de tragedie werd snel ondergesneeuwd door de uitgelaten berichtgeving over de 'glorierijke' verovering van Grenada. De militaire operatie was zo haastig georganiseerd dat ter plaatse de meest komische situaties ontstonden; sommige invasietroepen hadden zelfs geen kaarten van het terrein dat ze moesten veroveren en moesten vanuit een telefooncel naar de VS bellen om contact te krijgen met hun commandanten. De berichtgeving daarentegen, was tot in de puntjes georkestreerd. Zoals later tijdens de invasie van Panama en de Golfoorlog, zorgde de combinatie van censuur en leuke beelden afkomstig van het Pentagon voor een optimaal propaganda-effect.

De doorgedreven manipulatie van de media is misschien wel een van de belangrijkste erfenissen van Reagan. Vele van de methoden om te regeren via televisie die onder Reagan op punt werden gesteld, zijn sindsdien tot de normale gang van zaken gaan behoren. Vroegere presidenten gebruikten ook professionele marketing- en reclametechnieken. Maar onder Reagan werd het dagelijkse management van de nieuwsstroom een prioritaire bekommernis van de regering. Leslie Janka, de toenmalige adjunct-perssecretaris van het Witte Huis noemde de techniek 'manipulatie door overstroming'.

Door de journalisten te overstelpen met goed verpakt, voorgekauwd 'nieuws' op het formaat dat ze verlangen, hou je ze tevreden. Reagans experts begrepen precies welke beelden de tv-netten graag wilden en zorgden voor een constant aanbod. Toen Reagan na zijn triomf in Grenada naar Zuid-Korea trok, konden alle nieuwsshows heroïsche beelden tonen van de leider van het Vrije Westen die, gekleed in een militaire camouflagevest, in de gedemilitariseerde zone door een verrekijker onverschrokken naar de vijand tuurde. Zoals gewoonlijk had Reagans 'regisseur' Michael Deaver de plaats op voorhand bezocht, samen met regisseurs van de tv-netten. De plaats van de camera's, de lichtinvalshoek, alles was zorgvuldig uitgekiend. Met krijt was aangeduid waar de president en de figuranten moesten staan.

Reagans team begreep ook het belang van herhaling in propaganda. Dezelfde boodschap werd dag na dag herhaald, telkens in een andere, telegenieke context. Toen in 1983 bleek dat twee derden van de bevolking gekant was tegen Reagans onderwijspolitiek vanwege de massale bezuinigingen, organiseerde Deaver een public-relationsoffensief. Dag na dag was Reagan op het scherm, omringd door schoolkinderen of in andere kleurige situaties, terwijl hij sprak over de noodzaak van discipline in de klas en dies meer. Na afloop toonden de opiniepeilingen dat twee derden van de bevolking Reagans onderwijspolitiek steunde, hoewel die politiek niet was veranderd.

Dergelijke methoden konden natuurlijk enkel werken omdat de media zich gewillig lieten manipuleren. Deaver schreef in zijn memoires, 'Reagan werd door de pers vriendelijker behandeld dan elke andere president sinds de tweede wereldoorlog.' Hoewel slechts 27% van de kiesgerechtigden voor hem stemde (bijna de helft bleef thuis) werd zijn kieszege voorgesteld als 'een aardverschuiving'. Nog voor hij dat werkelijk was, werd hij geportretteerd als ontzettend populair; 'the great communicator' die de snaren van Amerika's hart virtuoos betokkelde.

Reagan had die vriendelijke mediabehandeling broodnodig. Hij moest voortdurend tegen zichzelf worden beschermd. Hij acteerde niet slecht maar als hij van het script afweek kon hij de meest idiote dingen vertellen. Zo bijvoorbeeld zijn bewering dat de luchtvervuiling vooral door bomen wordt veroorzaakt. Of zijn opmerkingen over de ontwapeningsonderhandelingen: 'Twee ervan gaan door in Genève en de derde in, euh, Zwitserland.' Of de keer dat hij op een simpele vraag niets kon antwoorden tot zijn vrouw hem op weg hielp. Reagan flapte er honderden flaters uit maar in de media werd daar weinig aandacht aan besteed. Vooral de manier waarop die flaters gerapporteerd werden, beschermde hem. De historicus James Barber merkte op: 'Reagan is de eerste president wiens misprijzen voor de feiten wordt voorgesteld als een charmante karaktertrek.' Hij werd niet afgeschilderd als gevaarlijk onwetend of bedrieglijk maar als een vriendelijke, bijwijlen verstrooide vader. 'De implicaties van zijn vergissingen werden nooit besproken,' zegt mediakenner Mark Hertsgaard. 'Neem nu zijn uitspraak dat de kernraketten van onderzeeërs minder gevaarlijk zijn omdat ze teruggeroepen kunnen worden nadat ze zijn afgevuurd. Dat de man met de vinger op de nucleaire knop zo'n fout maakt is toch alarmerend. Maar het kwam niet op het tv-nieuws en geen enkele journalist heeft hem er een vraag over gesteld.'

Omdat zijn flaters en de schandalen in zijn regering (meer dan 120 leden van Reagans administratie waren verwikkeld in corruptiezaken) geen vat leken te hebben op zijn populariteit werd hij de *Teflon*-president genoemd, naar de gelijknamige pan waaraan niets blijft kleven. Maar 'het *Teflon*effect kwam vooral door de pers,' bekende Reagans communicatiedirecteur David Gergen. Alleen nadat het Iran-Contraschandaal in 1986 openbarstte, werd de president min of meer voorgesteld zoals hij was: een man die nauwelijk wist wat zijn ondergeschikten uitspookten. En ook dat gebeurde om hem te beschermen: de enige alternatieve uitleg was dat de president op de hoogte was van en dus medeplichtig aan de illegale activiteiten van zijn stafleden.

Waarom werd Reagan zo poeslief aangepakt? Om dezelfde reden waarom het Congres zijn initiatieven goedkeurde, ook al had de Democratische oppositie een ruime meerderheid in het Huis van Afgevaardigden. Reagan symboliseerde een nieuwe koers voor Amerika; de essentiële punten van zijn programma werden gesteund door heel het politieke establishment.

APRES NOUS, LE DELUGE
DE ECONOMISCHE HEROPLEVING

Het Reagan-tijdperk begon met de diepste recessie sinds de jaren '30. Daarvan kon men de president niet de schuld geven. Voor hij verkozen werd, had de *Federal Reserve Bank* het roer van de monetaire Amerikaanse politiek al omgegooid. De geldkraan werd dichtgedraaid. Hoge rentevoeten maakten krediet peperduur. Zo werd de inflatie langzaam maar zeker teruggedrongen. Maar daar werd een zware prijs voor betaald. Tienduizenden bedrijven gingen overstag. Hoe pijnlijk die bruuske economische inkrimping ook was, van de monetaristische lijn werd tot in 1984 niet afgeweken.

De hele wereldeconomie duizelde. Voor de derde-wereldlanden waren de gevolgen het ergst. Ze werden getroffen door een dubbele mokerslag: door de diepe recessie zakte hun export in elkaar en door de hoge rentevoeten werd hun schuldenlast plots veel zwaarder. Armoede en honger namen er nooit geziene proporties aan. Het gros van de derde wereld is de recessie van 1981-82 nooit meer te boven gekomen. De inzinking zette een deflatoire spiraal in gang die de grondstoffenprijzen omlaag trok; de rentevoeten bleven intussen zeer hoog. De buitenlandse investeringen droogden op, in de eerste plaats omdat de VS in de jaren '80 zo'n onverzadigbare kapitaalhonger aan de dag legden dat ér niets meer overbleef. De enige leningen die de meeste derde-wereldlanden nog konden krijgen, dienden om de rente op eerdere leningen te helpen betalen. Sinds 1984 is de derde wereld een netto-uitvoerder van kapitaal geworden: deze landen betalen elk jaar meer aan rente dan wat ze aan krediet, hulp en investeringen binnenkrijgen. De monetaristische politiek van de VS in de jaren '80 duwde een groot deel van de wereld in een afgrond waar het nog steeds vertoeft. Maar in Amerika zelf begon in 1983 een spectaculaire heropleving.

Daar was niets mysterieus aan. In feite deed de Reagan-regering niets anders dan wat de keynesiaanse doctrine tegen stagnatie voorschrijft: de economie stimuleren door overheidsbestellingen en belastingvermindering. En hoe! De bewapeningsuitgaven stegen zo snel dat ze na vijf jaar al dubbel zo hoog waren. De inkomstenbelastingen werden voor iedereen verlaagd in drie jaarlijkse schijven van 10%. Voor de kleine inkomens betekende dit nauwelijks meer dan een aalmoes maar de rijkste 20% van de bevolking kreeg een cadeau van ruim 600 miljard dollar. En ook de bedrijfsbelasting daalde in Reagans eerste ambtstermijn met 120 miljard.

De rijken werden dus plots veel rijker. En ze volgden het voorbeeld van de regering en smeten met geld. Tijdens de 'wilde jaren '80' zwelgde welgesteld Amerika in een steeds obscenere orgie van consumptie. Het tekort op de handelsbalans groeide met reuzensprongen. Tussen '82 en '89 consumeerde Amerika voor 800 miljard dollar meer dan het produceerde. De overheid, bedrijven en consumenten stapelden onbezorgd schulden op alsof het gelag nooit zou moeten worden betaald. Tijdens de jaren '80 nam de overheidsschuld toe met 22% van het BNP, van 1000 naar 3000 miljard dollar. De consumentenschuld steeg van 74,9% naar 96,9% van het jaarlijks inkomen. En de bedrijfsschuld verdubbelde tussen '82 en '88 tot meer dan 3000 miljard dollar.

Dat zou misschien niet zo onheilspellend geweest zijn als die schuldenexplosie zou hebben gediend om produktieve investeringen te financieren die de toekomstige economische gezondheid zouden ten goede komen. Maar in tegenstelling tot wat de zogenaamde 'aanbodseconomen', die toen een onverdiend prestige genoten, voorspeld hadden, bleven de investeringen in het produktieapparaat in de jaren '80 stagneren. En de overheid gaf steeds minder uit aan broodnodige toekomstgerichte investeringen, zoals onderwijs en infrastructuur. Aan deze laatste post werd in de jaren '80 0,3% van het BNP besteed, tegenover 3,7% in West-Duitsland en 5,7% in Japan. De Amerikaanse infrastructuur, die nog niet zo lang geleden veruit de beste ter wereld was, is er dan ook steeds slechter aan toe: 40% van de bruggen bijvoorbeeld behoeft herstellingswerken; 20% is door het *Corps of Engineers* verouderd en gevaarlijk verklaard. Het motto van het Reagan-tijdperk leek wel: 'Après nous, le déluge'.

De grote trots van de Reagan-regering was dat de heropleving dit keer niet gepaard ging met een heropflakkering van de inflatie. Voor een stuk kwam dat door de forse daling van de lonen; voor een stuk ook door de daling van de prijzen van olie en andere grondstoffen op de oververzadigde wereldmarkt. Deze factoren verlaagden de produktiekosten en hielden dus de prijzen in toom. Maar er was nog een andere reden.

De inflatie van de jaren '70 had getoond dat je niet zomaar koopkracht kunt creëren door meer geld te drukken. Naarmate de extra-dollars (en ponden en franken) zich doorheen de economie verspreidden, joegen ze gewoon alle prijzen omhoog. Het fictieve karakter van dit uit het niets geschapen kapitaal kwam onvermijdelijk tot uiting in muntontwaarding. In de jaren '80 werd de geldcreatie door hoge rentevoeten afgeremd. De creatie van fictief kapitaal gebeurde op een andere manier: door de versnelde expansie van schulden. De druk op de prijzen was dus niet voelbaar in de hele economie maar enkel daar waar de banken, bedrijven en rijkste Amerikanen hun (geleende of door belastingvermindering gekregen) extra-miljarden uitgaven. En die druk werd nog groter door de gretigheid waarmee buitenlandse kapitaalbezitters zich bij hen vervoegden.

Waar ging al dat geld naartoe? Niet naar extra-investeringen in kapitaalgoederen, zoals we al zagen. En ook de consumptie van miljonairs kent haar grenzen. Daarom waren de jaren '80 (zoals de jaren '20) een periode van mateloze speculatie. In vastgoed bijvoorbeeld, dreef de koopwoede de prijzen pijlsnel omhoog. En voor beursmakelaars was het een gouden tijd. De beurswaarden stegen niet in verhouding met hun werkelijke opbrengst maar door het koortsachtige opbod tussen kapitaalbezitters die met hun geld geen raad wisten. De honderden miljarden dollars die besteed werden aan (al dan niet vijandige) overnames van bedrijven verhoogden de speculatiedrift nog. Vaak werden die overnames gefinancierd met *junk bonds*, obligaties die zeer hoge renten opleverden maar die enkel gedekt waren door de toekomstige inkomsten van de bedrijven die het slachtoffer waren van die piraatmaneuvers. En die dus opgezadeld werden met een ontzaglijke schuldenlast.

Het fictieve karakter van een groot deel van het kapitaal dat door de beursspeculatie werd opgeslorpt bleek op 19 oktober '87, toen de Dow Jones een tuimeling van 508 punten maakte. 1000 miljard dollar in beurswaarden was plots mysterieus 'verdwenen'. Niemand wist waar dat geld heen was en wat de echte economie betreft, had het eigenlijk ook nooit bestaan. Het feit dat de economie niet in elkaar stortte illustreerde hoe fictief de rijkdom die door beursspeculatie ontstaat voor de rest van de economie wel is, hoe weinig de economie en de beurs nog met elkaar te maken hebben. Dat bleek ook tijdens de jongste recessie, toen de beurs het steeds beter deed terwijl de economie steeds verder achteruit boerde. Het is dan ook onvoorspelbaar wanneer de beurs haar volgende crash zal kennen, zeker is alleen dat die onvermijdelijk is. De beurzen dienen niet meer in de eerste plaats als instrumenten voor de financiering van economische expansie maar als speeltuin voor parasitaire kapitaalbezitters.

Uiteindelijk was er slechts één manier om de wanstaltige begrotings- en handelstekorten van de VS te financieren zonder zijn toevlucht te zoeken in massale geldcreatie: een kapitaalvlucht uit heel de wereld naar Amerika. Aangetrokken door de hoge rentevoeten en de winstmogelijkheden die de heropleving en de speculatiedrift in de VS boden, verdubbelden buitenlandse kapitaalbezitters hun investeringen in de VS in de eerste vijf jaren van Reagans regering alleen al. De internationalisering van de kapitaalmarkt in de jaren '80 maakte nooit geziene kapitaalbewegingen mogelijk, waarvan de VS het meest profiteerden. Volgens Yale-professor Robert Triffin werd 80% van de Amerikaanse interne en externe deficits gedekt door buitenlandse investeerders. Honderden miljarden dollars draaiden in een cirkel: Amerika consumeerde meer dan het produceerde zodat landen als Japan enorme dollaroverschotten op hun betalingsbalans hadden; met dat geld financierden zij de Amerikaanse tekorten zodat Amerika door kon gaan met meer te consumeren dan het produceerde. Tussen '82 en '88 investeerden buitenlanders 700 miljard dollar meer in de VS dan de VS in de rest van de wereld. Dat geld kwam niet alleen uit rijke landen. Zelfs kapitaalbezitters uit de derde wereld vonden het veiliger hun geld te beleggen in de VS dan in hun eigen economie. Zo teerde de Reagan-heropleving als een vampier op de rest van de wereld. Maar het gevolg was dat de VS in enkele jaren tijd veranderde van 's werelds grootste schuldeiser in 's werelds grootste schuldenaar. Spoedig zal de Amerikaanse buitenlandse schuld groter zijn dan die van alle andere landen samen.

De jaren '90 begonnen met de onvermijdelijke terugkeer van de recessie die in vele opzichten nog scherper was dan de vorige. Tussen juni 1990 en januari '92 verdwenen 4,5 miljoen banen, 300.000 meer dan bij de vorige recessie. Dat het werkloosheidspercentage desondanks lager bleef, komt in de eerste plaats doordat miljoenen het zoeken naar werk hebben opgegeven, zodat ze niet langer als 'werkloos' worden beschouwd in de officiële statistieken.

De recessie van 1990-92 is geen 'normaal' dieptepunt van de business-cyclus maar het begin van een nieuwe fase voor de Amerikaanse economie. De consumptieroes is uitgewerkt. Welgestelde Amerikanen hebben in de jaren '80 alles gekocht wat ze kunnen gebruiken en nog veel meer. Amerikanen die dat toen niet konden, kunnen het nu nog veel minder. De dienstensector (verzekeringen, banken, winkels, restaurants, hotels enz.) is in dezelfde periode zo gezwollen dat het aanbod de vraag nu ver overtreft. Bedrijven en kantoren werden gemoderniseerd, vooral door de veralgemening van het gebruik van computers (in 1980 gebruikte 1 miljoen Amerikanen computers op het werk, in 1990 50 miljoen). Die fase is nu echter grotendeels afgesloten. De Amerikaanse economie is oververzadigd en overbelast met schulden. Het uiteenspatten van speculatie-zeepbellen en de daling van de rentevoeten heeft de investeringslust van het buitenlands kapitaal drastisch bekoeld.

Reagan heeft de economische crisis van de VS – en de wereld – niet opgelost, hij heeft ze voor zich uit geschoven. Tijdens de kiescampagne van 1980 illustreerde kandidaat Reagan de ernst van de situatie door op te merken dat de overheidsschuld, in briefjes van 1000 dollar, een stapel van 107 kilometer hoog zou maken. Zijn belofte om het begrotingstekort te elimineren en terzelfder tijd de belastingen drastisch te verminderen en de bewapening te verhogen werd door zijn rivaal Bush smalend 'voodoo-economie' genoemd. Bush kreeg meer gelijk dan hem lief was. Onder Reagan steeg de overheidsschuld met 900.000 dollar per minuut. De totale schuldenlast van de Amerikaanse economie steeg in de jaren '80 van 4200 miljard dollar naar 12.100 miljard – ruim 240% van het BNP. En onder Bush ging de stijging nog sneller, deels door de recessie, deels door de erfenis van Reagan. Het einde van de speculatiecyclus in de immobiliënsector bijvoorbeeld, bracht de ineenstorting van de spaarbankensector, die de schatkist een slordige 500 miljard dollar kost. Het aantal falingen van commerciële banken is zo hoog dat het fonds dat de deposito's verzekert leeg dreigt te geraken, zodat de overheid opnieuw een put van honderden miljarden zou moeten dichten. Op het einde van Bush' eerste ambtstermijn benadert de overheidsschuld 4000 miljard – een stapel 1000-dollarbriefjes van 429 kilometer hoog.

Andere landen hebben gewoontegetrouw het Amerikaanse voorbeeld gevolgd en hun schulden onbesuisd laten groeien. In de jaren '90 zal de wereldeconomie daar een zware prijs voor betalen. De recessie van '90-'92 zal dit keer niet door een robuuste heropleving worden gevolgd. In het beste geval zal de economische groei voor de rest van deze eeuw amechtig blijven. Maar de kans is groter dat er een diepe inzinking komt die de wereldeconomie op haar grondvesten zal doen daveren. Door haar enorme schuldenlast is de bewegingsvrijheid die de VS-regering vroeger had om een economische neergang in te dijken, fel verminderd. Nu al gaat een groot stuk van de begroting - 200 miljard dollar per jaar - naar rentebetalingen. De renteverplichtingen van de bedrijfswereld zijn langzaam maar zeker de winstverwachtingen aan het wurgen. In de jaren '50 en '60 moesten Amerikaanse bedrijven 17% van hun inkomsten opzij leggen voor rentebetalingen; in de jaren '70 35% en bij de aanvang van de jaren '90 61%.

De neiging om de afrekening te blijven uitstellen door nog dieper in de schulden te gaan, kan onweerstaanbaar blijken. Maar Amerika is niet het enige land met een razende kapitaalhonger. Sinds de Golfoorlog is het Midden-Oosten geen kapitaaluitvoerder meer en zelfs Japan is op de remmen gaan staan. Duitsland heeft zo'n 300 miljard dollar nodig om de ex-DDR op niveau te brengen en heel het ex-Oostblok schreeuwt om investeringen. Geschat wordt dat het tekort op de internationale kapitaalmarkt in de komende jaren ongeveer 200 miljard dollar per jaar zal bedragen. Als dit enkel een technisch probleem was, zouden de VS de wereld kunnen overspoelen met dollars. Maar dit kapitaaltekort is in feite een tekort aan winst dat op zijn beurt wordt verscherpt door de oververzadiging van de wereldmarkt, op een ogenblik dat de economische nood in de wereld groter is dan ooit. En deze paradox kan met fictief kapitaal niet worden opgelost.

HOE RON DE KOUDE OORLOG WON
HET 'RIJK VAN HET KWAAD' OP DE KNIEEN

De voornaamste oorzaak van de snel stijgende begrotingstekorten was een spectaculaire bewapeningsescalatie - de grootste ooit in vredestijd ondernomen. Als president bleek Reagan nog radicaler dan als kandidaat. Tijdens zijn kiescampagne stelde hij een jaarlijkse stijging van de bewapeningsuitgaven met 9% in het vooruitzicht maar als president verdubbelde hij ze in vijf jaar tijd, tot ze ongeveer een derde van de staatsuitgaven opslokten. De bestellingen waren zo overvloedig dat de militaire industrie overbelast raakte. De kernbewapening kende de snelste stijging. De opzet was, zo bleek in 1982 uit het vijfjarenplan van het Pentagon, een langdurige kernoorlog te kunnen winnen en overleven.

Tijdens de jaren '70 was de nucleaire strategie nog gebaseerd op de erkenning dat beide grootmachten elkaar totaal konden vernietigen (de 'Mutual Assured Destruction'-doctrine, leukweg afgekort tot MAD). In die context kwamen de SALT-verdragen (Strategic Arms Limitations Treaty) en het ABM-akkoord (Anti-Ballistic Missiles) tot stand. Dit laatste wou voorkomen dat de opstelling van defensieve anti-raketsystemen tot een nieuwe nucleaire bewapeningswedloop zou leiden. Zolang de MAD-patstelling bleef bestaan, leek een kernaanval zelfmoord en dus onmogelijk.

Maar intussen stond de nucleaire research niet stil. De kernwapens werden compacter, sneller, mobieler, destructiever en vooral accurater. De oudere intercontinentale kernraketten konden enkel dienen als apocalyptische afschrikkingswapens omdat ze zo weinig precies waren en alleen grote steden konden treffen. De nieuwe waren echter zo trefzeker dat ze specifieke militaire doelwitten konden uitschakelen.

Daarom was het volgens de Amerikaanse strategen niet langer waar dat een kernoorlog tot zelfvernietiging moest leiden. Het vijfjarenplan van het Pentagon baseerde zich op een nieuwe 'onthoofdingsstrategie': de schade zou beperkt blijven als de Amerikaanse kernwapens erin zouden slagen de zenuwcentra van de Russische militaire, economische en politieke machtsstructuur te vernietigen. Om te beletten dat de vijand Amerika op dezelfde manier zou kunnen verlammen, begon het Pentagon gesofisticeerde, meervoudige communicatiesystemen uit te bouwen die in staat moesten zijn herhaalde kernaanvallen te overleven. 'We kunnen een kernoorlog winnen als we de vijand meer schade toebrengen dan hij ons,' zo verwoordde George Bush de nieuwe strategische consensus. 'Het opperbevel, het industrieel potentieel en een groot deel van de bevolking kunnen een kernaanval overleven.'

De Reagan-regering startte dan ook een campagne op om de bevolking te overtuigen dat een kernoorlog niet het einde betekent. Ze lanceerde een *Civil Defense*-plan dat ervoor moest zorgen dat twee derden van de bevolking een totale kernoorlog zou overleven. Thomas Jones, de Pentagon-ambtenaar die dit programma leidde, legde in een interview uit hoe dit moest gebeuren: 'Graaf een put, bedek die met enkele deuren en gooi daar een meter aarde op. De aarde zal het 'm doen. Iedereen zal overleven, als we maar genoeg schoppen hebben.'

In 1983 onthulde Reagan het kroonstuk van zijn bewapeningsprogramma: SDI, het 'Strategische Defensie Initiatief' dat snel de bijnaam *Star Wars* kreeg. Dit ambitieuze programma om allerlei exotische anti-raketwapens in een baan rond de aarde te brengen, werd voorgesteld als een schild dat alle kernwapens machteloos en achterhaald zou maken. De kosten van SDI werden op 400 miljard dollar geschat – het duurste militaire project aller tijden. Over de haalbaarheid van dit ruimteschild bestonden de grootste twijfels. Maar dat kon niet beletten dat Moskou er bijzonder nerveus van werd. Zelfs al zou het project slechts gedeeltelijk slagen, zouden de VS het enige land worden met een offensieve en een defensieve strategische bewapening. Theoretisch zouden zij dan in staat zijn een kernaanval op de USSR te lanceren en een tegenaanval min of meer af te slaan. De pariteit tussen de grootmachten zou dan verbroken zijn en Moskou zou de bewapeningswedloop verloren hebben. Het enige wat het Kremlin kon doen was proberen een eigen versie van SDI te ontwikkelen. Maar vanwege de technologische achterstand en de enorme economische moeilijkheden, moet de kans op succes wel erg klein hebben geleken.

De bewapeningsescalatie ging gepaard met een felle toename van de koude-oorlogspropaganda. Dit werd enigszins bemoeilijkt doordat Moskou, overmand door interne, economische moeilijkheden, op internationaal vlak steeds passiever werd. Maar er was nog altijd Nicaragua. Aan de vooravond van elk Congresdebat over de defensiebegroting slaakte de regering alarmkreten over 'het gevaar voor de nationale veiligheid' dat van dat mini-landje uitging. Geen enkele gelegenheid werd gemist om de anti-Russische en chauvinistische gemoederen op te hitsen. Het incident met het Koreaanse lijnvliegtuig dat in 1983 boven een Russisch militair gebied werd neergeschoten, geldt als een typisch voorbeeld. De Amerikaanse reactie was zo hysterisch dat sommigen al dachten dat er oorlog van zou komen. Sindsdien is bewezen dat de Russen, in tegenstelling tot wat Reagan toen beweerde, de Boeing voor een Amerikaans militair spionagevliegtuig aanzagen. Ook is vastgesteld dat het Koreaanse vliegtuig niet per ongeluk van zijn normale route was afgeweken. Er zijn bovendien vele aanwijzingen dat het Pentagon wist wat er op komst was maar de tragedie liet plaatsgrijpen om er zoveel mogelijk propaganda uit te slaan.

Wat Reagan betreft, kwam de koude-oorlogsretoriek uit het hart. In die mate, dat zijn uitspraken zijn imago van schietgrage cowboy soms meer eer aandeden dan de regering lief was. De speech waarin hij Rusland 'het Rijk van het Kwaad' noemde, zijn grapje dat Rusland illegaal was verklaard en dat het bombardement binnen vijf minuten zou beginnen, zijn terloopse opmerking dat vredesactivisten ezels zijn, de verklaring dat hij zich kon voorstellen dat een kernoorlog beperkt zou blijven tot Europa, maakten steeds meer mensen ongerust omtrent zijn bedoelingen.

Het Congres keurde Reagans bewapeningsplannen zonder veel morren goed maar in de straten rees verzet. In de steden van de VS en West-Europa betoogden miljoenen voor de stopzetting van de nucleaire escalatie. Tegen die achtergrond lanceerde Reagan twee nieuwe ontwapeningsvoorstellen: de 'nul-optie' voor de intermediaire kernraketten in Europa en START voor de intercontinentale kernwapens. Verscheidene medewerkers van Reagan bevestigden later dat die voorstellen slechts bedoeld waren om de vredesbeweging de wind uit de zeilen te halen. 'De nul-optie – dat wij onze toekomstige raketten niet zouden plaatsen als zij viermaal zoveel raketten zouden weghalen – was zo eenzijdig dat niemand in het Witte Huis geloofde dat de Russen erover zouden onderhandelen,' zei David Gergen, Reagans communicatiedirecteur. Ook het START-voorstel, dat de nadruk legde op de eliminering van te land gebaseerde raketten (de hoofdbrok van het Russische kernarsenaal) en dat de raketten op onderzeeërs (waarin de VS een groot overwicht bezaten) buiten beschouwing liet, diende slechts als vijgeblad.

Het spookbeeld van een nucleaire holocaust leek dus dreigender dan ooit. Maar toen begon Gorbatsjov de fundamenten van de Russische politiek overhoop te gooien. Wat eerst een propagandamaneuver leek, werd een strategische terugtocht die uitmondde in de ontbinding van het Warschau-pact en dan van de USSR zelf. Het werd duidelijk dat het kolossale gewicht van de bewapeningsinspanningen de economische ruggegraat van de USSR had gebroken. Terugkijkend kan men zich afvragen of dit het bewuste doel was van Reagans beleid. Wist hij op voorhand dat hij, door de bewapeningswedloop in een stroomversnelling te brengen, Moskou op de duur zou dwingen af te haken? Kon hij voorzien dat het kelderen van de militaire ambities van het Kremlin de crisissituatie in het Oostblok zo uitzichtloos zou maken dat de ineenstorting van het door Stalin opgebouwde systeem onvermijdelijk werd? Uit geen enkele verklaring van Reagan en zijn strategen bleek een dergelijk inzicht. Het leek integendeel of zij de kans op een 'warme' oorlog erg hoog schatten. In plaats daarvan werd Reagan de president die de koude oorlog won zonder slag of stoot. Zijn opvolger plukte daar de vruchten van. Ontwapeningsoverleg werd plots heel gemakkelijk, ook al waren er geen massabetogingen om resultaten te eisen. Onderhandelingen waren in feite zelfs niet meer nodig. De Russen ontwapenden ook zonder Amerikaanse tegengebaren.

Maar de winnaar van de koude oorlog ontwapende niet. De 'defensie'-uitgaven bleven ook in de eerste jaren van het nieuwe decennium meer dan dubbel zo hoog als voor Reagan met zijn escalatiepolitiek begon. Ondanks de economische noden bleef de bewapening ongeveer 40% van de industriële produktie opslorpen. In 1992, toen de Russische bewapeningsuitgaven met 89% daalden, bezuinigde het Pentagon 2%. Tussen 1993 en 1997 wil het defensieministerie 1400 miljard dollar uitgeven, slechts 50 miljard minder dan gepland was voor de ontbinding van 'het Rijk van het Kwaad'. De bezuinigingen zouden bovendien vooral voortkomen uit het verminderen van het troepenaantal, het in haven houden van oorlogsschepen en andere gemakkelijk omkeerbare maatregelen. Intussen zijn de uitgaven voor het *Star Wars*-project gestegen en wordt de modernisering van de conventionele bewapening in zo'n hoog tempo voortgezet dat de defensiebegrotingen in de tweede helft van dit decennium opnieuw omhoog zouden gaan.

Door halsstarrig vast te houden aan dit waanzinnig bewapeningsniveau garandeert Amerika dat geen enkel land in de nabije toekomst zijn status van 's werelds laatste militaire supermacht in vraag zal stellen. Hiermee staat echter ook vast dat zijn economische kanker dieper zal woekeren en zijn concurrentiepositie zal blijven verzwakken.

HET MES OP DE KEEL
DE AFBRAAK VAN DE SOCIALE ZEKERHEID

Reagans begrotingstekorten zouden nog veel groter zijn geweest zonder de draconische bezuinigingen die hij doorvoerde in de sociale sector. Je hoeft geen marxistische bril op te zetten om het Reagan-tijdperk te zien als een periode van klassenstrijd van rijk tegen arm, kapitaal tegen arbeiders.

Het nationaal inkomen werd herverdeeld. Terwijl de rijkste Amerikanen gigantische belastingcadeaus kregen, werden elk jaar tientallen miljarden dollars weggesneden uit de sociale begrotingsuitgaven. Geen enkel sociaal programma bleef buiten schot. Werklozensteun, voedselhulp voor de armen, ziekteverzekering voor armen en bejaarden, onderwijs, openbaar vervoer, programma's voor gehandicapten, mentaal gestoorden, alleenstaande moeders; alles ging voor de bijl. Inentingsprogramma's voor schoolkinderen, herscholing en sociale woningbouw werden bijna geheel afgeschaft. In naam van een 'nieuw federalisme' werden vele sociale bevoegdheden overgeheveld naar de steden en staten, terwijl terzelfder tijd de federale hulp aan staten en steden werd verminderd. (In 1980 financierde Washington een kwart van de uitgaven van staten en gemeenten, in 1990 nog slechts 17%.) Aan de belangrijkste vorm van openbare bijstand, de overheidshulp aan behoeftige gezinnen, werd in 1990 maar half zoveel uitgegeven als in 1972, hoewel de nood intussen veel groter was geworden. Vandaag ontvangt minder dan een derde van de werklozen in Amerika nog enige uitkering. En in vele staten krijgen niet-gehandicapte volwassenen met kinderen ten laste geen enkele vorm van bijstand meer. Want onder Bush werd het offensief tegen de armsten voortgezet. In de komende jaren zal het wellicht nog wreedaardiger worden. Het terrein werd voorbereid door de rechterzijde van de Republikeinse partij die in electorale campagnes in 1991 en '92 met nauwelijks verholen racisme de frustraties van de kiezers kanaliseerde tegen de kansarmen.

Niet alleen de onderste laag van de maatschappij was het mikpunt van de klassenoorlog. Ook de arbeiders kregen rake klappen. De lonen van de fabrieksarbeiders die in het vorige decennium al koopkracht verloren hadden, daalden met ruim 10% in de jaren '80. Het gemiddelde weekloon, uitgedrukt in constante 1977-dollars, daalde van 201 dollar in 1973 naar 167 dollar in 1987. Ondanks de heropleving daalde de industriële tewerkstelling. Die trend werd wel gecompenseerd door de groei van de dienstensector maar daar lag het loonniveau een stuk lager. Die omschakeling alleen al veroorzaakte in de jaren '80 5% inkomensverlies voor de gemiddelde werknemer. Het aantal loontrekkenden dat ondanks een voltijdse baan volgens de officiële normen in armoede leeft, steeg met 28%. Ook het sociale loon (pensioenen, ziekteverzekering, enz.) ging met rasse schreden achteruit.

Intussen verlengde de werktijd. De modale Amerikaan werkte in 1990 158 uren meer dan in 1970. Het betaald verlof (vakantie, feestdagen, ziektedagen) daalde met 15% in de jaren '80, naar een gemiddelde van 16,1 dagen per jaar, minder dan de helft van het Europese gemiddelde.

Het verzet dat deze trends uitlokte, werd keihard de kop in gedrukt. Reagan gaf de toon aan. Toen de luchtverkeersleiders in 1981 een nationale staking begonnen, reageerde hij door alle stakers permanent te ontslaan. Het was een voorbeeld dat door de privé-sector gretig werd nagevolgd. Keer op keer kregen de arbeiders het mes op de keel gezet: wie staakt, wordt ontslagen. En dat was geen bluf. Bedrijven hadden nooit moeite om stakingsbrekers te vinden; zelfs niet toen de heropleving de werkloosheid gehalveerd had. Veel van de nieuwe jobs werden zo slecht betaald dat er altijd massa's uitkeken naar iets beters.

De arbeiders kregen de ene opdoffer na de andere. Hoewel ze veel brutaler werden aangepakt dan in het vorige decennium, vochten ze veel minder terug. Zowel het aantal als de omvang van de stakingen daalden aanzienlijk.

De rol van de vakbonden was een van de redenen. In het conflict dat zijn stempel drukte op de jaren '80, de mislukte staking van de luchtverkeersleiders, bood de vakbeweging enkel papieren solidariteit. De machtige AFL-CIO-federatie protesteerde wel tegen de aanvallen op de levensstandaard van de arbeiders maar preekte intussen passiviteit en inschikkelijkheid. De vakbonden verloren steeds meer geloofwaardigheid en dus ook steeds meer leden. In 1991 was nog 16% van de Amerikaanse werknemers bij een vakbond, tegenover 34% in 1957. In de privé-sector daalde het aantal vakbondsleden tot 12%.

Maar de verwarring die de strijdlust van de arbeiders remde, had ook te maken met de enorme veranderingen die de samenstelling van de arbeidersklasse in de jaren '80 onderging.

De globalisatie van de wereldeconomie kende een plotselinge versnelling. Alleen al door een grotere automatisatie en specialisatie werden in de jaren '80 bijna 1 miljoen industriële arbeidsplaatsen geëlimineerd of overgeheveld naar landen met lage lonen. In de auto-industrie daalde de tewerkstelling met een kwart miljoen. Tussen 1984 en 1991 werden 450.000 industriële banen van de VS naar Mexico verplaatst. Het produktieproces werd meer en meer in verschillende fasen opgedeeld, en de verschillende taken werden verdeeld over verschillende landen. In de jaren '80 werd 'de globale assemblagelijn' werkelijkheid.

Terwijl het klassieke industrieproletariaat dus steeds kleiner werd, kende de arbeidsmarkt in de dienstensector een explosie. Een combinatie van factoren (veranderingen in de produktiemethoden, onder meer door de veralgemening van het gebruik van computers, verschuivingen in de vraag door de herverdeling van het nationaal inkomen, de afschaffing van overheidscontrole in sectoren zoals telecommunicatie, de grotere nood aan medische verzorging door de veroudering van de bevolking, de globalisatie van de kapitaalmarkt enz.) zorgde in de jaren '80 voor 21 miljoen nieuwe arbeidsplaatsen in deze sector. De meerderheid van die nieuwe banen, vooral dan de minder betaalde, ging naar niet-traditionele segmenten van de arbeidsmarkt: het aandeel van vrouwen en raciale minderheden werd elk jaar groter.

Pas in de recessie van 1991-92 kwam er een einde aan de expansie van de dienstensector, die nu bijna drie kwart van de totale arbeidsmarkt opslorpt. Maar het kan nog jaren duren eer de 'nieuwe arbeidersklasse' de metamorfose die ze onderging psychologisch heeft verwerkt.

Ondanks de klassenoorlog - of misschien juist erdoor - verdween de arbeidersklasse in de jaren '80 uit het blikveld van de Amerikaanse massamedia. Essayiste Barbara Ehrenstein wees erop hoe uitgebreid de media de arbeidersstrijd in (het toen nog vijandige) Rusland rapporteerden, terwijl soortgelijke conflicten in eigen land werden doodgezwegen. Ook film- en televisiemakers verloren volgens Ehrenstein hun belangstelling voor de werkende meerderheid.

Niet dat de Amerikaanse arbeidersklasse ooit aandacht genoot overeenkomstig haar omvang. Het begrip zelf is volgens de heersende ideologie 'on-Amerikaans'. Van bij haar ontstaan werd de Amerikaanse samenleving voorgesteld als een klasseloze maatschappij, of ook wel als 'één grote middenklasse'. Zelfs midden in de depressiejaren, toen de armoede groter was dan ooit, beschouwden 8 op 10 Amerikanen zichzelf als deel uitmakend van de middenklasse. Ook vandaag blijven de woordvoerders van de heersende klasse de mythe van de klasseloosheid uitdragen. 'Klasse is een begrip voor de Europeanen,' zei George Bush, 'niet iets voor Amerika. Wij gaan ons niet laten verdelen door klasse.'

In de jaren '70 was de arbeidersklasse evenwel ongewoon

zichtbaar geworden. De rebelse mentaliteit van de sixties had ook de belangstellingssfeer van de media verruimd. Dat bleek niet alleen uit nieuwsprogramma's maar ook uit tv-series zoals *All in the Family* en films als *The Deer Hunter*, *Blue Collar* en *Saturday Night Fever*. Maar in 1981, schrijft Ehrenstein, was de arbeidersklasse 'out of style'. 'Hollywood, verliefd op de Reagan-rijken, verloor elke belangstelling; de tv-series lieten ons geloven dat alle vaders en moeders dokters en advocaten zijn. In de academische wereld was de verdwijning van de arbeidersklasse zo mogelijk nog completer. Zoals een bevriende hoogleraar me vertelde: "Klasse is uit de mode". Zelfs de Democratische partij, de zogezegde bondgenoot van "de kleine man", is erin geslaagd elke vermelding van de groeiende ongelijkheid tussen de klassen in Amerika te vermijden.'

Intussen werd die ongelijkheid steeds groter.

III. AMERIKA IN FOCUS

TWEE WERELDEN ZONDER RAAKPUNT
RIJK AMERIKA, ARM AMERIKA

Na het 'sociale experiment' van het Reagan-tijdperk telt Amerika meer rijken en meer armen dan ooit. Ze leven elk in hun eigen wereld en de kloof is zo groot geworden dat er nog nauwelijks raakpunten zijn. Naarmate de onderste laag van de samenleving dieper in armoede en wanhoop wegglijdt, sluit de bovenste laag zich hermetisch af in haar gouden kooi.

70% van de groei van het nationaal inkomen tussen 1977 en 1989 ging naar één procent van de bevolking. Dit procent (660.000 gezinnen) zag zijn inkomen in die periode met 77% stijgen, terwijl dat van de armste 20% met 11% daalde. Het geschatte inkomen in 1992 van dit ene procent bedroeg: 678 miljard dollar, meer dan wat de 40% minst gegoeden samen verdienen. Het inkomen van de rijkste 20% (2400 miljard dollar) is nu groter dan dat van de resterende vier vijfden samen en de bezittingen van het rijkste procent zijn groter dan die van 90% van de bevolking samen.

De solide middenlaag die in de naoorlogse periode bijna ononderbroken groeide, werd in de jaren '80 door tegenstrijdige krachten uiteengerukt. Sociologen spraken over de nieuwe 'zandloper-economie': de onderste laag van de zogenaamde middenklasse (het gros van de arbeidersklasse) werd naar beneden geduwd, terwijl de bovenste laag omhoog klom. Universitair gediplomeerden verdienden in 1990 ongeveer 160% meer dan Amerikanen die enkel de middelbare school hadden beëindigd; in 1980 was dat verschil maar half zo groot. Wie in 1980 een inkomen van 35.000 tot 50.000 dollar had, verdiende in 1990 ruim 50% meer. Maar wie toen al 1 miljoen dollar per jaar verdiende, zag z'n inkomen met 2184% stijgen. Het aantal miljonairs nam toe tot 1,3 miljoen, veertien maal zo veel als toen Reagan president werd. Bij de vastgoedmakelaars in Manhattans chique Upper East Side slaat het woord 'miljonair' niet meer op iemand die een miljoen dollar bezit maar op wie een miljoen dollar per jaar verdient.

Het verschil tussen wat bedrijfsleiders en arbeiders verdienen is meer dan verdubbeld sinds 1975. In Japan verdient het modale directielid 20 maal meer dan de modale arbeider, in Duitsland 21 keer maal meer en in de VS 160 maal meer. Het doorsnee salaris van een directielid van een groot bedrijf in de VS bedroeg in 1990 3,2 miljoen dollar, tegenover 800.000 dollar in Duitsland en 525.000 in Japan. (De recordhouder Steven Ross, de directeur van *Time/Warner* kostte zijn bedrijf dat jaar 78,2 miljoen dollar.) Het niveau van de salarissen van kaderleden houdt weinig verband met hun prestaties of met de bedrijfswinsten. In 1991 daalden de bedrijfswinsten met 21% en elke dag werden 2600 arbeiders ontslagen. Niettemin steeg het doorsnee inkomen van de directieleden van Amerika's grootste bedrijven met 2,6 miljoen dollar. Het niveau van de salarissen, zo meent economist Peter Drucker, gehoorzaamt aan de interne logica van de hiërarchische structuur. Hoe meer hiërarchische lagen de top van de basis van een bedrijf scheiden, hoe groter het verschil in vergoeding tussen top en basis moet zijn om het nodige respect voor orde en gezag af te dwingen. De topsalarissen zijn bovendien statussymbolen waarmee grote bedrijven elkaar de loef afsteken.

De gouden kooi

De jacht op statussymbolen beheerst het leven van de rijke Amerikaan. De accumulatie van fortuinen wordt gedreven door het verlangen deel uit te maken van een elite waar gewone stervelingen van uitgesloten zijn. Zoals een hond urineert om zijn terrein af te bakenen, markeert de rijke de exclusiviteit van zijn levensstijl met statussymbolen. Maar hoe meer rijken er bijkomen, hoe minder het gewone uiterlijk vertoon (buitenhuis, dure auto's, kindermeid, butler, jacht) het privilege blijven van een kleine elite en hoe intenser dus de jacht op steeds extravagantere statussymbolen. Als alle miljonairs zich laten rondrijden in limousines van 20 meter lang met bar, tv en telefoon dan moet je als multimiljonair een stap verder gaan en een limousine bezitten met ingebouwde badkamer en een landingsplatform voor je helikopter. Als je in Manhattan een veelbesproken diner wil geven, dan laat je geen gewoon wild serveren maar nijlpaard, leeuw of jak, te bestellen bij een slager in Madison Avenue die is gespecialiseerd in vlees van met uitsterving bedreigde diersoorten. Je laat de tafels opsmukken door een artiest à la mode en je salon draagt natuurlijk de stempel van die beroemde decorateur die voor 500 dollar de kussens schikt door ze met geniale nonchalance in de lucht te gooien.

De jacht op statussymbolen deed de kunstmarkt in de jaren '80 bloeien als nooit tevoren. Er waren niet genoeg werken van gevestigde namen voorhanden om te voldoen aan de vraag van nieuwe miljonairs naar artistieke trofeeën voor hun financiële triomfen. Dus haalden hedendaagse kunstenaars plots astronomische prijzen. Het aantal galerijen in New Yorks Sohowijk steeg in enkele jaren van 100 naar 250. De veilinghuizen Christie's en Sotheby's verkochten in het seizoen '79-'80 14 werken van naoorlogse kunstenaars voor 1 miljoen dollar of meer; in '87-'88, 121. Maar zoals andere sectoren die door speculatiekoorts oververhit raakten, stortte de kunstmarkt in 1990 in elkaar. Het ziet ernaar uit dat elke miljonair zijn 'meesterwerk' aan de muur heeft hangen. Maar sommigen voorspellen dat de jacht op statussymbolen in de tweede helft van de jaren '90 een nieuwe artistieke boom op gang zal trekken.

De noodzaak hun lidmaatschap van de elite met steeds meer statussymbolen te betalen drukt zwaar op de nieuwe rijken. In een reportage getiteld: 'Zich arm voelen met een jaarinkomen van 600.000 dollar' beschreef de *New York Times* in

1987 de ellende van de nieuwe yuppie-miljonairs wier strijd om aan de vereisten van hun milieu te beantwoorden niet zelden eindigde in een bankroet of zenuwinzinking. Het artikel citeerde een bankier die zei: 'Ik besefte niet hoe arm ik was tot ik veel geld verdiende.'

Het cliché 'geld maakt niet gelukkig' laat zich in Amerika dan ook gemakkelijk illustreren: over de rijkste 20% van de Amerikaanse volwassenen onthullen de statistieken dat 40% van hen in psychiatrische behandeling is, 50% is gescheiden, 80% vervreemd van zijn kinderen, 50% verslaafd aan drugs en 75% klaagt over chronische depressie.

Een prospectus voor appartementen in Trump Tower in Manhattans Fifth Avenue ('het meest prestigieuze adres ter wereld' volgens de folder) illustreert goed wat de rijke Amerikaan verlangt. 'Stel U een hoge bronskleurige toren van glas voor,' zo begint de tekst, 'stel U het leven in zo'n toren voor. Elegant. Gesofisticeerd. Uitsluitend beau-monde.

Het is vijftig jaar geleden dat men op dit adres kon wonen. De Astors woonden hier. De Whitney's woonden om de hoek, de Vanderbilts aan de overkant van de straat.

U nadert de residentiële ingang - een ingang die absoluut ontoegankelijk is voor het publiek - en Uw personeel staat op U te wachten. Uw conciërge overhandigt Uw berichten. U schrijdt door de lobby. Snel en geruisloos brengt de lift U naar Uw verdieping. De liftbediende escorteert U tot aan Uw deur. U draait de sleutel om en wacht een ogenblik alvorens de lichtknop in te drukken. Een ogenblik om van het uitzicht te genieten: New York bij valavond. De lucht is roze en grijs. Duizenden lichtjes slingeren zich door Central Park. Bruggen lijken wel kostbare halskettingen. Uw diamant in de hemel. En U bent thuis.

Kamermeiden, bedienden, stenografen, tolken, meertalige secretaressen, telex en andere communicatievoorzieningen, haarkappers, masseuses, limousines, vergaderzalen, het staat allemaal te uwer beschikking. Als U zich een voorziening kunt indenken die wij niet te bieden hebben, dan is die wellicht nog niet uitgevonden.'

De boodschap is duidelijk: in een appartement in Trump Tower voel je je veilig, geborgen, omringd door elke vorm van comfort; als in een tweede baarmoeder. De stad is vlakbij. Maar de straten vol vuil en bedelende daklozen zijn omgetoverd tot een zee van fonkelende lichtjes aan je voeten. De belangrijkste woorden zijn: 'absoluut ontoegankelijk voor het publiek'. Alleen de uitverkorenen kunnen hier binnen.

Hoe meer de grauwe keerzijde van haar overvloed alle aspecten van de samenleving aanvreet, hoe meer de rijke Amerikaan zich terugtrekt in zijn gouden kooi. Enkel tussen andere rijken kan hij zich veilig voelen. 'Het rijkste vijfde van de bevolking is zich rustig aan het afscheuren van de rest van het land,' schreef de economist Robert Reich in 1991. 'Rijke Amerikanen hebben zich natuurlijk al sinds generaties in hun eigen clubs en buurten teruggetrokken. Maar de nieuwe afscheuring is veel dramatischer omdat de rijksten nu een verschillende economie bewonen dan andere Amerikanen. De nieuwe elite staat via straalvliegtuigen, modems, faxtoestellen, satellieten en vezeloptische kabels in verbinding met de grote handels- en recreatiecentra van de wereld maar ze is nog nauwelijks verbonden met de rest van het land.'

'De rijken zeggen tegen de rest van de bevolking: "loop naar de hel!",' schrijft demograaf Douglas Massey. 'Ze isoleren zich in hun eigen residentiële eilanden waar ze alle publieke voorzieningen repliceren voor hun eigen exclusief gebruik.' Ze hebben privé-scholen, privé-hospitalen, private 'openbare' diensten, private recreatiecentra en privé-ordehandhaving.

Dat laatste vormt natuurlijk de grootste obsessie. Het rijkste vijfde besteedt jaarlijks meer dan 30 miljard dollar aan gewapende bescherming (privé-politie, alarmsystemen, lijfwachten, kogelvrije kleren en wagens enz.), dubbel zo veel als het bedrag dat de federale en lokale overheden samen spenderen aan politie en andere vormen van publieke ordehandhaving. De VS tellen nu meer privé-veiligheidsagenten dan politieagenten. Zoals in Latijns-Amerika wonen steeds meer rijke Amerikanen in omheinde enclaves, beveiligd met elektronische alarminstallaties en met gewapende grenswachters aan de ingang. De twee rijkste gemeenten van Californië zijn volledig ommuurd. Zoals in vele andere rijke gemeenten worden de grenzen er dag en nacht bewaakt door veiligheidsagenten met honden. Het is verboden er 's avonds bestelwagens of andere 'proletarische' voertuigen te parkeren.

De rijke wijken hebben hun eigen 'schaduwbesturen' - zo'n 150.000 in totaal - die eigen belastingen heffen, waarmee de privé-politie, de privé-vuilnisophaaldiensten en het privé-onderhoud van straten en parken worden betaald. 'In vele steden en gemeenten hebben de rijken hun financiële steun aan publieke plaatsen en besturen stopgezet,' schrijft Robert Reich. 'Terwijl publieke parken en speelterreinen in verval raken, komen er steeds meer private golfterreinen, tennisclubs en alle mogelijke andere recreatiefaciliteiten waarvan de kosten door de leden gedeeld worden en die enkel voor leden toegankelijk zijn.' En natuurlijk hebben de rijken hun eigen onderwijsnet en hospitalen die beter zijn dan waar ook ter wereld, terwijl de kwaliteit van de openbare onderwijs- en gezondheidsvoorzieningen in Amerika steeds erbarmelijker wordt.

Het buitenhouden van ongewensten is de hoofdbekommernis van de schaduwbesturen in de rijke enclaves. Een ervan, in de stad Fort Lauderdale, wou de vuilnisbakken met gif laten bespuiten om daklozen die er etensresten kwamen zoeken met buikkrampen op de vlucht te jagen. Het plan werd pas opgegeven nadat advocaten op de onwettigheid ervan hadden gewezen.

Zoals deze van zijn voorganger, bestaat de regering van Bush grotendeels uit multimiljonairs. Je kan je afvragen in hoeverre ze de gedragspatronen van hun klassegenoten vertonen in het domein van de wereldpolitiek. Is Amerika in zijn commerciële en geostrategische relaties met de rest van de wereld niet ook gedreven door het verlangen zijn exclusieve status van machtigste en rijkste land te bewijzen? Tonen de monsterachtige bewapeningsuitgaven niet dezelfde obsessie met de beveiliging van zijn bezittingen tegen een gewantrouwde buitenwereld? En zegt Amerika niet meer en meer tegen de armen in binnen- en buitenland 'loop naar de hel'?

Ontsnappen naar de gevangenis

Volgens officiële cijfers leven 33,6 miljoen Amerikanen - 13,5% van de bevolking - nu in armoede. Volgens de researchgroep *Families USA Foundation* die andere criteria hanteert, bedroeg het aantal armen in 1990 44,6 miljoen - 18% van de bevolking. De laatste jaren zijn er miljoenen bij gekomen. Een nog groter deel van de bevolking leeft net boven de armoedegrens. Deze mensen verdienen net iets te veel om recht te hebben op overheidsbijstand zoals *Medicaid*, de ziekteverzekering voor armen, maar te weinig om zich een fatsoenlijke privé-verzekering te kunnen veroorloven. Een ernstige ziekte betekent voor hen een catastrofe die hen in diepe armoede dompelt.

Opvallender nog is het feit dat de armsten veel armer zijn geworden. De armoedegrens die elk jaar aan de inflatie wordt aangepast, stond in 1991 op 10.857 dollar per jaar voor een gezin van drie personen. In de jaren '80 steeg het aantal Amerikanen dat met minder dan de helft van het bestaansminimum moest overleven met 45%, tot 12 miljoen. Tijdens de laatste recessie is die stijging nog versneld.

De sociologen noemen deze categorie de 'hyper-poor'. Ze vallen het meest op in de uitgestrekte getto's in de grote steden waar alle armoedeproblemen in hun meest geconcentreerde vorm aanwezig zijn: verkrotting, ondervoeding, hoge kindersterfte, aids, TBC en andere armenziekten, drugs, misdaad, familiale ontwrichting, slechte scholen, enz. De gettobewoners zijn vooral zwarten (een zevende van de zwarte Amerikanen is 'hyper-poor') en latino's, wat vaak tot de misvatting leidt dat de armoede in de VS een probleem is van raciale minderheden. Maar ruim 60% van de 'hyper-poor' is blank en woont in de kleinere steden en op het platteland waar het isolement de armoede nog afstompender maakt. Je hoeft in staten als West-Virginia en Kentucky de binnenwegen maar in te slaan om te ontdekken dat nog heel wat Amerikanen leven in omstandigheden die weinig beter zijn dan die in de sloppenwijken van de derde wereld.

De voornaamste reden waarom het armoedeprobleem in de VS groter is dan in de rest van de ontwikkelde wereld en waarom steeds meer armen 'hyper-poor' worden, is de afbraak van de openbare bijstand. Die blijft ook in de jaren '90 voortgaan. In 1992 werd nog 3,4% van de staatsbegrotingen aan openbare bijstand besteed. In het midden van de jongste recessie hebben veertig staten hun hulp aan behoeftige gezinnen verminderd. In een typische staat zoals Tennessee krijgt een werkloze alleenstaande moeder nog 184 dollar per maand. Voor mensen zonder kinderen is de bijstand nog veel kleiner of helemaal opgedoekt. In 1991 schafte Michigan als eerste noordelijke staat de bijstand voor kinderloze volwassenen af. Ongeveer de helft van diegenen die hierdoor zonder inkomen kwamen te zitten waren vrouwen die op rijpere leeftijd gescheiden waren of weduwe werden en nooit buitenshuis hadden gewerkt. Hun kans om werk te vinden in een arbeidsmarkt waar het aanbod van ongeschoolden de vraag ver overtreft, is onooglijk. Velen werden bijna meteen dakloos maar ook voor hen die dit konden vermijden door bij familie of vrienden in te trekken, is elke dag een keihard gevecht.

Omdat de vraag zo snel steeg, moesten liefdadigheidsorganisaties die soepkeukens uitbaten tijdens de jongste recessie mensen met een lege maag wegsturen. Amerikanen besteden vrij veel aan liefdadigheid maar in de jaren '90 begon die gulheid te minderen. De media spraken over 'Compassion Fatigue' (letterlijk: medelijden-moeheid, naar de medisch-militaire term 'Battle Fatigue'). Het publiek zou steeds minder bereid zijn te geven omdat het toch niet lijkt te helpen (wat natuurlijk niet verwonderlijk is als men de liefdadigheidsuitgaven vergelijkt met de bedragen die in de sociale sector bezuinigd worden). 'Compassion Fatigue' lijkt vooral de rijkste Amerikanen te treffen. Terwijl Amerikanen met een jaarinkomen van minder dan 10.000 dollar (de armen dus) in 1990 5,5% van hun inkomen aan liefdadigheid besteedden, gaven Amerikanen met een inkomen van meer dan 100.000 er slechts 2,9% aan uit (en dan vooral nog voor hun eigen instituties: musea, opera's, universiteiten, enz.).

Vaak moeten sociale werkers dus de nood trachten te lenigen met lege handen. Shirley Johns, de directrice van een sociaal centrum in Lansing (Michigan) adviseerde de hongerigen die hulp kwamen vragen om een kleine misdaad te begaan voor de ogen van de politie. 'Ontsnap naar de gevangenis,' zei Johns, vooral in de winter van 1991 toen talloze armen chronische longontstekingen opliepen in de straten en onverwarmde krotwoningen. 'Ze krijgen er een bed, eten en medische verzorging,' aldus Johns. 'Als ze de gevangenis verlaten zijn ze wat aangekomen en zien ze er gezonder uit.' Te oordelen naar de overbevolking van de Amerikaanse gevangenissen, wordt haar raad massaal opgevolgd.

Een van de opvallendste neveneffecten van de stijgende armoede is de ontwrichting van het gezinsleven. Jonge mannen die niet in staat zijn een gezin te onderhouden zijn steeds minder geneigd tot trouwen. Maar de behoefte aan sex en het verlangen naar moederschap verminderen niet. Integendeel, zo lijkt het wel.

Het aantal alleenstaande moeders dat onder de armoedegrens leeft steeg tussen 1979 en '87 met 46%. Die stijging en het feit dat de VS als enig westers ontwikkeld land geen kinderbijslag kennen, verklaren waarom ruim 21% van de Amerikaanse kinderen in armoede leeft, driemaal zo veel als het gemiddelde in de westerse ontwikkelde landen. Voor de kinderen geboren sinds 1980 bedraagt het cijfer 30,2%, voor zwarte kinderen 45%. In de eerste drie jaren van Bush' presidentschap steeg het aantal behoeftige kinderen met 1 miljoen. Een op acht Amerikaanse kinderen lijdt honger. Slechts 69% van de arme kinderen krijgt een of andere vorm van overheidsbijstand.

Een rapport van de nationale commissie voor de preventie van kindersterfte uit 1990 stelt dat de kindersterfte, die hoger ligt dan in sommige derde-wereldlanden, met minstens 10.000 gevallen per jaar zou dalen als de regering bereid was een half miljard per jaar uit te geven aan prenatale en post-natale verzorging. 'Amerikaanse politici doen niets liever dan baby's zoenen en praten over de traditionele gezinswaarden,' zei commissielid Terry Brazelton, een befaamd kinderarts, 'maar wij zijn het minst gezinsvriendelijke land in heel de geïndustrialiseerde wereld... De toenemende verwaarlozing en armoede van kinderen zijn de grootste bedreigingen voor de toekomst van ons land. Maar het is alsof we zelfs de wil om de situatie onder ogen te zien, hebben verloren.' Volgens Brazelton is het waarschijnlijk dat de kinderen die vandaag arm zijn, dat later ook zullen blijven. Hij wijst op de stressveroorzakende omstandigheden waarin ze opgroeien en de povere kwaliteit van het onderwijs. 'Ze worden niet voorbereid om een bijdrage te leveren aan de samenleving, behalve dan op een vijandige, gewelddadige manier. De miljarden die we nu uitsparen door hen niet te helpen zullen morgen besteed moeten worden aan gevangenissen om hen in op te sluiten. De volgende generatie zal met hen moeten leven en de prijs betalen voor de onverschilligheid van de onze.'

De armoedegrens wordt berekend op basis van de voedselprijzen maar houdt geen rekening met huisvestingskosten. Die zijn in de jaren '80 pijlsnel gestegen. Tussen 1970 en 1989 steeg het aantal huurders onder de armoedegrens met 41% en daalde het aantal goedkope wooneenheden (met een huurprijs van minder dan 250 dollar per maand) met 14%, wat resulteerde in een tekort aan betaalbare behuizing van 4,1 miljoen eenheden. Onder Reagan, die de begroting voor huisvesting met 70% verlaagde, daalde de door de regering gesubsidieerde sociale woningbouw van 180.000 wooneenheden naar 10.000 eenheden per jaar. Intussen dreef de speculatie in de immobiliënmarkt de huurprijzen steeds hoger. De modale huurprijs voor een flatje in New York verdubbelde in de jaren '80. Onder Bush kwam er geen verandering in het huisvestingsbeleid. Sinds 1990 heeft de regering 30% meer besteed aan de bouw van gevangenissen dan aan de bouw van sociale woningen. In 1993 wil Bush helemaal niets meer aan sociale woningbouw uitgeven. 41% van de armen besteedt nu 70% van zijn inkomen aan huisvesting. Voor eten en andere basisbehoeften blijft er dus weinig over. Vandaar dat de voedseluitgaven van de armste 20% van de bevolking tussen 1980 en '88 met 13,1% daalden (terwijl die van de rijkste 20% met 2,7% stegen).

Miljoenen arme Amerikanen leven dus op de rand van de afgrond. In een stad als New York behoren meer dan 100.000 gezinnen tot de categorie der 'sofa-mensen', zo genoemd omdat ze bij familie of vrienden overnachten. Slechts een dunne lijn scheidt hen van de onderste laag in de Amerikaanse samenleving: de daklozen.

Op straat

'Geef mij uw vermoeiden, uw armen, uw daklozen,' zegt de tekst op het voetstuk van het vrijheidsbeeld in de New Yorkse haven. Alsof deze stad daar een tekort aan had. Je kunt ze niet ontlopen. Zelfs in de duurste buurten moet je uitkijken dat je niet over een dakloze struikelt. Tijdens een wandeling door het centrum word je om de haverklap aangeklampt, beleefd of opdringerig, door in lompen gehulde mensen die je wisselgeld willen. Je ontmoet ze in metrotreinen, waar hun adembenemende stank soms alle andere passagiers de wagon uitjaagt. Je ziet ze zitten op parkbanken, wezenloos voor zich uit starend, hun hebben en houden in plastic tassen rond hen uitgestald of in supermarkt-karretjes opgestapeld. Velen hebben gezwollen benen, soms met open, etterende wonden. Je ziet ze vuilnisbakken doorwoelen met groezelige, gekloven vingers, op zoek naar etensresten of blikjes, die 5 cent statiegeld opbrengen. Je ziet ze in lange rijen staan wachten voor soepkeukens. Je ziet hun 'nederzettingen' onder bruggen, aan de dokken, op lege terreinen tussen torengebouwen, op vluchtheuvels tussen voorbijrazend verkeer: bonte collecties 'hutten' vervaardigd uit karton, plastic, zeildoek en ander stedelijk afval. Vooral als het koud is zie je ze in wachtzalen en gangen van trein- en busstations, in zichzelf prevelend of luid pratend met een ingebeelde gesprekspartner, de tijd dodend op harde plastic stoelen die opzettelijk oncomfortabel zijn gemaakt. Als ze desondanks in slaap vallen worden ze door de politie wakker gepord of buitengezet. Op koude avonden zie je ze ook rond vuren van bijeengesprokkelde planken die ze stoken in lege vaten of metalen vuilnisbakken, stampvoetend en Thunderbird lurkend, de stroperige wijn die ze verkiezen omdat hij sterk en goedkoop is. En hoe fel het ook vriest, je ziet ze 's nachts buiten slapen, in winkelportieken, op warme-luchtroosters, op een laag kranten, onder een stuk karton, een pak grauwe dekens.

Deze daklozen vormen slechts de top van de ijsberg. Vele anderen vallen niet op omdat ze gewoon gekleed gaan en min of meer normaal functioneren, hoe moeilijk dat ook is als je niet over een eigen leefruimte beschikt.

Sommigen schatten dat de VS nu 3,5 miljoen daklozen tellen. Het kunnen er minder of meer zijn, betrouwbare cijfers zijn er niet. Zeker is alleen dat hun aantal sedert 1980 razendsnel is toegenomen. In de jaren '70 waren er enkele duizenden *hoboes and winoes* (zwervers en alcoholisten) die de zelfkant vaak vrijwillig hadden gekozen. Vandaag zijn het er miljoenen en de snelst stijgende categorie zijn gezinnen met kinderen. Ruim een kwart van de thuislozen werken maar verdienen niet genoeg om een flat of kamer te huren. In sommige steden, zoals San Antonio, heeft meer dan de helft van de daklozen een baan. Ze overnachten in goedkope *shelters*, opvangcentra uitgebaat door de stedelijke overheid of liefdadigheidsgroepen zoals het Leger des Heils. 'Het is angstaanjagend,' zegt zuster Lucille, een non die zo'n shelter leidt in San Antonio, 'we gingen er altijd van uit dat de problemen van een dakloze opgelost zijn als hij of zij werk heeft gevonden. Maar dat is steeds minder waar. De meeste arbeidersgezinnen leven van maandloon op maandloon. Als de kostwinner ziek wordt of de huur plots omhoog gaat, is de kloof tussen hen en de daklozen slechts enkele maanden groot.'

In dit darwinistische selectieproces vallen de zwaksten het eerst door de mazen van het net. Een derde van de thuisloze alleenstaande mannen is veteraan van het Vietnam-conflict. Velen onder hen hebben aan de oorlog lichamelijke en vooral psychische letsels overgehouden die hun integratie in de maatschappij bemoeilijken. Meer dan de helft is verslaafd aan alcohol of andere drugs. Voor de totale daklozenbevolking wordt het aantal drug- en alcoholmisbruikers op een derde geschat. Maar velen raakten pas verslaafd nadat ze op straat terechtkwamen.

Volgens een Congresrapport zijn er een half miljoen dakloze tieners in de VS. Ze worden gewoonlijk ingedeeld in *runaways* - die van thuis zijn weggelopen - en *throwaways* - die door hun (pleeg)ouders aan de deur zijn gezet. 'Het onderscheid is vaak niet scherp afgelijnd,' zegt Ann Rudnichi van *Covenant House*, het grootste opvangcentrum voor dakloze tieners. 'Velen komen uit gezinnen die het hoofd net boven water kunnen houden tot er een of andere crisis plaatsgrijpt. Dan komt er geldtekort, spanningen, geweld... In die omstandigheden maakt het vaak weinig verschil of de tiener zelf is weggegaan of door de ouder(s) aan de deur is gezet.' Velen onder hen komen terecht in de schemerige wereld van drughandel en prostitutie en voelen zich oud voor ze volwassen zijn.

In 1991 werd geschat dat een derde van de daklozen ernstig geestesziek is. Sommigen werden door de brutaliteit van het straatleven uit hun mentaal evenwicht geslagen maar de meesten waren al ziek toen ze op straat terechtkwamen. Sinds het einde van de jaren '60 werd de gebruikelijke behandeling van geesteszieken - opsluiting in gigantische psychiatrische instellingen waar ze met elektroshocks en zware medicatie koest werden gehouden en zelden individuele aandacht kregen - steeds meer verguisd. Het idee won veld dat een de-institutionalisering een humanere behandeling zou mogelijk maken. In de jaren '70 begonnen de staten hun psychiatrische inrichtingen systematisch te sluiten. Vandaag tellen alle Amerikaanse openbare inrichtingen samen nog 68.000 patiënten. Zo bezuinigde de overheid tientallen miljarden, zonder echter het nodige geld vrij te maken voor wat het tweede luik van de de-institutionaliseringspolitiek moest worden: de opvang van mentale patiënten in buurtklinieken, therapeutische gemeenschapshuizen en andere kleinschalige projecten. De federale subsidies aan de gemeenten voor deze programma's droogden op tijdens de Reagan-jaren. Een rapport van de *National Alliance for the Mentally Ill* concludeerde in 1991 dat de mentale gezondheidszorg in de VS 'de totale ineenstorting' nabij is.

Honderdduizenden geesteszieken zwerven dakloos door de straten of zijn opgesloten in gevangenissen. De *County Jail* van Los Angeles is volgens het rapport in feite de grootste psychiatrische instelling van het land geworden. Op een gemiddelde dag zijn daar zo'n 3600 geesteszieken opgesloten. Intussen hebben de psychiatrische klinieken wachtlijsten van vele maanden lang. In de spoedgevallendiensten van hospitalen worden psychotische patiënten soms dagen lang vastgeketend, in afwachting dat er een bed vrijkomt. De psychiatrische instellingen kampen met een acuut tekort aan personeel, vooral psychiaters. De vraag van rijke Amerikanen naar hun diensten is zo groot dat ze met een privé-praktijk veel meer kunnen verdienen dan in publieke hospitalen. Volens het rapport is het sinds de jaren 1820 geleden dat de geesteszieken in die mate aan hun lot werden overgelaten. 'Het probleem van de dakloze geesteszieken in onze steden kan opgelost worden,' zei burgemeester Schribel van St. Paul, Minnesota, in '91, 'Twaalf jaar geleden bestond dit probleem niet. Het is een gevolg van bezuinigingen.'

Vele duizenden geesteszieken en andere daklozen bouwden een 'thuis' in een metro-, bus- of treinstation. Ze palmden een stuk vloer of een bank in die de ankerplaats werd in hun zwalpend bestaan. Voor de reizigers die zich dagelijks een weg moesten banen langs steeds meer bedelaars, schreeuwende gekken, zieke, stinkende, ondervoede, dronken, verdoofde en soms agressieve dompelaars, was hun aanwezigheid een bron van groeiende ergernis. 'In het begin van de jaren '80 vroegen de reizigers ons de daklozen met rust te laten,' zei de New Yorkse metro-directeur Killey in 1989, 'maar elk jaar kwamen er duizenden bij en sinds de zomer van '88 smeken ze ons om in te grijpen. De situatie is voor iedereen ondraaglijk geworden.'

In vele steden werden dan ook maatregelen getroffen om daklozen uit openbare plaatsen te weren. In New Yorkse stations kunnen ze buitengezet worden als ze op de grond zitten, liggen, roken of bedelen. Dan krijgen ze een gratis rit naar een van de shelters aangeboden. De meesten bedanken. Zelfs als het vriest, verkiezen velen de straat boven de gevaren van de shelters.

Niemand hoeft op straat te slapen in New York. Als eerste in het land erkende de stad dat elke dakloze die erom vraagt het recht heeft op onderdak in een shelter. In Washington werd dat recht ook erkend maar in 1990 weer ingetrokken. Alleenstaanden krijgen er nu maximaal 30 dagen onderdak, gezinnen 90 dagen. Philadelphia heeft sinds 1989 z'n uitgaven aan shelters gehalveerd en eist nu betaling voor onderdak. In de meeste steden worden de shelters uitgebaat door liefdadigheidsgroepen. Maar ze hebben niet genoeg bedden en moeten vele daklozen weigeren. In New York worden de meeste shelters door de stad zelf beheerd. Plaatsgebrek is daar niet het probleem. 'New York heeft de slechtste shelters van Amerika,' zegt Michael Stoops van de *National Coalition for the Homeless*, die de shelters van de twintig grootste steden heeft uitgeprobeerd. 'De Fort Washington-shelter lijkt een kruising tussen een gevangenis en een gekkenhuis. Niemand houdt er toezicht. Je leven is er in gevaar.'

Fort Washington is een oude kazerne in upper Manhattan. In een gigantische zaal staan 700 veldbedden in lange rijen opgesteld, als de soldaten van de Nationale Garde die hier vroeger gedrild werden. Dit is een shelter voor alleenstaande mannen. Psychisch gestoorden vormen er meestal de meerderheid. De ergste gevallen, wier waanzin het merkbaarst is, staan onderaan in de hiërarchie. Zij zijn de paria's onder de paria's. De andere shelter-klanten trachten uit hun buurt te blijven. Ze stinken meestal als rottende lijken. Deze menselijke wrakken kunnen niet voor zichzelf zorgen. Ze wassen zich niet en zitten vaak van kop tot teen onder de luizen. Voor de ex-gevangenen die de plak zwaaien in de shelter zijn ze gemakkelijke prooien. De enkele bewakers die de orde moeten handhaven zijn onbewapend en slecht betaald. Ze kijken meestal de andere kant op als een gevecht uitbreekt of iemand wordt beroofd. Geregeld stopt een ziekenwagen voor Fort Washington om gewonden en geesteszieken die psychotisch zijn geworden weg te brengen.

De slaap komt niet gemakkelijk in Fort Washington. Velen liggen heel de nacht nerveus te woelen op hun harde veldbedden, luisterend naar de geluiden die uit de duisternis opstijgen. Het gekreun van mannen die met andere mannen of zichzelf sex bedrijven, de hulpkreten van iemand die beroofd wordt, het aanhoudende hoesten en rochelen van de zieken, het schreeuwen van de schizofrenen die door nachtmerries of hallucinaties worden geplaagd, mensen die tussen bedden rennen, die ruzie maken: het wordt nooit stil in Fort Washington. Allleen de kakkerlakken kruipen geruisloos over je heen.

Geen wonder dus dat vele daklozen met geen stokken meer in deze shelters te krijgen zijn. Sommigen verkiezen de nacht door te brengen in een metrotrein. De F-trein geniet de voorkeur omdat die rit het langst duurt zodat ze een tijdje kunnen dutten alvorens wakker gemaakt te worden. Maar ook hier worden ze weggejaagd als ze languit gaan liggen. 'Met vele daklozen gaat het aldus,' zegt luitenant John Romero van de metropolitie, 'eerst brengen ze een aantal nachten door in de metrotreinen. Dan proberen ze een "thuis" te maken op een metroperron. Daarna dalen ze af in de metrotunnels. Als je eenmaal in de tunnels zit, heb je de absolute bodem bereikt. Als je er niet meer uit geraakt, ga je er dood.'

In 1989 schatte de metropolitie dat ruim 5000 mensen in de metrocatacomben leefden. In dat jaar vonden 79 daklozen er de dood. De meesten kwamen onder een trein terecht of werden geëlektrokuteerd door het gevreesde 'derde spoor', waardoor een stroom van 600 volt loopt. Sindsdien doorzoeken dertig agenten van de metropolitie de tunnels elke nacht om daklozen eruit te halen. Maar het labyrint is meer dan 1150 km lang en vele daklozen die buitengezet worden keren bijna onmiddellijk terug. Geschat wordt dat nog altijd enkele duizenden 'mollemensen' het hele jaar door in de eeuwige duisternis van de tunnels wonen. Hun rangen zwellen in de winter.

Een metalen trapje op het einde van een metroperron leidt naar hun onderaardse wereld. Hier beginnen Romero en zijn collega's hun ronde. Behalve revolvers en matrakken ('voor de ratten,' zegt Romero) hebben ze zaklantarens en stofmaskers bij zich. Dikke mensen kunnen hier beter wegblijven want de treinen razen op nog geen halve meter van het voetpad voorbij. De stationslichten achter je vervagen snel tot een schemerige nevel. De stank van urine en uitwerpselen wordt sterker. Na minder dan 200 meter is de duisternis compleet. Alleen vonken van passerende treinen gooien af en toe een lichtflits op de met roet bedekte muren en pilaren. In de straal van je zaklantaren blinken glasscherven en ratteogen. Als er geen trein is kan het hier stiller zijn dan je buiten voor mogelijk houdt. Soms kan je heel in de verte straatverkeer horen. Af en toe passeer je een zoemende hoogspanningsgenerator of word je opgeschrikt door de abrupte metalen klank van een treinwissel. Je vindt sporen van leven voor je mensen ziet. Overal liggen verhakkelde kledingstukken en kapotte schoenen, lege conserven, kaarsstompjes, de onvermijdelijke crack-capsules en gebruikte injectienaalden.

De tunnels bieden een onwaarschijnlijke hoeveelheid 'woonruimten'. Voor sommige daklozen volstaat een verwijding langs de sporen, waar ze op de naakte grond slapen terwijl treinen op een meter van hen voorbijdonderen. Anderen richten een slaapplaats in in de vele gangen en steegjes die van de tunnels aftakken. De beste plaatsen zijn de honderden kamers in het tunnelsysteem die ooit als opslagplaatsen dienden maar nu meestal leeg staan. Soms brandt er zelfs een kaal peertje. De daklozen doen vaak hun best om het er gezellig te maken. Ze slepen er matrassen binnen, stoelen en zelfs sofa's. Wie handig is kan elektriciteit aftappen. Romero zegt dat hij in 1990 een kamer ontdekte met een elektrisch vuurtje, een radio, tv en een videorecorder. In een andere kamer had iemand een uitgebreide bibliotheek aangelegd. De meeste kamers worden bewoond door groepen omwille van het gezelschap maar ook voor de veiligheid. Ook in de tunnels kan je beroofd worden.

Als de slapende daklozen door de agenten worden gewekt, kijken ze verdwaasd maar niet verbaasd. Er worden weinig woorden gewisseld. De daklozen weten wat van hen verwacht wordt. Ze weten dat ze kunnen kiezen tussen de shelters en de straat. En ook voor de politie is dit een uitzichtloos ritueel. 'We hebben veel vaste klanten,' zegt Romero, 'mensen die we al tientallen keren hebben buitengezet. Zolang er geen betere shelters komen, zullen de daklozen naar de tunnels terugkeren.'

De kritiek op de shelters heeft New York en andere steden ertoe aangezet te proberen over te schakelen naar een netwerk van kleinschalige shelters, waar daklozen meer hulp zouden krijgen om uit de goot te klimmen. Ze zouden gekoppeld worden aan ontwenningscentra voor verslaafden, opvang voor aids-patiënten en voor psychisch gestoorden, herscholingsprojecten en zo meer. In plaats van ze te concentreren in armenbuurten, zouden de nieuwe shelters over heel de stad verspreid worden. Maar in de buurten waar ze gepland werden, kwamen de bewoners in opstand.

Die reactie is begrijpelijk. De vrees dat een daklozen-shelter een magneet voor sociale probleemgevallen zal blijken die het karakter van de buurt zal aantasten, is niet zonder grond. De teloorgang van een buurt kan zeer snel gaan in Amerikaanse steden.

Vele nieuwere buurten zijn zelf het resultaat van een exodus uit andere wijken die door de jungle van stedelijk verval zijn opgeslokt. De paniekerige reactie van de bewoners komt vaak voort uit de vrees opnieuw te moeten vluchten. Dezelfde reflex zet buurten in heel Amerika op stelten als een van de nare gevolgen van de groeiende sociale kloof in hun richting wordt gestuurd. De media noemen het de 'NIMBY-reflex': 'Not In My Back Yard', 'niet in mijn achtertuin'. Doe er iets aan maar hou het bij mij vandaan. Deze houding verplicht de steden om bijna alle diensten voor daklozen en andere sociale noodgevallen in armenbuurten te houden omdat de bewoners daarvan politiek het minst gewicht in de schaal leggen. Het nadeel is dat de obstakels die de rehabilitatie van daklozen bemoeilijken, zoals werkloosheid en drugverslaving, in die wijken juist het meest aanwezig zijn.

Er is nog een andere dynamiek die de steden belet om een menswaardige oplossing voor het daklozenprobleem te vinden: het groeiend reservoir van bijna-daklozen. Als een stad als New York alle dakloze gezinnen goedkope en degelijke behuizing zou verschaffen, zouden honderdduizenden anderen hun krotwoningen of de appartementen die ze met anderen moeten delen verlaten en ook dakloos worden, in de hoop dezelfde rechten te verkrijgen. De lokale autoriteiten kunnen slechts aan de symptomen van het daklozenprobleem sleutelen. De oorzaken kunnen alleen op nationale schaal worden aangepakt. En van de wil daartoe valt voorlopig niets te merken.

BRANDENDE STEDEN
DE METAMORFOSE VAN DE METROPOOL

Een Amerikaanse professor die in 1991 Brixton en andere Londense armenbuurten bezocht, werd getroffen door het 'vriendelijke' karakter van deze wijken. Problemen zoals misdaad, drughandel en raciale spanningen ontgingen hem niet, maar het algemeen voorkomen en de manier waarop de bewoners er met elkaar omgingen deden hem denken aan de sfeer in de Amerikaane binnensteden twintig jaar geleden. 'De straten,' schreef hij, 'plengen enkele tranen, ze schreeuwen je niet in het gezicht. Je voelt er niet de angst, het dreigende gevaar, de sociale chaos die bij ons zo overdonderend zijn. De symptomen van agressie zijn minder alomtegenwoordig.'

Duivelsnacht

Vele Amerikaanse binnensteden zien eruit alsof er een oorlog heeft gewoed. En in zekere zin is dat ook zo. De oorlog nam de vorm aan van raciale discriminatie, de-industrialisatie, politiebrutaliteit, sociale bezuinigingen, verregaande verwaarlozing. De slachtoffers staan tegenover een vijand die oppermachtig en ongrijpbaar lijkt, zodat sommigen hun woede en frustratie botvieren in terrorisme tegen hun eigen omgeving. Zo komt het dat gettobewoners, bij gebrek aan een ander mikpunt, in eigen vlees snijden en hun ellendige woonomstandigheden nog ellendiger maken. Het meest bizarre voorbeeld van dit fenomeen kan men elke voorlaatste nacht van oktober meemaken in de stad Detroit. Dan steken gettobewoners hun eigen buurten in brand.

'Duivelsnacht', de nacht voor Halloween, een feest dat samenvalt met Allerzielen, is traditioneel een avond voor kwajongensstreken, belletje trekken, voorbijgangers bestoken met scheerzeep of bloem, WC-rollen in de bomen hangen en dat soort dingen. Sinds 1983 kreeg de traditie in Detroit echter een duivelser karakter. Hoe het begon lijkt niemand te weten, maar in dat jaar schoot de zesde grootste stad van Amerika in vuur en vlam. Verwaarloosde gebouwen, leegstaande fabrieken maar ook bewoonde huizen brandden af tot op de grond in een orgie van brandstichting die 72 uren duurde. Toen het voorbij was, rapporteerden de kranten meer dan 800 branden. Dagenlang hing de rook boven de stad.

Duivelsnacht werd sindsdien een jaarlijks ritueel dat nieuwsgierigen uit heel het land lokt. Gewapend met video-camera's en walkie-talkies rijden ze door de stad, van brand naar brand. De menigte rond de vuurpoelen is een vreemde mengeling van nerveuze brandweerlui, huilende, verontwaardigde of apathische buurtbewoners, uitdagende jongeren en toeristen in fuifstemming.

Het stadsbestuur treft uitgebreide maatregelen om de duivel uit de nacht te drijven. Tieners van 18 en jonger mogen op Duivelsnacht na zonsondergang niet meer naar buiten. Alle voertuigen van de gemeente, tot de vuilniswagens toe, worden ingezet voor patrouillering. Zo'n 30.000 vrijwilligers zijn heel de nacht op de been om potentiële brandstichters thuis te houden. De lokale tv zendt een basketball-wedstrijd uit met de *Detroit Pistons*, die normaal enkel op kabel-tv te zien zijn. In de scholen worden grootscheepse campagnes gevoerd. Detroit is wellicht de enige plaats ter wereld waar opstelwedstrijden worden gehouden met als onderwerp de noodzaak om de stad niet plat te branden.

Ondanks al die voorzorgen laaien de vlammen elke Duivelsnacht weer hoog op. Elk jaar woeden er honderden branden en worden massa's tieners aangehouden wegens het overtreden van de avondklok. En de traditie breidt zich uit naar Flint en andere naburige armensteden. Elk jaar bezit de stad meer zwart geblakerde ruïnes. Lege terreinen waar huizenblokken stonden worden snel overwoekerd door manshoog gras en struikgewas. In 1990 had de 'urban prairie' al meer dan 900 hectaren van Detroit opgeslokt. Enkele van deze stedelijke velden worden gebruikt door buurtbewoners die er bloemen en groenten kweken. Maar de meeste blijven wild. De stad moet miljoenen uitgeven aan landbouwmachines en mankracht om ze 's zomers af te maaien. Dat is nodig, anders zouden de velden veranderen in vuilnisbelten en schuilplaatsen voor (letterlijk) struikrovers.

Andere Amerikaanse steden hebben hun eigen destructieve rituelen. Maar het is niet toevallig dat Duivelsnacht in Detroit ontstond. De radicale transformatie van de Amerikaanse grootsteden in de laatste decennia ging in deze stad wellicht het verst. Daarom wordt Detroit door sommigen beschouwd als het prototype van de Amerikaanse stad van morgen. Het proces dat in Detroit min of meer werd voltrokken, is in andere grootsteden nog aan de gang. In een generatie tijd is Detroit veranderd van een welvarende, blanke industriële reus in een verpauperde zwarte metropool, omringd door nieuwe blanke randsteden.

Vooral dank zij de grootste concentratie van autofabrieken ter wereld was Detroit in 1960 een bloeiende stad met 1,7 miljoen inwoners, waarvan 70% blanken. De naoorlogse jaren waren een tijd van groeiende welvaart en optimisme. Een commentator van de *Detroit Free Press* kon toen nog schrijven: 'Sinds jaren praat heel de wereld over Detroit... Uit alle landen komen mensen naar hier op zoek naar kennis en inspiratie. Detroit wordt geprezen als "de dynamische stad", "Detroit de Wonderstad".'

Maar zelfs toen was het rottingsproces al begonnen. De uittocht van blanken en geld was op gang gekomen. Na de tweede wereldoorlog schoten nieuwe voorsteden in heel het land als paddestoelen uit de grond. De regering in Washington stimuleerde er de bouw van miljoenen huizen met goedkope leningen en hypotheekverzekeringen. Dat deze nieuwe wooncentra uitsluitend bevolkt werden door blanken was niet zomaar een gevolg van de vrije markt. De *Federal Housing Administration* (FHA) voerde een openlijke apartheidspolitiek tot het Opperste Gerechtshof die in 1948 ongrondwettig verklaarde. Dit vonnis had enkel voor gevolg dat diezelfde politiek op een minder openlijke wijze werd voortgezet. Tussen 1946 en 1959 ging meer dan 98% van de nieuwe huisvesting die met de financiële hulp van de FHA tot stand kwam, naar blanken.

Zwarte stedelingen bleven intussen opgesloten in getto's. In Detroit was de zwarte bevolking tussen 1940 en 1950 verdubbeld. Het tekort aan arbeidskrachten tijdens de oorlog had een doorbraak geforceerd voor de zwarte tewerkstelling in de auto-industrie. Hoewel zwarten de eersten waren om in een recessie ontslagen te worden en de zwarte werkloosheid, in goede tijden zowel als slechte, dubbel zo hoog bleef als de blanke, was Detroit een magneet voor massa's zwarten die door de mechanisatie van de landbouw in het Zuiden ontworteld werden.

Ook in de stad was de huisvesting openlijk gebaseerd op raciale segregatie. Het gevolg daarvan was dat er een acute overbevolking ontstond in het zwarte getto, door z'n inwoners sarcastisch 'Paradise Valley' genoemd. Verontwaardiging over de schandalige levensomstandigheden in de getto's leidde in 1949 tot een nieuwe huisvestingswet die beloofde dat de sloppenwijken zouden worden afgebroken en vervangen door 'een fatsoenlijk huis en gepaste leefomstandigheden voor elk Amerikaans gezin'. Maar die belofte bleek een wreedaardige grap. Vele sloppenwijken werden inderdaad met de grond gelijkgemaakt. Detroits Paradise Valley en soortgelijke hellegaten werden platgewalst. Andere wijken in de binnensteden werden uiteengereten door nieuwe autowegen naar de voorsteden. Maar er werden veel minder nieuwe goedkope woningen in de steden gebouwd dan er werden afgebroken. En die nieuwe huisvesting bestond vooral uit flatgebouwen binnen de getto's, waar de bevolkingsdichtheid dus nog groter werd.

Aangelokt door betere huisvesting en aangewakkerd door hysterische perscampagnes over groeiende misdaad en andere getto-problemen, verliet een half miljoen blanke Detroiters tussen 1950 en 1960 de stad om in de voorsteden te gaan leven. Vooral de wijken rond het getto stroomden leeg. Zoals hun collega's in andere steden, gebruikten de Detroitse vastgoedmakelaars een 'dubbele verkoop'-strategie die hen obscene winsten opleverde. Ze gingen als volgt te werk: eerst verkochten ze een huis in een straat net buiten het getto aan een zwarte familie. Dan begonnen hun agenten de overige bewoners van de straat te bewerken. Ze vertelden hun dat het getto met al z'n miserie aan het oprukken was en spoedig hun straat zou opslokken, dat de waarde van hun huizen nu al sterk gedaald was en nog veel dieper zou zakken als ze nog langer treuzelden alvorens te verkopen, en dat hun kantoor uitstekende huizen te koop had in de voorsteden. Het duurde niet lang eer een van de huiseigenaars door de knieën ging waarna de rest meestal in paniek volgde. Zo kon de makelaar hun huizen voor weinig geld opkopen en hun nieuwe huizen in de voorsteden verkopen. Door de woningnood in het getto kon hij de huizen van de gevluchte blanken dan weer duur aan zwarten verkopen. Zo werd de grens van het getto met een straat opgeschoven. Daarna werd de volgende straat op dezelfde manier aangepakt. Door deze methode, in de volksmond 'blockbusting' genoemd, maakten de makelaars hun eigen voorspelling waar: het getto rukte op, wie treuzelde, verloor.

Dit proces ging natuurlijk gepaard met stijgende raciale spanningen. In sommige straten verzetten de bewoners zich tegen de komst van een zwarte buur en probeerden ze de nieuwkomer met geweld te verdrijven. Maar dat waren achterhoedegevechten. De uitwijkmogelijkheden naar de voorsteden en de overbevolking van de getto's maakten het proces onstuitbaar.

Vandaag heeft het getto bijna heel Detroit veroverd. De blanken die er overblijven zijn gepensioneerden en anderen die te arm zijn om uit te wijken of die in de schaarse middenklasse-enclaves hebben standgehouden. In andere grootsteden werd dezelfde transformatie door allerlei tegenstromingen in min of meerdere mate afgeremd. In Chicago en Boston bleek de hechtheid van Ierse, Italiaanse en andere blanke etnische buurten een hinderpaal voor de dubbele-verkoopstrategie van de makelaars. New York, Los Angeles en Washington bleven door hun concentratie van politieke of economische macht en door hun culturele uitstraling aantrekkingspolen voor blanken. In het westen en zuiden zorgde nieuwe economische groei voor een tegenreactie. Maar in Detroit brachten de crisis in de auto-industrie en de export van tewerkstelling in die sector massale werkloosheid en verarming. De overvloedige aanwezigheid van braakgrond in Detroits hinterland vergemakkelijkte de expansie van de voorsteden. En de rellen die de stad in 1967 opschrikten, veranderden de blanke uittocht in een paniekvlucht.

De transformatie van de grootsteden bracht spanningen mee die van 1964 tot 1968 elk jaar opnieuw tot uitbarsting kwamen. In 1967 waren de rellen het hevigst. De nervositeit die bleef hangen na de opstanden van de vorige zomers werd dagelijks aangescherpt door tv-beelden over de Vietnamoorlog. De strijd om de zwarte burgerrechten in het Zuiden en de brutale reactie van de lokale autoriteiten, hadden zelfvertrouwen en verontwaardiging gewekt. In juli sloeg de vlam in de pan. 59 steden werden door rellen geteisterd, maar nergens waren ze zo bloedig en angstaanjagend als in Detroit.

Zoals zo vaak in dergelijke situaties, was de brutaliteit van de politie de vonk aan de lont. De politie van Detroit was berucht voor haar racisme. Het stadsbestuur had er vroeger de gewoonte agenten te rekruteren in het Zuiden, omdat ze daar 'met nikkers weten om te gaan'. Zwarten die zich in blanke wijken en in het stadscentrum begaven, riskeerden treiterige controles, provocaties en willekeurige arrestaties. Op een zondagmorgen in juli hield de politie een razzia in een *blind pig* (illegale bar) in het hartje van het getto. Het buitenmatige geweld waarmee die actie gepaard ging, bracht een woedende menigte op de been. Razernij explodeerde in blinde vernielzucht. De rellen namen zo'n snelle uitbreiding dat de politie overspoeld werd. De staatspolitie en Nationale Garde (reserveleger) werden ingezet maar ook zij konden het geweld niet indijken. Pas na een week en nadat president Johnson 4300 elitesoldaten van het federale leger had gestuurd, werd de opstand onderdrukt. De balans: 43 doden, 347 gewonden, 3800 arrestaties, meer dan 5000 mensen (vooral zwarten) die door brand dakloos werden, 1300 gebouwen platgebrand en 2700 winkels leeggeplunderd.

De rellen waren geen raciaal conflict zoals in 1943, toen duizenden blanken en zwarten slag leverden in de straten van Detroit. In 1967 werd door zwart en blank geplunderd. De strijd ging niet tussen rassen maar tussen de onderste sociale laag en de ordestrijdkrachten. 'Het was vooral een opstand van mensen van beide rassen die geen enkel aandeel hebben in de maatschappij,' zei de toenmalige burgemeester Cavanaugh. Minder dan 10% van het half miljoen zwarten in Detroit had aan de rellen deelgenomen. Maar tijdens de repressie van de opstand liep elke zwarte gevaar en vele onschuldigen werden aangehouden, geslagen of neergeschoten. Bitterheid over de terreur die de politie ontketende toen de opstand eigenlijk al was afgelopen, was wellicht de voornaamste nasmaak die de rellen in zwart Detroit achterlieten. Blank Detroit proefde vooral de angst, die door de media nog werd aangewakkerd. Plots stonden de blanke wijken vol met 'te koop'-bordjes. De voorsteden werden koortsachtig uitgebreid. De paniek was zo groot dat vele blanke gezinnen in de winter van 1967-68 bij familie introkken of kou leden in onafgewerkte huizen. Vijf jaar na de rellen had Detroit een zwarte meerderheid.

De geschiedenis van Detroit sinds 1967 vertoont een merkwaardige gelijkenis met deze van Zaïre sinds de opstand van 1960. In beide gevallen leidden de rellen tot een blanke exodus. In beide gevallen kende de stad (het land) sindsdien een voortdurende verarming. In beide gevallen kwam na enkele jaren een zwarte potentaat aan de macht die sindsdien ononderbroken regeert met behulp van een persoonlijkheidscultus, zwart chauvinisme en anti-kolonialistische retoriek. En in beide gevallen bleef de werkelijke economische macht in blanke handen.

Die economische macht is nog altijd merkbaar in het centrum van Detroit, waar glanzend nieuwe wolkenkrabbers een schril contrast vormen met het door branden en afbraak geteisterde braakland rondom. Maar zelfs vele van de torengebouwen zijn leeg en in verval. De nieuwe gebouwen zijn het werk van de commissies die om de zoveel jaar worden opgericht om 'Detroit nieuw leven in te blazen'. Ze worden bemand door de presidenten van Ford, Chrysler, General Motors en andere bedrijven die zelf verantwoordelijk zijn voor de de-industrialisering die het leven uit de stad heeft geknepen. De enige tastbare resultaten van die commissies zijn prestigeprojecten zoals het reusachtige Renaissance Center aan de Detroit-rivier, dat inmiddels ook al bankroet is gegaan.

De kantoorgebouwen in het centrum bieden nog werk aan zo'n 100.000 mensen maar je ziet hen zelden op straat. Alleen op de autowegen die het centrum met de voorsteden verbinden, is het druk. Als je op het drukste uur van de dag in het hart van de stad op een kruispunt staat, is de kans groot dat je in alle richtingen geen voetganger kunt bespeuren. Er wordt weinig gewinkeld. Je vindt zelfs geen enkel grootwarenhuis meer in Detroit. 's Nachts is het centrum nog meer verlaten: een stille, lugubere spookstad.

Rond het centrum liggen enkele van de meest vervallen sloppenwijken. Hele huizenblokken die het voorwerp lijken geworden van sadistische bombardementen. De puinen van vele gebouwen die tijdens de rellen van 1967 en tijdens Duivelsnachten uitbrandden, staan er nog steeds. Andere werden afgebroken zonder dat er iets in de plaats kwam. Op de overwoekerde terreinen liggen autowrakken en bergen rotzooi. Duizenden winkels staan leeg, multiplexplaten zijn voor de deuren en uitstalramen gespijkerd. Andere winkels lijken wel belegerde militaire posten, met stalen gordijnen voor de ramen en gewapende bewakers aan de deur. Banken zijn veranderd in fundamentalistische kerkjes. Drankwinkels, begrafenisondernemers en bloemisterijen doen gouden zaken. Drughandelaars leuren openlijk met hun waar.

Als je verder van het centrum weggaat, passeer je hier en daar mooi verzorgde middenklasse-eilanden in de sloppenzee. Aan de west- en oostrand van de stad, waar vroeger de gigantische autofabrieken stonden, is de ontvolking het sterkst. In de afgelopen decennia heeft Detroit honderdduizenden jobs in de autonijverheid verloren. Bijna alle autofabrieken zijn nu gesloten of verplaatst naar de voorsteden en naar andere staten en landen. Sinds vele jaren kent de stad het hoogste werkloosheidspercentage van het land. Detroit heeft nog andere trieste records op haar naam staan. Tijdens de jaren '80 kreeg ze de bijnaam 'Murder Capital USA', met haar jaarlijks gemiddelde van 58 moorden per 100.000 inwoners (inmiddels heeft de hoofdstad Washington Detroit ingehaald). Het aantal wapens in privé-bezit wordt op twee miljoen geschat, dubbel zo veel als het aantal inwoners. Ook de kindersterfte in Detroit is de hoogste van het land en het druggebruik neemt er epidemische vormen aan.

Andere steden hebben buurten die veilig zijn en andere die als gevaarzones worden beschouwd. 'Maar in Detroit,' schrijft *Village Voice*-reporter Barry Michael Cooper, 'kent het geweld geen grenzen. Detroit is zoals die nachtmerrie waarin je benen verlamd zijn terwijl de monsters achter je aan zitten: je kunt niet ontsnappen.'

De voorsteden rond Detroit daarentegen vormen een van de rijkste gebieden van het land. De meeste zijn nog steeds maagdelijk blank en willen het zo houden. Er is bijna geen openbaar vervoer uit de stad naar de voorsteden. Zwarten die zich er wagen worden automatisch met argwaan bekeken.

De blanken hebben Detroit niet alleen fysiek verlaten, ook emotioneel hebben ze de stad opgegeven. Sommigen praten nostalgisch over Detroits vergane glorie, anderen pochen dat ze er nooit nog een voet zetten. Voor de meeste van de 3 miljoen voorstedelingen is er weinig reden om nog in Detroit te komen. Zij hebben alles van belang meegenomen – de fabrieken, de winkelcentra, de sportstadions. Alleen enkele culturele instituties zijn in Detroit gebleven. 'Wat ons betreft mogen ze de stad afsluiten en in de Detroit-rivier laten zinken,' zei staatssenator Di Nello in 1992. Zijn snijdende opmerking was typisch voor de manier waarop politici van Detroit en de voorsteden over elkaar spreken. Ze behandelen elkaar als vijandige mogendheden.

De pletwals van verval

Het relaas van Detroits rellen en Duivelsnachten kan de indruk wekken dat de vernietiging van de Amerikaanse binnensteden vooral het werk is van de mensen die er zelf wonen. Maar de meeste branden die er woedden, werden gesticht in opdracht van huiseigenaars die veilig in verre villa's wonen. De verloedering van de New Yorkse South Bronx is daar een goed voorbeeld van.

Charlotte Street is wellicht de bekendste straat in de South Bronx omdat de presidenten Carter en Reagan hier tijdens hun kiescampagnes een traan kwamen wegpinken. Er stonden toen geen huizen meer in Charlotte Street. De tv-camera's volgden de politici die hoofdschuddend kuierden tussen de heuvels van puin, huisafval, autowrakken. De torens van Manhattan stonden te glinsteren in de verte, als een sprookjeswoud van reuzen. Maar rond Charlotte Street konden de camera's slechts rijen uitgebrande woonkazernes tonen met dichtgemetselde deurgaten en roetomrande ramen die de kijkers als blinde ogen aanstaarden. 'Decay' stond op een muur te lezen, 'Despair' op een andere. Daarmee was alles gezegd. De politici beloofden dat hun verkiezing alles zou veranderen en vertrokken. Ze keerden nooit meer terug.

De South Bronx is traditioneel een doorgangsplaats voor nieuwbakken Amerikanen. Vroeger vonden vooral Ieren, Duitsers en Italianen hier werk en onderdak alvorens verder te trekken. Na de oorlog waren de inwijkelingen vooral zwarten uit het Zuiden en Portoricanen. Zoals in Detroit ging de verandering van de raciale samenstelling gepaard met een de-industrialisering. In de loop van 1969 en '79 daalde de tewerkstelling met meer dan 40%. Meer dan de helft van de bewoners werd werkloos. Het modale inkomen daalde tot 40% van het nationaal gemiddelde. Dan begon een epidemie van brandstichting de South Bronx en andere verarmde stadsdelen in de VS te teisteren.

In 1980 bijvoorbeeld waren er in New York 43.072 branden, waarvan ongeveer de helft opzettelijk was gesticht. In de South Bronx zijn nu zo'n 40.000 flatgebouwen uitgebrand. Sommige brandstichtingen waren van het vandalistische 'Duivelsnacht'-type. Maar de meeste gebeurden in opdracht van huiseigenaars die enkel door verwoesting nog winst uit hun eigendom konden slaan.

Wie het zich kon veroorloven, ging weg uit de South Bronx. Zij die achterbleven waren steeds minder in staat om de huur te betalen. Intussen stegen de onderhouds- en verwarmingskosten voor de eigenaars. Het gebeurde steeds vaker dat zij de huuropbrengst overtroffen. Dan begonnen die eigenaars hun gebouwen te verwaarlozen. Herstelwerken werden niet meer uitgevoerd zodat de woonomstandigheden steeds verslechterden. Bewoners gingen in huurstaking of vertrokken. De vrijgekomen appartementen werden vaak gekraakt door junkies en andere marginalen wier aanwezigheid nog meer huurders op de vlucht joeg. De laatsten die bleven waren de armsten: de alleenstaande moeders, de oudjes die al tientallen jaren in het gebouw woonden en nergens heen konden. Zij waren gevangen in hun gas- en elektriciteitsloze flats, waar het 's zomers snikheet en 's winters ijskoud werd. Overdag bleven ze zo veel mogelijk buitenshuis en voor het donker werd haastten ze zich binnen en draaiden de deur op dubbel slot.

Als het zover was en vaak al eerder, gaf de huiseigenaar een seintje aan een professionele brandstichter, die per brand 200 à 300 dollar aanrekende. Meestal waren er eerst een paar kleine brandjes, als waarschuwing voor de laatste bewoners dat het tijd was om hun biezen te pakken. Spoedig daarna ging heel het gebouw in de fik.

De eigenaars deden een goede zaak. Het uitbranden van een verwaarloosd flatgebouw, dat vrijwel al z'n marktwaarde kwijt was, kon toch nog een verzekeringsuitkering van 80.000 dollar opleveren. Sommige speculanten werden schatrijk door verwaarloosde gebouwen voor een prikje op te kopen. Met behulp van knokploegen die in de appartementen inbraken en er alles kort en klein sloegen, werden de bewoners weggepest. Daarna ging de brandstichter aan het werk.

De risico's waren miniem. Angst snoerde eventuele getuigen de mond, bewijzen werden door de vlammen verteerd. De politie had weinig tijd voor dat soort dingen en de verzekeringsuitkering werd zonder verder onderzoek betaald. De wet verbiedt 'redlining', het weigeren van verzekeringspolissen voor gebouwen in riskante buurten zoals de Bronx. De verzekeringssector heeft er een speciaal fonds voor, waarvan de kosten gespreid worden over alle firma's en dat gesubsidieerd wordt door de staat.

Een uitgebrand gebouw betekende vaak het doodvonnis voor een hele straat. In de omringende gebouwen kregen huurders schrik en vertrokken, de gebouwen verloren hun marktwaarde en werden op hun beurt verwaarloosd. Spoedig waren er branden in de vrijgekomen appartementen...

Alleen als de bewoners de handen in elkaar sloegen en zich organiseerden, kon dit proces worden gestuit. Door druk uit te oefenen op het stadsbestuur om het uitgebrande gebouw te laten slopen of minstens dicht te metselen, door samen te vechten tegen de dealers en huurlingen van de eigenaars, door elkaar te steunen en moed te geven, kon het verval soms worden afgeremd. Maar de bewoners van de South Bronx waren meestal mensen die zich te machteloos en te losgeslagen voelden voor collectief verzet. Velen migreerden van buurt naar buurt in de hoop op iets beters, met de vlammen op de hielen en het spookbeeld van dakloosheid voor de neus; voortdurend op de vlucht voor en ingehaald door de pletwals van verval.

Na zo bijna de helft van zijn bevolking te hebben verloren, kon de South Bronx in het midden van de jaren '80 even op adem komen. Dank zij een nieuwe influx van honderdduizenden vooral Caraïbische immigranten, de meesten weliswaar arm maar vol immigranten-optimisme en werklust, leek het weer de goede kant op te gaan. Maar dan stak een nieuwe plaag de kop op: crack.

Deze geconcentreerde, rookbare vorm van cocaïne werd in 1985 in New York gelanceerd en vond er snel een gretige afname. Drugs waren natuurlijk niets nieuws in de getto's. Alcoholisme was er altijd al wijd verspreid en in de jaren '70 vond heroïne er een groeiende afzet. Crack-cocaïne bereikte echter snel een veel grotere markt dan heroïne. De lage prijs, de modieuze reputatie van cocaïne, het stimulerend in plaats van verdovend effect en het feit dat er geen injectienaalden aan te pas komen, werkten het succes van crack in de hand.

In tegenstelling tot de indruk die in de media werd gewekt, bleef dat succes niet beperkt tot de getto's. De korte maar intense euforie van de crackpijp verleidde, zij het niet in gelijke mate, arm en rijk, blank en zwart. De verkoop van de drug bleef echter geconcentreerd in de getto's. Daar was het gemakkelijk om verkopers te rekruteren. Voor jonge gettobewoners is de drughandel vrijwel de enige sector die hun een loopbaan met toekomst biedt, hoe onzeker en riskant die toekomst ook is. De jeugdwerkloosheid in de getto's bedraagt ruim 60% en wie een baan heeft, verdient weinig meer dan het minimumloon. Maar in de drughandel kan een jongeman met lef en zin voor initiatief nu en dan snel veel geld en dus ook aanzien verwerven. Buiten de getto's wordt de drughandel, als hij enige omvang aanneemt, door de politie onmiddellijk de kop ingedrukt. In de getto's is de politie niet alleen toleranter tegenover de crackverkoop, de bestrijding ervan is er ook veel moeilijker. De politie kan er niet rekenen op de spontane steun van de bewoners. Sommigen helpen de dealers, uit angst, uit aversie voor de politie, of omdat ze er financieel voordeel uit halen. In vele flatgebouwen in de South Bronx kunnen dealers rustig hun handeltje opzetten zonder zich zorgen te hoeven maken over de politie. Via uitkijkposten op de daken en aan de ingang worden ze met elektronische *beepers* gewaarschuwd als de politie in aantocht is. Wanneer de agenten het verdachte appartement binnenvallen, zijn de dealers al lang naar een andere flat verhuisd. Vele straten in de South Bronx zijn open drugmarkten waar dealers zoals andere straatventers hun waren aanprijzen. Ze stuiven uiteen als de politie opdaagt en duiken weer op als de agenten vertrokken zijn.

De introductie van crack ging gepaard met een spectaculaire toename van het geweld. In tegenstelling tot de heroïneverkoop, die grotendeels gecontroleerd werd door de maffia, kende de crackhandel aanvankelijk een vrije markt die volop ruimte bood voor privé-initiatief. Door de agressieve verkoopsstrategie van de Colombiaanse coca-kartels was het aanbod van de grondstof overvloedig en de prijs dus laag. De bereidingswijze van crack is simpel. Je laat de cocaïne op een laag vuurtje sudderen in bakzout tot er enkel harde brokjes overblijven. Die verpak je in plastic capsules die je met een winst van 400 procent of meer kunt verkopen.

Het duurde niet lang eer de crackhandel bloedige oorlogen uitlokte. Bendes betwistten elkaar met machinegeweren de controle over een straathoek of flatgebouw. Door die crackoorlogen vielen er sinds 1985 in de South Bronx honderden doden, waaronder tientallen toevallige voorbijgangers die door verdwaalde kogels werden getroffen.

Crack tastte het leefklimaat in de binnensteden nog op vele andere manieren aan. Zoals heroïnomanen zijn crackverslaafden tot alles bereid om aan drugs te geraken, prostitutie en diefstal inbegrepen. Buren en familieleden worden vaak het eerst bestolen. Maar er zijn veel meer 'crackheads' dan heroïne-junkies. En terwijl de heroïnegebruiker met een dosis een tijdje zoet is, kent de appetijt van de crackroker bijna geen grenzen. Een dosis is snel uitgewerkt maar het verlangen vermindert slechts na complete uitputting. De crack-epidemie bracht dus veel meer extra-misdaad mee dan de heroïneplaag van de jaren '70. Bovendien heeft crack, in tegenstelling tot heroïne, nogal wat succes bij vrouwen. De helft van de crackgebruikers zijn vrouwen. Vele alleenstaande moeders raakten verslaafd en lieten hun kinderen in de steek. Vele anderen stierven aan aids, opgedaan in crackhuizen die tevens als bordelen dienst deden (crack stimuleert het verlangen naar sex) waar de vrouwen zowel klant als werkneemster waren. Het aantal wezen nam dus scherp toe. De versplintering van het gezin in de getto's werd plots nog veel groter.

De crackhandel en zijn neveneffecten brachten het verval van de binnensteden dus opnieuw in een stroomversnelling. Een studie uit 1991 van de groep *South Bronx 2000* concludeert dat de drughandel nu het grootste gevaar is geworden voor de huisvesting en een nieuwe golf van daklozen in de straten dreigt te jagen. Meer dan 40.000 appartementen in de South Bronx worden volgens het rapport door de drughandel onbewoonbaar gemaakt. Het is genoeg dat een appartement voor crackhandel wordt gebruikt om heel het gebouw naar de bliksem te helpen. De wachters die op de daken hun wapens testen, de constante toeloop van klanten, het occasionele vuurgevecht: redenen te over voor alle huurders die het kunnen om weg te trekken. Opnieuw blijven alleen de armsten over zodat de huuropbrengst zo laag wordt dat de eigenaar het gebouw verwaarloost en het verval om zich heen grijpt.

Oplossingen zijn noch goedkoop noch gemakkelijk. Er wordt eigenlijk ook nauwelijks naar gezocht. De uitroeiing van de drughandel is alleen in theorie het doel van de politie. In de jaren '70 had de Bronx een brutaal-eerlijke en scherpzinnige politiecommandant die de functie van zijn korps en van drugs (toen nog vooral alcohol) goed begreep. 'Wij zijn een zeer efficiënt bezettingsleger,' zei commandant Bouza, 'we houden het probleem onzichtbaar. We doen wat de oude Romeinen deden in Rome: we creëren een permanente onderklasse van werkloze en wanhopige mensen. Je ziet ze niet omdat ze uit de beschaving verdwijnen – ze stoppen met werk zoeken, ze stoppen met alles, alleen hun steungeld halen ze nog op. Ze drinken en trachten te ontsnappen aan de dagelijkse werkelijkheid. Als deze mensen niet permanent verdoofd werden met alcohol, dan zouden ze veel meer opvallen. Als alcohol niet zo gemakkelijk verkrijgbaar was, dan zou de hel losbarsten.'

De drughandel, hoe illegaal en ontwrichtend hij ook is, draagt er op zijn manier toe bij de verschoppelingen op hun plaats te houden, al lukt dat vandaag veel minder dan in Bouza's tijd. Hun aantal is te groot geworden, hun drugs te destructief.

Het verval van de binnensteden zoals de South Bronx is nu zo ver gevorderd dat alleen een gigantische investering in huisvesting, werkgelegenheid en solidariteit er iets wezenlijks zou kunnen veranderen. Wat nu wordt ondernomen, vergelijken buurtgroepen met een pleister op een door gangreen aangetast been.

Op de dichtgemetselde ramen van uitgebrande gebouwen zijn plastic velllen gekleefd, waarop gordijnen en vensterbanken met geraniums staan afgebeeld. En de presidentiële bezoeken aan Charlotte Street hebben toch hun sporen nagelaten. De omgeving is nog steeds een nachtmerrie maar rond Charlotte Street zijn de ruïnes afgebroken en de bergen afval hebben plaats gemaakt voor keurige eengezinswoningen, met mooi verzorgde voor- en achtertuintjes. Te midden van al de vernieling lijken ze op een nieuwe nederzetting na een atoomoorlog. Stenen gegooid door (jaloerse?) kinderen uit de omliggende woonkazernes, hebben in de met aluminium bedekte muren van de huizen aan de rand van de nederzetting al talloze blutsen geslagen.

Naar suburbia

Volgens de volkstelling van 1990 woont nog een kwart van de Amerikaanse bevolking in de grootsteden, terwijl het aandeel van de rurale bevolking tot 23% is gedaald. De rest – de meerderheid dus – woont in een gebied dat niet echt stedelijk is en ook niet landelijk. 'Suburbia' wordt het wel eens genoemd; het land van de *suburbs* dat door woorden als 'voorsteden', 'satellietsteden' of 'slaapsteden' slechts gebrekkig wordt omschreven. De meeste zijn te groen, te uitgespreid, te zeer woonzones zonder centrum om 'steden' te kunnen heten. En woorden als 'satelliet-' en 'slaapstad' impliceren dat de bevolking voor werk en vermaak is afgestemd op een centrale stad, wat steeds minder het geval is.

Het leven in suburbia heeft vele voordelen. Iedereen heeft er zijn tuintje, de straten zijn met bomen afgezet, je kunt er ademen. De meeste huizen zijn modern en comfortabel, de scholen doorgaans van een degelijke kwaliteit. En al brengt de verveling er heel wat jeugdvandalisme met zich mee, in vergelijking met de grote steden is het er tamelijk veilig.

Daarom blijft suburbia groeien. Naarmate de steden onveiliger en deprimerender worden en het platteland doodser, stijgt de aantrekkingskracht van 'the burbs'. Ze worden steeds uitgestrekter. De voorsteden van de New Yorkse agglomeratie vloeien zuidwaarts zonder onderbreking over in deze van Philadelphia die dan weer versmelten met de suburbs van Wilmington, Baltimore en Washington; noordwaarts strekken ze zich honderden kilometers uit tot ver boven Boston. Ook in Californië heeft suburbia al het platteland rond de steden tot op 50 kilometer van de kust grotendeels ingepalmd, van San Diego tot ver boven San Francisco.

Stedelijke vluchtelingen moeten hun droomhuis in suburbia steeds verder gaan zoeken. Mensen die elke dag honderden kilometers afleggen zijn geen zeldzaamheid. Het percentage voorstedelingen dat naar de centrale stad pendelt wordt echter elk jaar kleiner. Samen met miljoenen blanke stedelingen zijn ook vele duizenden bedrijven naar suburbia verhuisd. Die uittocht had een sneeuwbaleffect dat nog altijd voortduurt: door het wegtrekken van gegoede inwoners en industrie krompen de belastingopbrengsten van de steden; als gevolg daarvan gaan de scholen en andere openbare voorzieningen achteruit; dat stimuleert dan weer de uittocht naar de suburbs, enz...

Sommige suburbs zijn paradijselijk mooi. Vooral in de oudere vind je veel rustige, lommerrijke lanen, grote, elegante villa's met torentjes, ruime overdekte terrassen en prachtige tuinen, welige parken en piekfijne golfterreinen. Maar de meeste suburbs zijn na de tweede wereldoorlog gebouwd en zien er veel minder verleidelijk uit. Onopvallendheid is hun opvallendste kenmerk. De meeste bezitten niets dat hen van de andere onderscheidt: geen gezellige stadskern die ze profileert, geen centrum met karakteristieke gebouwen die de keurige uniformiteit doorbreken. Kilometer na kilometer zie je er niets anders dan onverbloemde massaproduktie. Alleen aan de begroeiing kun je zien in welk deel van het land je bent.

Als suburbia een vlag had dan zou die groen moeten zijn, ter ere van het Wel Onderhouden Grasperk, het minimale statussymbool. Ieder huisje heeft zijn perk, ongeacht de klimaatzone, dat bijna elk weekend met zorg gemanicuurd wordt. Afmaaien, bijknippen, sproeien, de haag scheren, bladeren opruimen zijn populaire activiteiten en ze worden allemaal uitgevoerd met ronkende machines die van de rust in de suburbs vaak een illusie maken. In sommige suburbs is het zelfs strafbaar je gras niet te maaien. 15 centimeter is de maximaal toegelaten hoogte. Onlangs vocht een man tot in het hoogste beroepshof voor het recht om zijn voortuintje wat wilder te laten groeien. Hij verloor, zijn grasperk ziet er nu uit als alle andere.

Suburbia is nog altijd een grotendeels blank gebied. 86% van de blanke voorstedelingen woont in suburbs waar het aantal zwarte inwoners minder dan 1% bedraagt. Enkele voorsteden, zoals Shaker Heights bij Cleveland, ondernemen speciale inspanningen om de rassenscheiding te doorbreken. Maar zij zijn de uitzondering op de regel.

Toch neemt de niet-blanke bevolking van de suburbs toe. Ook vele zwarten, latino's en Aziaten ontvluchten het stedelijk verval zodra ze kunnen. Sommige suburbs, gewoonlijk de minst rijke, zijn gemengd, ook al betekent dat meestal nog wel dat zwarten en blanken elk in hun eigen buurten wonen. Enkele suburbs hebben zelfs een niet-blanke meerderheid.

Suburbia is ook niet langer een synoniem van welvaart.

Vooral sinds de jongste recessie, die in tegenstelling tot de vorige even veel werkloosheid meebracht voor witteboorden als voor handarbeiders, is armoede er niet langer ongewoon. En met de armoede sluipen alle andere 'stedelijke' sociale problemen suburbia binnen. Zelfs daklozen zijn er geen witte raven meer. De laatste jaren is ook het geweld en het gebruik van vuurwapens door jongeren scherp toegenomen. Het aantal moorden begaan op (en meestal door) jongeren van 15 tot 19 jaar oud steeg in suburbia van 1987 tot 1989 met 23 % (tot 5 per 100.000: nog altijd weinig in vergelijking met de binnensteden waar 28 per 100.000 jongeren worden vermoord).

Voor inkopen, gezelligheid en amusement gingen de voorstedelingen vroeger naar de grote stad. Vandaag is dat steeds minder het geval. Velen hebben de grootstad voor altijd de rug toegekeerd. Voor een stuk komt dat omdat televisie een pseudo-gemeenschap heeft gecreëerd en de behoefte om lijfelijk onder de mensen te zijn heeft verminderd. Een andere reden is dat vele voorstedelingen zich onbehaaglijk voelen in de grootstad, door de angst voor de misdaad, de vele bedelaars en andere symptomen van verval. In vele stadscentra valt er na de kantooruren overigens weinig te beleven, al zijn er meestal wel buurten buiten de centra die een levendig nachtleven bieden. Maar de voornaamste reden is dat suburbia nu z'n eigen alternatieve 'stadscentra' bezit: de *shopping malls*. Deze reusachtige overdekte winkelcomplexen, omzoomd met uitgestrekte parkeerterreinen en bereikbaar via grote autowegen zijn het ware hart van suburbia geworden. Niet langer gaan de voorstedelingen winkelen naar de grootstad, het zijn nu stadsbewoners die voor hun inkopen naar de malls van suburbia rijden.

Sinds de eerste mall in 1955 werd geopend, groeide hun aantal in een waanzinnig tempo. In de jaren '80, toen de consumptiedrift haar voorlopig hoogtepunt bereikte, werd meer dan 330 miljoen vierkante meter omgezet in nieuwe malls. Hun aantal verdubbelde bijna, tot meer dan 32.000, die samen meer dan de helft van de kleinhandel-omzet van het land voor hun rekening nemen, auto's en benzine niet inbegrepen. 94% van alle volwassen Amerikanen bezoekt minstens eens in de maand een mall om te winkelen, rond te wandelen, naar de bioscoop te gaan of uit te eten. 77% van de Amerikanen winkelt liever in een mall dan in de stad.

Een kersverse immigrant uit Oost-Europa of Vietnam die voor de eerste keer een mall binnenkomt kan de indruk krijgen dat hij de hemel binnentreedt. Hij ziet winkels onder zich, boven zich, links en rechts, allemaal uitpuilend van verleidelijke koopwaar, restaurants, bioscopen, roomijsbars. Mensen kuieren door brede artificiële straten met bloembakken en snoepkramen in het midden. Het ruikt er naar suiker, kaneel, frieten. Er heerst een aangename, nooit schommelende temperatuur. Zachte muzak klinkt door de luidsprekers.

Voor wie inkopen doen als het toppunt van menselijk geluk beschouwt, zijn de malls een paradijs. Maar als dat niet het geval is, verliezen ze snel hun charme. Zoals de rest van suburbia zijn ze ongelooflijk uniform, alsof ze allemaal door dezelfde architect werden ontworpen. De structuur is steeds dezelfde: twee tot vier grootwarenhuizen verbonden door verschillende lagen van winkelgalerijen (grotendeels in beslag genomen door filialen van ketens die in elke mall zijn vertegenwoordigd); in het midden een pleintje met het obligate fonteintje en zitbanken of een speeltuin. Als je geblinddoekt in een mall wordt binnengebracht, zou je niets vinden dat je in staat stelt uit te maken of je nu in Alaska of Florida bent, in New York of New Mexico. Je zou dezelfde merken terugvinden in dezelfde winkels, dezelfde films in de bioscopen, hetzelfde aanbod van bestsellers in de boekhandels. Nergens een zaak die anders is, die niet tot een keten behoort, waarin de uitbater zijn eigen smaak en persoonlijkheid heeft gelegd. Dat geldt ook voor de restaurants, met hun voorspelbare inrichting en menu's, hun voorspelbare namen: McDonalds, Burger King, Red Lobster, etc. Aan de kassa's staat hetzelfde minderjarig en onderbetaald personeel, waarvan alleen de vriendelijkheid van streek tot streek sterk kan variëren. In elke mall ontmoet je dezelfde soort tieners die er in groepjes samenklitten, de verveling van de suburbs ontvluchtend. Op weekdagen spijbelend, soms met het schooluniform nog aan; in de weekends *en masse*, in het uniform dat de mode van het ogenblik overal voorschrijft. Verder vind je er moeders met kinderwagens en bejaarden die hier hun dagen slijten omdat de malls veilig zijn en nooit te koud of te warm.

De malls hebben hun fans. Sommige kenners bezoeken er zo veel mogelijk en hebben uitgesproken opinies over welke mall nu de beste is. Maar voor de meeste bezoekers geldt dat als je één mall gezien hebt, je ze allemaal hebt gezien. Sommigen ergeren zich aan de voorspelbaarheid. Maar anderen vinden het een groot voordeel. Je weet wat je er gaat vinden, er wachten je geen positieve maar ook geen onaangename verrassingen.

De malls worden steeds groter. Volgens sommige sociologen is het stadscentrum van de toekomst de *Mega Mall* zoals er nu een gebouwd wordt in een suburb van Minneapolis. Deze 'Mall of America' zal 40 hectaren in beslag nemen en tienmaal zo groot zijn als de doorsnee mall. De structuur wordt niet anders, alleen groter. De vier grootwarenhuizen die de hoeken van het complex vormen, worden nog gigantischer; in de drie lagen straten zullen meer dan 800 winkels liggen, alsook meer dan 100 restaurants, bars, nachtclubs en 18 bioscopen. In het midden van deze overdekte mastodont zal een artificiële rivier lopen en daarrond komt een reusachtig speelpark. Om alles te zien zal men twee tot drie dagen moeten uittrekken. In weekends rekenen de promotoren op 100.000 bezoekers per dag. Ze zullen zelfs met speciale chartervluchten uit heel de VS worden aangevoerd.

Het kan waanzinnig lijken dat mensen het vliegtuig nemen om te gaan winkelen, vooral omdat het aanbod van de Mega Mall weinig zal verschillen van de doordeweekse mall. Maar de intense, rituele betekenis van het kopen en het ontzag dat de Amerikaanse ideologie reserveert voor het predicaat 'de grootste ter wereld' garanderen dat deze consumptietempel een belangrijk bedevaartsoord wordt.

Bovendien is winkelen niet de enige reden waarom Amerikanen naar de malls gaan. Mensen houden ervan zich onder te dompelen in de massa, zonder vast doel rond te kuieren en naar andere mensen te kijken. Malls beantwoorden aan die nood terwijl de Amerikaanse grootsteden dat steeds minder doen. In de malls lopen geen gewapende misdadigers rond. Overal zie je er bewakers die in deze pseudo-dorpskommen de rol van pseudo-oom agent spelen. En al lijken de malls publiek terrein, zij zijn privé-bezit, zodat bedelaars er geweerd kunnen worden. Het uitdelen van vlugschriften en het openbaar spreken is zelfs voor de ingang verboden zonder toestemming van de mall-directie.

Al eeuwenlang is kopen en verkopen de activiteit waarrond mensen samenstromen en van elkaars gezelschap genieten. Marktpleinen, centrale winkelstraten, oosterse bazaars vervulden die onmisbare functie van ontmoetingsplaats die in de VS meer en meer door de malls is overgenomen. Maar nooit waren die ontmoetingsplaatsen zo uniform, zo voorgekauwd, zo weinig gekruid door persoonlijke accenten, lokale tradities en individuele initiatieven. 'Alles in een mall is letterlijk gepland en gecontroleerd,' zegt Marc Weissman, een New Yorkse architect die zelf een tachtigtal malls heeft ontworpen. 'Geen enkel detail is toevallig ontstaan. De bezoekers zijn er zich niet van bewust. Ze denken dat ze zomaar wat rondwandelen maar het traject dat ze volgen is het resultaat van zorgvuldige planning. Alles is uitgekiend om hen in een vrolijke, kooplustige stemming te houden.'

Juist daarom voelen sommigen zich in de mall als laboratoriumratten. In het land dat zichzelf voortdurend feliciteert met zijn liefde voor de individuele vrijheid, wordt die vrijheid vaak herleid tot een keuze tussen winkelketens en merknamen.

APARTHEID, MADE IN THE USA
DE RACIALE KLOOF

De droom van King

'De dreiging van een conflict tussen de zwarte en de blanke bewoners spookt onophoudelijk door het hoofd van de Amerikanen, als een pijnlijke droom,' schreef de Tocqueville anderhalve eeuw geleden. In mei 1992 werd die pijnlijke droom in Los Angeles eens te meer werkelijkheid. Een vonnis, geveld door blanke juryleden in suburbia, trof zwart Amerika als een vuistslag in het gezicht. De vrijspraak van blanke politieagenten die voor het oog van een camera een zwarte arrestant hadden mishandeld, was voor de zwarten een nieuw bewijs dat voor hen in Amerika geen rechtvaardigheid, geen gelijkheid bestaat. Woede explodeerde in brandstichtingen, plunderingen, aanvallen op blanken. En samen met de vlammen van meer dan duizend vuurpoelen laaide ook de blanke angst hoog op. De angst voor een omgekeerde wereld, waarin zwarten wraak nemen en blanken behandelen zoals zij door hen werden behandeld, is volgens historicus Andrew Hacker zo oud als het racisme zelf. Precies die angst bewoog de juryleden ertoe de agenten vrij te spreken. In de oorlog tegen 'hen', de 'agressieve roofdieren' die zwarte jongemannen in de verbeelding van vele blanken in suburbia zijn geworden, mag de politie geen strobreed in de weg worden gelegd. De rechten van de afgeranselde zwarte man waren minder belangrijk dan het gevaar dat hij in de ogen van de juryleden symboliseerde. De rellen zagen ze als een bewijs dat hun angst gegrond was. Ze ontkenden dat hun uitspraak ervoor verantwoordelijk was.

'Dat was slechts het excuus,' zei een jurylid, 'ze zouden het anders ook wel hebben gedaan.' Racisme had volgens hem noch met het vonnis noch met de rellen iets te maken. 'De rassendiscriminatie is in dit land al lang afgeschaft.'

'We doen dit om blank Amerika duidelijk te maken hoe we ons voelen,' zei een brandstichter tijdens de rellen in Los Angeles. Martin Luther King, de populairste leider die zwart Amerika ooit kende, noemde rellen 'de stem van hen die anders nooit gehoord worden'.

De laatste keer dat die stem zo luid had geklonken was na de moord op King. Op 4 april 1993 is dat een kwart eeuw geleden. Dan zenden alle tv-netten weer beelden uit van die redevoering die vele Amerikanen niet kunnen horen zonder rillingen over de rug te voelen lopen. Kings 'I had a dream'-speech balde alle hoop van de jaren '60 samen. 'For I have been to the mountain top and I have seen the promised land...' Voor een monsterbetoging in het hart van de hoofdstad riep de zwarte Ghandi een visioen op van een Amerika zonder honger, zonder geweld, zonder wanhoop. Een land zonder racisme, waarin iemand beoordeeld wordt 'on the content of his character and not the colour of his skin'. Zijn droom begeesterde miljoenen. Hij leek zo bereikbaar, toen.

Mocht King uit zijn graf opstaan, zou hij dan in het Amerika van vandaag zijn droom herkennen? Zou hij het lot van zijn rasgenoten verbeterd vinden?

Wandelend door het centrum van zijn geboortestad Atlanta, zou hij geen spoor meer zien van het openlijke racisme waartegen hij zijn leven lang had gevochten. In de winkels, restaurants en kantoren zou hij blank en zwart probleemloos met elkaar zien omgaan. Zelfs in de meest exclusieve clubs zou hij evenveel zwarten als blanken onder de cliënteel aantreffen. Op een tv-scherm zou hij misschien een glimp opvangen van een Eddy Murphy-film of van de *Cosby show*, de populaire serie over een welgesteld zwart gezin. Hij zou vernemen dat zijn geboortedag nu een nationale feestdag is, dat zijn naaste medewerkers Jesse Jackson en Andy Young prominente politici zijn geworden, dat de burgemeester en politiecommissaris van Atlanta en vele andere steden zwarten zijn, dat zelfs de hoogste militaire functie in het land door een zwarte generaal wordt bekleed.

Wellicht zou hij onder de indruk zijn en tevreden denken dat zijn strijd niet tevergeefs was. Maar bij het verlaten van het zakencentrum zou hij snel in een heel andere wereld terechtkomen. Wijken waarin armoede, massale werkloosheid, sociale ontwrichting, druggebruik, misdaad en wanhoop de norm zijn. En als de omvang van de problemen tot hem zou doordringen, zou hij misschien bittere tranen schreien: zijn droom van een 'kleurenblinde' maatschappij, waarin blank en zwart in harmonie leven, is een droom gebleven.

De strijd die King voerde was in de eerste plaats gericht tegen de uitdrukkelijke, legale discriminatie en die is vandaag verdwenen. Alleen in musea hangen nog 'For Whites Only'-bordjes. Alle wetten en reglementen die een verschillende behandeling van blank en zwart dicteerden, zijn afgeschaft.

Maar discriminatie uit zich niet enkel in wetten. 'Haar essentie,' schrijft Stephen Steinberg, 'is een raciale arbeidsdeling, een systeem van beroepsapartheid dat de zwarten de minst gegeerde banen toewijst of ze helemaal van de normale arbeidsmarkt uitsluit.' Eeuwenlang bleef de zwarte bevolking gebonden aan de zuiderse landbouwplantages terwijl de snel groeiende industrie in het noorden grotendeels verkoos om haar arbeidskrachten uit Europa te importeren. Pas in de tweede wereldoorlog gingen de fabriekspoorten open voor niet-blanken, maar ook dan bleven de zwarten steken op de laagste sport van de ladder, al was er geen wet die dat voorschreef.

Een tweede pijler waar de discriminatie op rustte, was het onderwijs. Zelfs de meeste publieke scholen waren raciaal gescheiden en het was vanzelfsprekend dat het zwarte onderwijs veel minder geld kreeg en dus op een veel lager peil stond. In 1954 verklaarde het opperste gerechtshof raciaal gescheiden onderwijs ongrondwettig maar dat bracht niet meteen verandering.

In de jaren '60 en '70 werd algemeen erkend dat de eeuwenlange achterstelling zo'n diepe kloof had geslagen dat de afschaffing van discriminerende wetten niet volstond: ook positieve stappen (*Affirmative Action*) waren nodig om de integratie van zwart Amerika te bevorderen. Vooral tijdens de regeringen van Johnson en van Nixon werden vele maatregelen genomen om het affirmative-actionprincipe in praktijk om te zetten. De tewerkstelling van zwarten en andere raciale minderheden (en in 1975 werd affirmative action uitgebreid tot vrouwen) in de overheidssector werd energiek bevorderd. Ook privé-bedrijven die contracten kregen van de federale overheid werden verplicht tot positieve discriminatie ter bevordering van de niet-blanke tewerkstelling. Dit had merkbare resultaten, onder meer in de bouwnijverheid waar zwarten tot dan toe systematisch werden geweerd. Ook hospitalen, universiteiten en alle andere instituties die geld kregen van de federale overheid, vielen onder de affirmative-actionregels. Bovendien lanceerden sommige federale instellingen en vele steden en andere lokale overheden een raciale *set-aside*-politiek: ervan uitgaande dat nieuwe zwarte bedrijven op de open markt niet konden opboksen tegen de gevestigde mastodonten, reserveerden ze een deel van hun contracten – soms tot 30% – voor niet-blanke firma's.

In het onderwijs ging de impuls om verder te gaan dan de theoretische afschaffing van de discriminatie vooral uit van het gerecht. Om de gemeenten te dwingen hun scholen raciaal te integreren, werkten de federale rechtbanken controversiële *busing*-plannen uit die bepaalden hoeveel scholieren uit zwarte wijken dagelijks met schoolbussen naar tot dan toe blanke scholen moesten worden gebracht en hoeveel blanke scholieren naar scholen in zwarte wijken moesten rijden.

Busing stuitte op grote blanke weerstand en zette vele blanke ouders ertoe aan hun kinderen naar blanke privé-scholen te sturen. In Boston bijvoorbeeld, waar busing enorme rellen uitlokte, daalde het aantal blanke kinderen in het publieke schoolsysteem van 75% in de jaren '60 naar 22% in 1990, terwijl de bevolking van de stad voor drie kwart blank bleef. Busing bleef omstreden en zelfs in zwarte kringen rezen twijfels over het nut ervan. Sommigen vonden dat de tactiek onnodige raciale verdeeldheid heeft gezaaid en de aandacht heeft afgeleid van de ware problemen: het gebrek aan financiële middelen van de publieke stadsscholen en de extra-moeilijkheden die de opvoeding van armenkinderen met zich meebrengt. 'De vraag die door de busing-controverse werd verdoezeld,' meent de zwarte journalist William Raspberry, 'is: hoe voed je kinderen op uit gezinnen waar de ouders weinig waarde hechten aan opvoeding en discipline en waar ze niet de hulp krijgen waar kinderen normaal op kunnen rekenen?' Maar volgens de NAACP, de grootste zwarte organisatie, is busing op vele plaatsen een succes en zouden problemen als geldtekort en gebrek aan begeleiding nog groter zijn zonder raciale integratie-inspanningen.

Het lijdt geen twijfel dat al de maatregelen die onder druk van de beweging voor de burgerrechten tot stand kwamen, voor zwarten meer kansen creëerden om de sociale ladder te beklimmen. Hoewel de hogere regionen van de politieke en economische macht een bijna exclusief blanke en mannelijke aangelegenheid blijven, waren er in 1990 toch ongeveer viermaal zo veel zwarte kaderleden en politieke verkozenen als toen King stierf. Ook in de overheidssector is het niet langer zo dat zwarten alleen de slechtste baantjes krijgen. De expansie van die sector in de jaren '60 en '70 maakte het mogelijk om vele niet-blanken aan te werven, wat hun achterstelling in de privé-sector deels compenseerde. In 1990 was het aandeel van zwarten in het personeelsbestand van de federale overheid gestegen tot 17,1% en dat van andere niet-blanken, vooral latino's, tot 10,4% (zwarten maken 12,1% van de totale bevolking uit).

Ongeveer een derde van de zwarte bevolking wordt nu gerekend tot de relatief welvarende 'middenklasse' van de Amerikaanse samenleving, tegenover 10 tot 15% in Kings tijd. Ze leven comfortabel, wat echter niet wil zeggen dat ze geen raciale discriminatie meer ervaren.

Onzichtbare vooroordelen blijven hun carrières blokkeren. Daarom verdienen zwarten die hogere studies gedaan hebben gemiddeld 21% minder dan blanken met hetzelfde opleidingsniveau en nauwelijks 1% meer dan blanken met een middelbare-schooldiploma. Voor elke 1000 dollar loonsverhoging die blanke mannen tussen 1969 en 1989 genoten, kregen zwarten slechts 22 dollar meer. Welgestelde zwarten die zich in blanke suburbs willen vestigen, stuiten nog vaak op verzet. Elk jaar worden nog tientallen kruisen verbrand – de traditionele Ku Klux Klan-waarschuwing – om zwarten uit blanke buurten te verjagen. In winkels krijgen ook gegoede zwarten vaak een verschillende behandeling dan blanken. Zo bleek uit een onderzoek dat in 1989 door de *American Bar Association* (een advocatenvereniging) bij 90 autoverkopers werd verricht, dat voor dezelfde wagen blanke vrouwen gemiddeld 11 dollar meer werd aangerekend dan blanke mannen; zwarte mannen en vrouwen betaalden respectievelijk 716 en 1351 dollar meer.

Ongeacht hun opleiding en inkomen worden zwarte jonge mannen vaak als potentiële misdadigers behandeld. Vele taxichauffeurs weigeren hen mee te nemen, in winkels krijgen ze meteen een privé-detective achter zich aan, in blanke wijken worden ze door de politie zonder aanleiding gecontroleerd. Politiebrutaliteit tegen zwarten blijft incidenten uitlokken, in sommige steden al meer dan in andere. De politie van Los Angeles heeft op dit vlak de slechtste reputatie.

Een zwarte politiesergeant in burger, die zich in 1989 liet gebruiken als proefkonijn in een televisie-onderzoek naar politiebrutaliteit in Los Angeles, werd in een blanke wijk door de politie tegengehouden. Toen hij op beleefde maar insisterende toon het politieoptreden in vraag stelde, werd zijn hoofd, voor het oog van een verborgen tv-camera, door agenten tegen het uitstalraam van een winkel gebonkt tot het glas in zijn gezicht verbrijzelde.

Schokkender nog waren de beelden die een video-amateur in 1991 vanuit zijn slaapkamer met z'n nieuwe camera vastlegde van de afranseling van Rodney King. De laffe manier waarop de zwarte automobilist door de politie in elkaar werd geslagen werd wereldberoemd, vooral nadat de vrijspraak van zijn belagers de zwarte woede in Los Angeles deed losbarsten. Zonder de videotape zou overigens King zelf en niet de politieagenten op de beklaagdenbank hebben gezeten. In de acht jaar voor zijn arrestatie dienden meer dan 16.000 mensen in L.A. klacht in wegens politiebrutaliteit. In de meeste gevallen werden de aanklagers automatisch in staat van beschuldiging gesteld wegens 'weerspannigheid tijdens de arrestatie'. Hun verwondingen konden dan weggewuifd worden als de gevolgen van hun eigen verzet. Ook Rodney King werd aanvankelijk op die manier aangepakt. De aanklacht tegen hem werd discreet ingetrokken toen bleek dat de agenten door een camera op heterdaad werden betrapt. Je vraagt je af hoeveel mensen worden afgeranseld buiten het gezichtsveld van een camera.

Een graadmeter voor de trage vooruitgang van de raciale verdraagzaamheid is de houding tegenover interraciale huwelijken. Het aantal blank-zwarte echtparen was in 1990 verdrievoudigd tegenover 1970 maar bedroeg nog altijd slechts 0,4%. De grote meerderheid behoort tot de 'middenklasse'. In 1991 vond een vijfde van de blanke Amerikanen dat dergelijke huwelijken illegaal moesten zijn, in 1972 werd dat standpunt nog door twee vijfden gedeeld. Maar ook in '91 zei nog 66% van de blanken dat ze zich zouden verzetten tegen het huwelijk van een naaste bloedverwant met een zwarte. 45% zou zich ook keren tegen een huwelijk met iemand van Latijnsamerikaanse of Aziatische afkomst en voor 15% kan ook een joodse huwelijkspartner niet door de beugel. Zwarten zijn verdraagzamer. Voor twee derden speelt de huidkleur van de partner van een bloedverwant geen enkele rol, al vindt een groeiend aantal zwarte intellectuelen dergelijke verbintenissen 'verraad jegens eigen volk'. Zij verzetten zich ook tegen de adoptie van zwarte kinderen door blanken, ook al is er een schrijnend tekort aan pleegouders.

De integratie ontspoord

Ondanks de vooruitgang die de zwarte middenklasse geboekt heeft, is de globale inkomenskloof tussen blank en zwart nog altijd even groot als in de jaren '60. Het modale inkomen van zwarten ligt bijna de helft lager dan dat van blanken en hun modale bezittingen zijn tienmaal kleiner. De reden is dat de achterstand van het armste derde van de zwarte bevolking nog veel groter is geworden. De concentratie van extreme armoede in de binnensteden heeft enorme problemen met zich meegebracht, waarover we in andere hoofdstukken uitweiden.

Sommigen denken dat de afschaffing van de rassenscheiding en de vooruitgang van de zwarte middenklasse onrechtstreeks hebben bijgedragen tot de ontwrichting van het leven in de getto's. Vóór de emancipatie vormden de zwarten een hechtere gemeenschap. De intelligentsia leefde tussen de rest van de bevolking, de jongeren konden zich eraan spiegelen. Vandaag hebben de meeste zwarten die het gemaakt hebben de getto's verlaten en hun bewoners, zo zeggen sommigen, aan hun lot overgelaten.

Een groter probleem is de hoge werkloosheid. In de jaren '50 leefde een veel groter percentage van de zwarte bevolking in armoede maar de massale werkloosheid kwam pas later, eerst door de mechanisering van de landbouw, later door deindustrialisering. Vooral voor zwarte jonge mannen zonder scholing is het vandaag extreem moeilijk om nog werk te vinden. Vele werkgevers nemen liever zwarte vrouwen in dienst omdat ze zwarte jongemannen associëren met misdaad. Niet zonder reden: zwarte jongens van 16 tot 19 jaar zouden verantwoordelijk zijn voor ongeveer de helft van alle geweldmisdrijven in de VS. Maar het resultaat van die praktijk is dat ze de jeugdmisdaad in de hand werkt. Het aandeel jonge zwarte mannen dat nooit heeft gewerkt en niets om handen heeft neemt elk jaar toe. In sommige getto's bedraagt het meer dan 60%.

Dit heeft ook ingrijpende gevolgen voor de man-vrouw-relatie in de zwarte gemeenschap. In 1950 was het aantal zwarte gezinnen zonder vader nog beperkt tot 8,3% maar in 1990 was 56,7% van de zwarte jonge moeders ongetrouwd (tegenover 17,2% bij blanken) wat meestal ook betekende dat zij geen steun van de vader kregen. 'De traditie wilde dat als een meisje zwanger werd, het koppel onder druk werd gezet om te trouwen,' zegt sociologe Harriet Piper, 'maar als de man geen werk of vooruitzicht op werk heeft, valt die druk weg. De ouders van het meisje raden haar vaak zelfs af om te trouwen, want het zou betekenen dat ze drie personen moet onderhouden in plaats van twee.' Een ander argument tegen het samenwonen is dat vele staten wel financiële bijstand verlenen aan alleenstaande moeders maar niet aan echtparen.

'In een maatschappij waarin de man verondersteld wordt de kostwinner te zijn is het een enorme last te weten dat je geen greintje kans maakt om voor een gezin te kunnen instaan,' meent psychiatrieprofessor Dr. Comer. 'Het is een psychologische afweerreactie om het je niet aan te trekken, het zelfs niet te proberen.'

Moedeloosheid en cynisme tieren welig in de zwarte jongeren-cultuur en vormen een vruchtbare voedingsbodem voor misdaad en drug- en alcoholmisbruik. Voor vele zwarte jongeren is een verblijf in de gevangenis geen schande maar een soort overgangsrite waardoor ze hun mannelijkheid bewijzen. Een zesde van alle zwarte jongens wordt voor zijn zestiende gearresteerd. Doordat steeds minder zwarte jongelui de kans krijgen om verder te studeren en steeds meer tot misdaad worden verleid, is het aantal zwarte jonge mannen in het hoger onderwijs nu lager dan het aantal dat onder controle staat van het gevangeniswezen (opgesloten of onder probatie).

Moord is voor zwarte jongelui de voornaamste doodsoorzaak geworden. Meer dan 10.000 jongens worden elk jaar in de getto's neergeknald. Een mensenleven is er niet veel waard. In sommige getto's zoals Central Harlem is de levensverwachting van mannen lager dan in Bangla Desj, een der armste landen ter wereld.

Het ergste is dat er weinig hoop is op beterschap. Een rapport van de *Commission of Minority in Education and American Life* concludeerde in 1988: 'Amerika gaat achteruit – niet vooruit – in zijn inspanningen om volledige deelneming van raciale minderheden aan het leven en de welvaart van het land te bereiken. Op het vlak van onderwijs, tewerkstelling, inkomen, gezondheid, levensduur en andere maatstaven van maatschappelijk welzijn blijft de kloof bestaan – en in sommige gevallen wordt ze dieper – tussen de raciale minderheden en de meerderheid van de bevolking...' NAACP-leider Floyd Rose klinkt nog pessimistischer: 'Wij verliezen onze kinderen. Ze zitten niet in de scholen, ze zijn niet aan het werk, ze lopen op straat. Als de huidige trends zich doorzetten, zal 70% van de zwarte tienerjongens van vandaag in het jaar 2000 ofwel in de gevangenis zitten, ofwel dood zijn, ofwel verslaafd zijn aan drugs en alcohol.'

Sinds de jaren '80 hebben diverse factoren de raciale integratie doen ontsporen. De sterk verminderde vraag naar laag geschoolde arbeidskrachten in de industrie en de afslanking van de overheidssector hebben de zwarte bevolking naar verhouding het zwaarst getroffen. De groei van de dienstensector heeft dat niet gecompenseerd. Enerzijds omdat de meeste zwarten de opleiding missen voor hoog geschoolde beroepen; anderzijds omdat in sectoren zoals de horeca de onzichtbare drempel van de vooroordelen hoger is dan in de industrie.

Een andere factor was de vijandige houding die de regeringen van Reagan en Bush aan de dag legden tegen 'affirmative action' en andere 'verworvenheden' in de strijd voor gelijke burgerrechten. Het ministerie van Justitie en andere overheidsinstanties ondernamen om de haverklap stappen om die maatregelen af te breken of in te perken. Dat kaderde in een strategie om van het zuidoosten, een streek die traditioneel Democratisch stemde maar waar blank racisme zeer diepe wortels heeft, een Republikeins bastion te maken om zo de controle over het Congres te verwerven. Voorlopig is dat niet gelukt, al boekten de Republikeinen er grote vooruitgang. Maar volgens de beweging voor gelijke burgerrechten werd daar een zware prijs voor betaald. Reagan en Bush hebben racisme een nieuwe respectabiliteit verleend. Ook al uiten Republikeinen hun afschuw over het openlijke racisme van groepen zoals de Ku Klux Klan, in de praktijk bepleiten ze in grote mate dezelfde veranderingen in het raciaal beleid.

Ook het Opperste Gerechtshof, dat als gevolg van benoemingen door Reagan en Bush een forse zwaai naar rechts heeft gemaakt, helpt op raciaal vlak de klok terug te draaien. In de afgelopen jaren heeft het verscheidene vonnissen geveld tegen affirmative action, raciale set-asidemaatregelen voor niet-blanke bedrijven en busing in het onderwijs. In 1991 bepaalde het Hof dat het niet langer nodig was raciale scheiding in het onderwijs door busing te bestrijden, als die scheiding niet opzettelijk wordt nagestreefd maar het gevolg is van raciaal gescheiden woonpatronen. En aangezien de meeste Amerikanen in raciaal gescheiden buurten wonen, is de afbraak van 'busing' nu volop aan de gang. Apartheid in het onderwijs maakt een come-back. Ironisch genoeg is het in het zuidoosten, waar de rassenscheiding vroeger het grootst was, dat het raciaal gemengd onderwijs het best stand houdt. Maar in de rest van het land gaat het snel bergaf. Blanke en niet-blanke kinderen gaan weer grotendeels naar aparte scholen. De blanke scholen bevinden zich vooral in suburbia en zijn meestal uitstekend; de niet-blanke liggen vooral in de grote steden en zijn vaak om te huilen. Dit enorme kwaliteitsverschil is een van de belangrijkste factoren ter bestendiging van de raciale kloof in de VS.

Ook de massamedia en vooral televisie zijn medeverantwoordelijk voor het racisme. Het beeld dat Amerikanen van elkaar en zichzelf hebben is immers in grote mate gekleurd door wat ze dagelijks op hun scherm zien. Bij wijze van experiment werden in 1989 aan zwarte kinderen twee afbeeldingen van meisjes getoond die behalve hun huidkleur identiek waren. Welk van de twee, zo werd aan de kinderen gevraagd, is het mooist, het schoonst, het slimst? Bijna alle kinderen wezen naar de afbeelding van het blanke meisje. Aangezien de blanke meisjes die deze kinderen kennen van tv aanzienlijk meer succes en bewondering oogstten dan de zwarte meisjes die ze uit hun eigen omgeving kennen, is het resultaat van deze test niet zo verwonderlijk.

Een onderzoek van de universiteit van Chicago toont dat blanken die vooroordelen koesteren jegens 'de zwarten in het algemeen', meestal een uitzondering maken voor de 'good black guys' die ze persoonlijk kennen op het werk. Hun visie op 'de zwarten in het algemeen' bleek in grote mate beïnvloed door wat ze op tv zagen. Uit een onderzoek van het *Center for Media and Public Affairs* van 620 willekeurig gekozen tv-programma's, uitgezonden tussen 1955 en 1988, bleek dat 94% van de acteurs die universitair geschoolde personages speelden, blank was. De helft van de zwarten had de rol van ontspoorde jongere. Uit een onderzoek in Chicago bleek dat in de lokale nieuwsshows de overgrote meerderheid van de beelden van arrestaties, gevangenen en drugverslaafden zwarten toonden, hoewel de grote meerderheid van de gevangenen en drugverslaafden blank is. Het is waar dat het aantal misdadigers en drugverslaafden in de zwarte bevolking relatief hoger is maar de meeste zwarten zijn noch het een noch het ander. Zij ervaren echter wel het wantrouwen dat de media-stereotypen opwekken.

Daarom kreeg de *Cosby show* zo veel lof toegezwaaid: eindelijk eens een tv-serie die brak met de clichés. De komische reeks over een welgesteld zwart gezin (vader dokter, moeder advocaat) werd de populairste show van de tweede helft van de jaren '80. Maar ze deed een nieuw cliché ontstaan. Volgens een studie die Sut Jhaly en Justin Lewis van de universiteit van Massachusetts maakten van de reacties van blanke kijkers op de *Cosby show*, zagen de meeste blanken de welstand en het succes van het gezin Huxtable uit de show als een bewijs dat racisme en armoede geen ernstige hinderpalen meer zijn voor ambitieuze zwarten. Welgestelde blanke kijkers vonden de Huxtables 'just like us' maar juist daarom vonden ze het gemakkelijker om elke verantwoordelijkheid voor de situatie van de meerderheid van de zwarten, die niet zoals de Huxtables zijn, van zich af te schuiven.

De zwarten wier leven geportretteerd wordt in de *Cosby show* en de 'onderklasse'-figuren die vertegenwoordigd zijn in andere series en in de nieuwsshows, vormen twee extremen die samen slechts een minderheid van de zwarte bevolking uitmaken. De meerderheid - de 'good guys' die de blanken op hun werk ontmoeten - worden intussen steeds minder getoond. Jhaly en Lewis hebben berekend dat tussen 1971 en 1976 30% van de tv-personages uit arbeidersmilieus zwart waren. Tussen 1984 en 1989: 0%. De zwarte meerderheid verdween van het scherm en alleen de twee clichés bleven over.

Vandaag bestaat er minder racisme in de VS dan dertig jaar geleden maar de bereidheid om de gevolgen van racisme te bestrijden is ook danig afgenomen. 'Vrijwel de enige uitgaven die het publiek in verband met de zwarte minderheid nog goedkeurt, zijn deze voor meer politie en gevangenissen,' schrijft Andrew Hacker in zijn boek over de huidige staat van de raciale verhoudingen. 'De meeste blanke Amerikanen vinden dat op zijn minst de laatste generatie van zwarten meer dan gelijke kansen heeft gekregen of zelfs bevoordeeld is.' In een opiniepeiling uit 1990 onderschreef 64% van de ondervraagden de mening dat 'een baan of een promotie eerder naar een zwarte zal gaan dan naar een even bekwame of bekwamere blanke.' Vooral jonge blanken zijn geneigd dit te denken. Voor hen behoort raciale onderdrukking en de strijd voor gelijke burgerrechten tot een vaag verleden waarover de meesten nauwelijks iets weten. En ook zij leven in een chaotischer wereld waarin het vinden van degelijk werk en de mogelijkheid om verder te studeren steeds minder vanzelfsprekend zijn. Psychologen leggen uit dat die complexiteit het denken in simplistische categorieën aantrekkelijker maakt. Om orde te scheppen in de angstaanjagende chaos en er dus een zekere controle over te verkrijgen, zijn mensen geneigd alle feiten die deze stereotypen in vraag stellen te vergeten en alleen diegene die ze versterken, te onthouden.

Politieke demagogen begrijpen dat en bouwen er hun carrières op. Zoals ze in West-Europa de immigranten tot zondebok maken van werkloosheid, misdaad en belastingdruk, wentelen ze in Amerika de schuld voor alle problemen af op de zwarte minderheid. In het zog van Reagan en Bush zijn politici opgestaan die met toenemend succes oude vooroordelen in nieuwe zakken gieten. Tijdens kiescampagnes in 1991 en 1992 slaagden vooral ex-Ku Klux Klan-leider David Duke en de Republikeinse presidentskandidaat Buchanan erin om de groeiende onvrede in racistische richting te kanaliseren. En hun succes is besmettelijk: steeds meer politici in beide grote partijen hangen de huik naar de racistische wind. De nieuwe racisten zijn 'modern' in de zin dat ze het alles overstemmende moderne medium – televisie – handig weten te bespelen. En ook in de zin dat ze zichzelf 'anti-racisten' noemen die opkomen voor 'de onderdrukte minderheid van vandaag: blanke mannen'.

De mythes waarop hun propaganda steunt laten zich gemakkelijk ontmaskeren. De bewering dat affirmative action zwarten systematisch voorrang geeft in het hoger onderwijs, in werkgelegenheid en promoties is moeilijk verzoenbaar met gegevens zoals de zwarte werkloosheid die meer dan dubbel zo hoog is als de blanke, het aantal zwarte dokters in het land dat slechts 3% bedraagt; of het feit dat het inkomen van zwarten met een universitair diploma tussen 1979 en 1989 met 11% daalde, terwijl dat van hun blanke collega's met 11% steeg. Ook de mythe dat de openbare bijstand vooral dient 'om luie zwarten die kweken als konijnen op kosten van de belastingbetaler te onderhouden' slaat nergens op. Niet alleen wordt op bijstandsprogramma's elk jaar besnoeid, het percentage blanken dat erdoor geholpen wordt is bijna identiek aan het percentage zwarten. Ongeveer de helft van de zwarte alleenstaande moeders trekt geen enkele steun. En diegenen die dat wel doen zijn niet bepaald de kweekmachines uit Duke's propagandasprookjes: drie vierden heeft slechts een of twee kinderen. Maar Duke, die eruitziet als een sympathieke televisie-anchorman sinds hij zijn gezicht door plastische chirurgie liet renoveren, weet dat hij zijn leugens tijdens de kiescampagnes op het avondnieuws kan krijgen, als hij ze verpakt in een leuke slogan van een paar seconden. En in naam van de objectiviteit zal de echte anchorman zich van commentaar onthouden.

Er zijn overigens nog andere factoren dan pseudo-deontologie die de tv-nieuwsshows zo'n gewillige instrumenten maken van de nieuw-rechtse gifspuiters. Enkele jaren geleden werd iemand als Duke door de massamedia genegeerd of belachelijk gemaakt. Duke en zijn geestesgenoten hebben sindsdien begrepen dat ze eerst binnen een van de beide grote partijen een basis moeten uitbouwen alvorens media-respect te kunnen oogsten. Nadat Duke in de gouverneursverkiezingen van Louisiana de meerderheid van de blanke stemmen had gekregen, zei vice-president Quayle dat het probleem met Duke 'niet de boodschap maar de boodschapper' was. Het KKK- en nazi-verleden van de man was gênant voor de Republikeinse partij maar zijn aanval op de onderste laag van de samenleving, helpt de staat om nieuwe miljardenbezuinigingen ten koste van de armsten door te voeren. En dat is een boodschap die de media-magnaten hun kijkers niet willen onthouden.

Tijdens de presidentsverkiezingen van 1992 werd de boodschapper geneutraliseerd en de boodschap in de verf gezet door Buchanan. Die slaagde erin een groot deel van de proteststemmen tegen de Republikeinse president binnen de Republikeinse partij te houden en de frustraties over het regeringsbeleid te richten tegen diegenen die van dat beleid de grootste slachtoffers zijn.

Duke en zijn soortgenoten hebben overigens hun tegenpolen binnen het zwarte politieke spectrum. Figuren zoals de zwarte moslimleider Louis Farakhan en 'volksmenner' Al Sharpton wijten alle zonden ter wereld aan 'de blanke duivels' en brandmerken elke zwarte die samenwerking zoekt met blanken als een 'uncle Tom'. (Gek hoe de naam van een romanfiguur van symbool in de strijd voor de afschaffing van de slavernij veranderde in het ergste scheldwoord dat men een zelfbewuste zwarte naar het hoofd kan slingeren. Door van oom Tom zo'n door en door brave slaaf te maken wou Beecher-Stowe het medeleven van haar blanke lezers opwekken. Maar voor zwarten creëerde zij zo een symbool van slaafs gedrag.) De zwarte racisten krijgen (nog) niet dezelfde media-aandacht als hun blanke tegenhangers (met wie ze overigens veel gemeen hebben: zowel Duke, Buchanan als Farakhan hebben meer dan eens hun bewondering voor Hitler en afkeer voor joden laten blijken). Maar hun ideeën winnen veld. Een groeiend aantal zwarten accepteert hun wilde samenzweringstheorieën. Volgens uiteenlopende opiniepeilingen gelooft 10 tot 35% van de zwarte bevolking dat het aids-virus in een regeringslaboratorium werd gecreëerd om zwarten uit te moorden. Dat de regering daar niet te goed voor is illustreren de aanhangers van deze theorie door te verwijzen naar een experiment in de jaren '30 in Tuskegee, waar researchers in een regeringslaboratorium zwarte patiënten met syphilis onbehandeld lieten, om de eindfase van de ziekte te kunnen bestuderen.

Het kan dus niet verbazen dat het pessimisme over het raciale klimaat toeneemt. Volgens een opiniepeiling vindt ruim de helft van de jonge Amerikanen dat de raciale verhoudingen over het algemeen slecht zijn en achteruitgaan. Toch bleef het tot in 1992 relatief kalm op het raciale front. Na de rellen die in 1968 in 125 steden uitbraken na de moord op Martin Luther King, werd alleen Miami nog geteisterd door massale zwarte onlusten. Elders waren er wel regelmatig incidenten en opstootjes, geïsoleerde racistische aanslagen die protest en represailles uitlokten. Maar in vergelijking met de jaren '60 bleef de beroering kleinschalig. Drugs en alcohol als ontsnappingswegen uit de grauwe werkelijkheid en misdaad als uitlaatklep voor agressie hielpen wellicht om collectieve explosies te voorkomen. Ondanks de wanhoop die er heerste, vond het politieke establishment dat de problemen van de binnensteden rustig genegeerd konden worden. Tijdens de presidentiële voorverkiezingen in '92 werd er nauwelijks een woord aan vuilgemaakt.

Intussen kon men de vulkaan horen rommelen. De populaire muziek van de zwarte jeugd bestond nog bijna uitsluitend uit woedende kreten tegen een ritmische achtergrond. Rappers als NWA (*Niggas with Attitude*), Ice Cube, Ice-T en Public Enemy schreeuwden hun haat uit tegen de politie, predikten de opstand. In Los Angeles had de milde bestraffing van een Koreaanse winkelierster die een zwart tienermeisje had doodgeschoten grote verontwaardiging gewekt. Een al dan niet terechte beschuldiging van winkeldiefstal leidde tot ruzie en handgemeen. Het meisje gaf de winkelierster enkele klappen en wandelde naar buiten toen de woedende Koreaanse haar een kogel door het hoofd joeg. Een blanke rechter gaf de vrouw vijf jaar voorwaardelijk. Het vonnis leek te zeggen dat het leven van een zwarte niet veel waard is. En dan kwam, als klap op de vuurpijl, de vrijspraak van de beulen van Rodney King.

Er vielen 58 doden tijdens de rellen van '92 in L.A. – meer dan in alle andere raciale onlusten van deze eeuw. Een van de redenen is natuurlijk dat er meer wapens dan ooit in omloop waren. Bendeleden maakten van de algemene chaos gebruik om hun eigen rekeningen te vereffenen. De hoge dodentol was ook een gevolg van het bizarre optreden van de politie, die zich na het begin van de rellen terugtrok en urenlang bijna onzichtbaar bleef. Het was alsof de omstreden politiecommandant Gates de onlusten opzettelijk uitbreiding liet nemen om de schrik van de blanke bevolking aan te wakkeren.

Hoewel de tv-camera's spectaculaire uitbarstingen van anti-blank en anti-Koreaans racisme toonden, waren de rellen minder een strijd van zwart tegen blank dan een revolte van de onderste sociale laag. In de raciaal gemengde armenwijken waar de winkels geplunderd werden, bedienden ook latino's en zelfs blanken en Aziaten zichzelf. De plunderingen waren niet zozeer een politiek protest dan een unieke gelegenheid voor mensen die heel hun leven op het dieet van de armoede hadden gestaan om eens mateloos te schrokken aan de trog van het warenaanbod. Ze wisten dat die vreemde mengelmoes van kermis en angst niet lang zou duren. En dat hun daarna een kater wachtte. Want eens te meer veroorzaakten de armen vooral grote schade in hun eigen omgeving, waar ook al voor de onlusten een tekort bestond aan supermarkten en andere winkels (vele verdwenen na de rellen van 1965). Tijdens de eerste dag van de rellen bestormde een raciaal gemengde massa het hoofdkwartier van de gehate politie en werd er geplunderd in het centrum en zelfs in chique winkels in Hollywood en Beverly Hills. Maar alle uitgebrande gebouwen bevonden zich in de armenwijken, waar de ruïnes van de rellen van 1965 getuigen dat wat in de getto's verwoest wordt, zelden weer wordt opgebouwd.

Na de zwarte onlusten van de jaren '60 werd een presidentiële commissie in het leven geroepen om de oorzaken van de rellen te bestuderen en oplossingen voor te stellen. Het rapport van die Kerner-commissie dat in 1969 verscheen, zou evengoed na de rellen van 1992 geschreven kunnen zijn. 'Ons land evolueert naar twee samenlevingen, een blanke en een zwarte, gescheiden en ongelijk,' schreef de commissie. 'De enige echte oplossing voor wat er gebeurd is, is een aanval op elk niveau tegen de omstandigheden die wanhoop en geweld kweken. We weten allen welke deze omstandigheden zijn: onwetendheid, discriminatie, sloppen, armoede, ziekte, werkloosheid. We moeten die omstandigheden veranderen, niet omdat we bang zijn van conflicten maar omdat ons geweten er ons toe aanzet. We moeten ze veranderen omdat er gewoon geen andere manier bestaat om een rechtvaardige en ordelijke maatschappij tot stand te brengen in Amerika.'

Mooie woorden maar 24 jaar later zijn die omstandigheden alleen maar erger geworden. Na het Kerner-rapport werden wel miljoenen dollars overheidsgeld in de getto's gepompt maar intussen maakten de onderliggende economische tendensen de ellende er groter. In Los Angeles bijvoorbeeld, sloten bedrijven als Bethlehem Steel, Goodyear en Firestone na de rellen van '65 hun fabrieken. Intussen steeg de influx van armen uit Mexico. En tijdens de Reagan-jaren werden de door het Kerner-rapport aangeklaagde omstandigheden niet aangevallen maar integendeel door allerlei bezuinigingen in de hand gewerkt.

Ook nu werden de problemen van de gettobewoners na de rellen door de politici 'herontdekt'. Met de verkiezingen in aantocht, werden de propagandataken binnen de regering verdeeld. Vice-president Quayle mocht de rechterzijde naar de mond praten en de rellen wijten aan 'het verval van de traditionele morele waarden' in de getto's. Maar aangezien opiniepeilingen toonden dat twee derden van de bevolking vond dat de regering niet genoeg doet om de armoede in de getto's te bestrijden, mocht ook de linkerflank niet verwaarloosd worden. Daarom was minister van Huisvesting Kemp avond na avond in het nieuws met gloedvolle pleidooien voor 'Free Enterprise Zones' in de getto's, waar bedrijven gelokt zouden worden met fiscale voordelen. De steden, die hun federale subsidies tijdens de Reagan-jaren met meer dan een kwart zagen smelten, krijgen opnieuw een spreekwoordelijke druppel op hun steeds gloeiender plaat. In Los Angeles alleen al werden in 1991 bijna 200.000 banen geëlimineerd.

De kloof tussen rijk en arm en dus tussen blank en zwart zal nog breder worden; economische onzekerheid zal nog meer zwarten en blanken bedreigen. De rellen van 1992 zijn wellicht slechts een voorsmaak van wat Amerika nog te wachten staat. Maar rellen zoals deze in L.A. kunnen geen verandering brengen. Er wordt stoom afgeblazen door een blind meppen naar symptomen en na veel pijn en vernietiging blijft alles bij het oude. Voor de regerende klasse hebben ze bovendien het voordeel dat ze het wantrouwen tussen blanken en zwarten in de hand werken en dus niet bevorderlijk zijn voor blank-zwarte solidariteit tegen de oorzaken van de schrijnende ongelijkheid. Nochtans kan alleen die solidariteit voldoende gewicht in de schaal leggen om echte verandering af te dwingen.

'EEN HELSE TIJD OM KIND TE ZIJN'
SCHOLEN: IEDER VOOR ZICH

De school als microkosmos

De directeur van Park West in Manhattan zuchtte diep toen hem naar de problemen in zijn school werd gevraagd. 'De school is een microkosmos van de wereld die buiten haar poorten ligt,' zei hij. Het was bedoeld als excuus, omdat hij de chaos en brutaliteit van de omliggende straten niet buiten kon houden. Zijn uitspraak klopt ook voor alle andere scholen in dit land. Meer dan waar ook in de westerse wereld, weerspiegelen Amerikaanse scholen de welvaart en orde of de armoede en ontwrichting van de buurten waarin zij zich bevinden.

De schrijnende ongelijkheid binnen het onderwijssysteem is in de eerste plaats een gevolg van de beperkte rol van de nationale overheid die nog maar 6% van de onderwijskosten voor haar rekening neemt. Scholen worden in de VS traditioneel beschouwd als een lokale aangelegenheid en door de bezuinigingspolitiek van de jaren '80 is de federale tussenkomst nog verminderd. Reagan probeerde zelfs het onderwijsministerie af te schaffen en Bush, die tijdens zijn kiescampagne verkondigde de geschiedenis te willen ingaan als 'de onderwijspresident', zette de politiek van verwaarlozing van zijn voorganger verder.

In Amerika wordt jaarlijks 6,8% van het globaal nationaal inkomen aan onderwijs besteed; dat is evenveel als in Nederland en meer dan in België (6,1%). Het hoger onderwijs krijgt naar verhouding het meest. De Amerikaanse universiteiten zijn de duurste en misschien ook wel de beste ter wereld. Ze trekken honderdduizenden buitenlanders aan, van wie velen na hun studies in de VS blijven. Zo helpen ze het tekort aan hoog geschoolde arbeidskrachten aanvullen. Aan lager en middelbaar onderwijs wordt 4,1 % van het nationaal inkomen besteed, minder dan in België (4,9 %), Nederland (4,5 %) en alle andere westerse landen, Ierland en Australië uitgezonderd. Dat het percentage niet nog lager is, komt door de astronomische bedragen die worden besteed aan het onderricht van de kinderen van de rijken.

In het privé-onderwijs zijn de uitgaven per leerling uiteraard het hoogst. De Amerikaanse elite heeft het altijd noodzakelijk gevonden haar kroost, naar Engels model, van het plebs gescheiden te houden, van peutertuin tot universiteit. De oudste en meest prestigieuze privé-scholen zijn dan ook peperduur. Het is niet ongewoon dat er 10.000 dollar inschrijvingsgeld per kind wordt gevraagd en nog veel meer als het een internaat betreft. Geld volstaat echter niet om er binnen te geraken. De elitescholen zijn zo in trek dat ze het zich kunnen veroorloven zeer selectief te zijn. Om er toegang te krijgen moet men uit het juiste milieu komen en de juiste mensen kennen of anders veel geluk en een hoog IQ hebben. Want deze scholen geven niet alleen onderwijs van hoge kwaliteit: de jaren die men er slijt zijn ook een overgangsrite waardoor men wordt opgenomen in de heersende klasse. Het web van contacten dat in scholen als Andover en Exeter wordt gesponnen, wordt versterkt in universiteiten zoals Harvard en Yale en binnen het economische en politieke establishment voor het leven in stand gehouden.

De strijd om in dit circuit binnen te geraken begint al heel vroeg. Omdat de 'juiste' kleuterschool toegang verleent tot de 'juiste' lagere school die via de 'juiste' middelbare school naar de 'juiste' universiteit leidt, laten sommige ouders hun kind op de wachtlijst van de begeerde kleuterschool plaatsen vanaf het moment dat de dokter bevestigt dat de vrouw zwanger is. En nog voor het wicht twee jaar is, wordt het overbelast met allerlei speciale lessen, in talen, computergebruik, rekenen en muziek, om zijn of haar kansen te vergroten in de 'juiste' school te worden toegelaten.

Naast deze elitescholen zijn er ook vele privé-scholen die minder exclusief en duur zijn. De meeste zijn verbonden aan de katholieke Kerk of andere religieuze organisaties. Het privé-onderwijs kreeg een enorme impuls toen busing werd ingevoerd om de rassenscheiding in het openbaar onderwijs te doorbreken. Vooral in het zuidoosten schoten privé-scholen voor blanken als paddestoelen uit de grond. Daarna werd de expansie van het privé-onderwijs vooral aangewakkerd door het kwaliteitsverlies van de scholen in de grote steden. Vooral in de middelbare scholen, waar disciplineproblemen zinvol onderricht vaak onmogelijk maken, is de exodus uit de publieke scholen massaal. In steden zoals New York en Chicago sturen de meeste blanken (de leraars van de publieke scholen inbegrepen) en ook de meeste niet-blanken die het zich kunnen veroorloven, hun kinderen naar privé-scholen.

Maar de overgrote meerderheid van de scholieren – 41 miljoen op een totaal van ruim 46 miljoen – gaat naar publieke scholen. Dat wil absoluut niet zeggen dat ze allen min of meer dezelfde kwaliteit van onderwijs krijgen. Amerikanen zouden het schandalig vinden als de brandweer zich meer zou haasten om het huis van een rijke te blussen dan dat van een arme, maar dat het openbaar onderwijs voor armen veel slechter is dan voor welgestelden wordt als vanzelfsprekend aanvaard.

Bijna de helft van het modale schoolbudget wordt gefinancierd door de lokale overheid (de gemeente of het district waartoe die gemeente behoort). Armere gemeenten besteden dus noodgedwongen veel minder aan onderwijs dan rijkere. Door de uittocht van blanken en bedrijven zijn de belastinginkomsten van de meeste grote steden sterk gekrompen en de onderwijsuitgaven dus ook. Vele rurale districten ondergingen hetzelfde lot. Omgekeerd maakte de groeiende welvaart van vele suburbs het er mogelijk de scholen steeds beter uit te rusten. Ook binnen suburbia kunnen de kwaliteitsverschillen echter enorm zijn. Het gebeurt dan ook vaak dat Amerikanen verhuizen om geen andere reden dan hun kinderen naar een betere school te kunnen sturen. Publieke scholen mogen geen leerlingen toelaten die buiten hun schooldistrict wonen en in de meeste steden is men verplicht naar de dichtstbijzijnde school te gaan. Subsidies van de staten, die gemiddeld 50% van de onderwijskosten dekken, worden geacht het niveauverschil tussen de schooldistricten te verkleinen. Maar door de politieke macht van de suburbs gaat een groot deel van die subsidies naar schooldistricten die ze het minst nodig hebben. De ongelijkheid blijft dus schrijnend. In Texas bijvoorbeeld, wordt in het rijkste schooldistrict jaarlijks 19.300 dollar per leerling uitgegeven, in het armste 2100. In Highland Park, een rijke suburb van Dallas, bezit de publieke middelbare school een prachtige campus met onder meer een overdekt zwembad, een tv-studio, een planetarium, uitstekend uitgeruste laboratoria em computers voor alle leerlingen. In Wilmer, aan de andere kant van Dallas, zitten de leerlingen in overvolle klassen en is er geld tekort om voor iedereen handboeken te kopen. Het is dan ook niet verwonderlijk dat de overgrote meerderheid van de leerlingen die in Highland Park afstudeert naar de universiteit gaat en de overgrote meerderheid in Wilmer dat niet doet.

Die 'ieder voor zich'-aanpak van het openbaar onderwijs maakt het extra moeilijk om de vicieuze cirkel van de armoede te doorbreken: aangezien de kloof tussen rijk en arm blijft groeien wordt het kwaliteitsverschil tussen de scholen steeds groter en de kansen om door een goede opleiding uit de armoede te ontsnappen steeds kleiner. De klasseverschillen worden niet alleen in stand gehouden door de ongelijke kwaliteit van de scholen. Ook binnen eenzelfde school worden kinderen uit verschillende sociale milieus gescheiden door een omstreden methode die 'tracking' wordt genoemd. Vaak deelt men de leerlingen al in de lagere school op basis van hun bekwaamheden in aparte klassen in. De 'slimste' klassen krijgen doorgaans de beste leraars en het beste onderricht, in de 'middelmatige' klassen is ook het lesniveau middelmatig en in de 'domste' zijn de verwachtingen laag en de stimulansen gering.

Kinderen uit lagere sociale milieus die van huis uit weinig taalvaardigheid en educatieve stimulansen meekrijgen, hebben sowieso een achterstand en komen dus meestal in een van de lagere tracks of zelfs in klassen voor mentaal gehandicapten terecht. (Sommige scholen hebben wel een *Headstart*-programma om kleuters uit lagere sociale milieus te helpen die achterstand in te halen. Slechts 49% van de latino-kinderen, 57,8% van de zwarte en 60% van de blanke kinderen volgt kleuteronderwijs; de laatsten vooral in privé-scholen. Hoe lager het inkomen, hoe minder kans dat een kleuter naar school gaat.) Als je eenmaal in een bepaalde track (spoor) terechtkomt, is je schooltoekomst zo goed als bezegeld. Naar een hoger spoor opklimmen is uiterst moeilijk omdat de kloof tussen de sporen elk jaar groter wordt.

Amerikaanse scholieren worden zelden verplicht om een jaar over te zitten, tenzij ze een deel van het schooljaar hebben gemist. Maar wie over heel de lijn slecht presteert, riskeert wel in een lager 'spoor' terecht te komen. In het laagste spoor kun je niet zakken. Je gaat dus elk jaar naar een hogere klas, ook als je niets bijleert. Het gebeurt dan ook dat leerlingen afstuderen in het middelbaar onderwijs en niet in staat zijn hun eigen diploma te lezen. De zeldzame universiteiten die open staan voor al wie een middelbaar diploma heeft, zoals de *City University of New York*, zijn daarom verplicht speciale cursussen in te richten voor eerstejaarsstudenten die niet behoorlijk kunnen lezen en schrijven. Ondanks de algemene leerplicht wordt geschat dat minstens 20% van de jonge volwassenen 'functioneel analfabeet' is, wat betekent dat ze niet voldoende kunnen lezen, schrijven en rekenen om adequaat te functioneren in de moderne samenleving. Hun aantal groeit, zegt de *National Association of Manufacturers* (NAM). Een rapport van deze ondernemersorganisatie stelde in 1992 dat het Amerikaanse schoolsysteem steeds meer slecht geschoolden aflevert, terwijl 70% van alle toekomstige arbeidsplaatsen hoog geschoolde arbeidskrachten zouden vereisen. Volgens het NAM-onderzoek moet een derde van de Amerikaanse bedrijven regelmatig kandidaat-werknemers afwijzen omdat ze onvoldoende kunnen lezen en schrijven. Meer dan de helft van de bedrijven zegt dat een groot deel van hun personeel die basiskennis mist en een derde beweert niet te kunnen reorganiseren omdat het personeel niet in staat zou zijn om de vereiste nieuwe taken aan te leren. Geen wonder dat de bedrijfswereld voorstander is van een open immigratiepolitiek. Het aanlokken van geschoolde arbeidskrachten uit heel de wereld helpt het falen van het onderwijssysteem te compenseren.

Waar het goed functioneert, biedt het Amerikaanse onderwijssysteem ongetwijfeld voordelen. De sfeer in de klas is minder formeel dan in Europa. Er wordt minder de nadruk gelegd op de ontwikkeling van het geheugen dan op de ontwikkeling van de creativiteit en het expressievermogen. Informatie leren opzoeken is er belangrijker dan ze uit het hoofd te leren. Er wordt veel aandacht besteed aan het leren van researchmethoden, aan het gebruiken van bibliotheken en computers.

De ouders worden vaak sterk bij het schoolleven betrokken. Via de PTA's (*Parent Teacher Associations*) krijgen ze inspraak in het beheer, de aanwerving van leraars, de samenstelling van de lesroosters en het aanbod van naschoolse activiteiten. Amerikaanse kinderen krijgen minder huiswerk dan Europese maar besteden een groter deel van hun vrije tijd aan sportieve en culturele activiteiten die in schoolverband worden georganiseerd. Het schooljaar is korter (gemiddeld 180 dagen) dan in Europa maar er is een groeiende trend, vooral in het westen, om de zomervakantie te beperken en de schooldagen evenwichtiger te spreiden over het hele jaar. De lange zomervakanties zijn tenslotte een erfenis uit de tijd dat landbouw de voornaamste economische activiteit was en kinderen moesten helpen om de oogst binnen te halen. Bovendien werken veel moeders nu buitenshuis zodat het moeilijker is op de kinderen te passen. En door de schooldagen van een klas te laten samenvallen met de vakantie van een andere, probeert men het overbevolkingsprobleem in de grootstedelijke scholen te milderen.

Er zijn geen nationale normen die dicteren wat er moet aangeleerd worden: elke staat heeft zijn eigen brede richtlijnen die de scholen veel vrijheid laten om zelf de lesroosters samen te stellen. De leerlingen kunnen al zeer vroeg kiezen uit een brede waaier van keuzevakken. Ze kunnen hun eigen lespakket samenstellen waarin ze kiezen voor meer taalles of meer wetenschap. Ook niet-schoolse onderwerpen, zoals bijvoorbeeld computerprogrammering, autorijlessen, dans of radioreparatie maken deel uit van het aanbod.

De keuzes die men maakt zijn echter niet vrijblijvend. Wanneer de student na zijn of haar middelbare studies solliciteert bij een bedrijf of toegang zoekt tot een universiteit, wordt vaak zorgvuldig nagegaan welke vakken hij of zij heeft gekozen. Zelfs de deelneming aan naschoolse activiteiten is een van de criteria bij aanwerving en toegang tot universiteiten. Schooladviseurs die de leerlingen helpen hun keuzes te bepalen op basis van hun bekwaamheden en interesses spelen dan ook een belangrijke rol. Vaak wordt hen verweten dat zij kinderen uit lagere sociale milieus al te gauw in een richting sturen die hun latere kansen beperkt.

Het Amerikaanse onderwijssysteem schept meer ruimte voor verscheidenheid. De leerling kan zich desgewenst ook vroeger beginnen te specialiseren in de richting van zijn beroepsambities. De keerzijde van de medaille is dat de meeste Amerikaanse leerlingen minder globale culturele bagage meekrijgen en dat zelfs basisvakken zoals moedertaal en wiskunde nogal eens verwaarloosd worden.

Uit een studie die in 1991 de basiskennis in wiskunde en wetenschap van dertienjarige leerlingen uit 15 landen onderzocht, bleek dat de 10% beste Amerikaanse leerlingen de vergelijking glansrijk doorstond. Maar globaal stonden de Amerikaanse leerlingen op de derde laatste plaats voor wetenschap en de tweede laatste plaats voor wiskunde. Zij bleken ook het meest tv te kijken en het minst huiswerk te maken. Een andere studie onthulde dat Amerikaanse leerlingen zeer weinig schrijven en als ze het doen, enorm veel fouten maken. In opstellen geven ze blijk van veel verbeelding en creativiteit maar van weinig kritisch en analytisch vermogen.

Nochtans zijn wiskunde en schrijven de enige bekwaamheden die getest worden in de *Scolastic Aptitute Test* (SAT), een examen dat op vrijwillige basis wordt afgenomen na de middelbare studies en dat een van de belangrijkste criteria is waarop universiteiten de selectie van eerstejaarsstudenten baseren. De SAT wordt opgesteld door een privé-firma en heeft geen officiële waarde. Universiteiten hoeven er geen rekening mee te houden maar de meeste doen het wel. Universiteiten met een stevige reputatie kunnen het zich veroorloven zeer kieskeurig te zijn. Harvard bijvoorbeeld, accepteert minder dan een vijfde van de kandidaat-*freshmen* (eerstejaars). In 1990 ging 61,1 % van de meisjes en 57,6 % van de jongens die hun middelbare studies afmaakten (71 % van het totaal) naar een universiteit. Ook tussen de universiteiten zijn de kwaliteitsverschillen groot en iedereen zoekt toegang tot een zo goed mogelijke. Alleen de (intellectueel of sportief) zeer getalenteerde studenten kunnen gaan waar ze willen en krijgen er meestal nog een gulle studiebeurs bij. Universiteiten concurreren om ze binnen te rijven. Want hoe hoger de bekwaamheid van de gediplomeerden die ze afleveren, hoe beter hun reputatie wordt en dus hoe meer ze hun prijzen kunnen verhogen. Het inschrijvingsgeld in een befaamde privé-universiteit kan meer dan 20.000 dollar per jaar bedragen (kost en inwoon inbegrepen: eerstejaarsstudenten zijn meestal verplicht op de campus te wonen). De staatsuniversiteiten, die vaak erg goed zijn, zijn goedkoper maar naar Europese maatstaven toch nog vrij duur. Vele studenten kunnen studiebeurzen en -leningen krijgen maar door de bezuinigingen wordt dat ook elk jaar moeilijker. De meeste universiteiten hebben een affirmative-actionprogramma om zwarte en latino-studenten toegang te verlenen. Dat brengt mee dat voor niet-blanke kandidaat-studenten de lat soms lager wordt gelegd, wat de laatste jaren op sommige campussen nogal wat raciale wrijvingen heeft veroorzaakt.

Op de arbeidsmarkt maakt het enorm veel uit waar je gestudeerd hebt. De beste plaatsen gaan doorgaans naar diegenen die van de beste universiteiten komen. Wie uit een onbefaamde universiteit komt, moet trappen lager beginnen.

Schoten in de klas

Als je uit een middelbare school in een getto of arm ruraal district komt, zijn je kansen om in een degelijke universiteit binnen te geraken minuscuul. De problemen zijn er zo gigantisch en complex dat er in vele scholen van leren nauwelijks sprake is en in andere het gemiddeld niveau ontstellend laag blijft. Het percentage drop-outs (leerlingen die hun studies niet afmaken), dat volgens uiteenlopende schattingen 11 tot 25% bedraagt, klimt in sommige binnensteden tot 80%.

De meeste problemen komen van buiten de school: vele kinderen krijgen van volwassenen geen enkele aanmoediging. De ouders, als die er zijn, hebben vaak een zeer lage zelfwaardering en geven die door aan hun kinderen. Overbevolkte appartementen, drugmisbruik, alcoholisme, kindermishandeling en andere omstandigheden die het leren bemoeilijken, zijn schering en inslag in de getto's. Tegen de tijd dat ze naar school gaan, zijn de leercapaciteiten van 12% van de Amerikaanse kinderen aangetast door gezondheidsproblemen zoals ondervoeding, een te laag geboortegewicht, loodvergiftiging en druggebruik van de moeders tijdens de zwangerschap. Voor vele meisjes wordt de schooltijd voortijdig afgebroken door zwangerschap; jongens ontsporen door drugs en straatgeweld.

Andere problemen zijn een gevolg van het geldtekort van de scholen. Vele kampen met een tekort aan handboeken en ander lesmateriaal. Andere hebben geen geld om hun gebouwen te herstellen. De recessie van 1990-'92 bracht nieuwe bezuinigingen die vele scholen dwong dagenlang te sluiten om loonkosten uit te sparen. Een schooldistrict in West-Virginia sloot alle scholen voor drie maanden omdat er geen geld was om de lokalen te verwarmen en om benzine te kopen voor de schoolbussen.

Het ergste gevolg van de gebrekkige financiering van de grootstedelijke scholen is wellicht de overbevolking. Kinderen die de handicaps van hun milieu enkel zouden kunnen overwinnen als ze veel individuele aandacht kregen, worden in klassen van 40 of 50 leerlingen gestopt, waar de leraars al blij zijn als ze een oppervlakkige orde kunnen handhaven.

In de stad New York is de helft van de scholen overbevolkt, sommige tot meer dan 80% boven hun capaciteit. Door de recente toevloed van immigranten is de schoolbevolking gestegen tot ruim een miljoen, ondanks het hoog aantal drop-outs. Intusen dwong de fiscale crisis de stad om de schoolbegroting met een half miljard dollar te verlagen. De schooladministratie heeft dus weinig armslag om de nood te lenigen. Waar mogelijk worden leegstaande gebouwen gehuurd of worden bussen ingezet om leerlingen naar minder bevolkte scholen te brengen. In andere scholen is een shift-systeem ingevoerd zodat een lokaal door meerdere klassen kan worden gebruikt. Toch is er nog plaats tekort voor tienduizenden leerlingen. In sommige scholen worden turnzalen, leraarskamers, bergruimten, toiletten, gangen en kelders gebruikt als klaslokalen. In sommige cafetaria's krijgen de leerlingen 10 minuten om te lunchen, daarna moeten ze plaats maken voor de volgende shift. 'Je kunt je niet inbeelden hoe afschuwelijk het is als je het niet met eigen ogen hebt gezien,' zei Robert Wagner, de ex-voorzitter van de raad van beheer van de schooladministratie. 'Ik heb scholen gezien waar kinderen les kregen in de WC. De stank van urine en ontsmettingsprodukten was verschrikkelijk. De situatie is niet alleen erg omdat leren in zo'n omstandigheden zeer moeilijk is maar ook omdat ze aan de kinderen de boodschap geeft: deze stad met al zijn rijkdom geeft niet om jullie, het schoolsysteem geeft niet om jou. In vele scholen zal niemand het merken als een leerling niet opdaagt. Het ligt voor de hand dat dit overkomt als cynische onverschilligheid die op haar beurt de kinderen cynischer en gewelddadiger maakt.'

Net als in gevangenissen, schept de overbevolking in de scholen nervositeit, spanningen, geweld. Volgens het Nationaal Instituut voor het Onderwijs wordt maandelijks een kwart miljoen leerlingen aangevallen op school, drie miljoen worden het slachtoffer van een of andere misdaad. Elke maand worden 6000 leraars beroofd, 125.000 worden met geweld bedreigd, 1000 hebben medische verzorging nodig na geweldpleging. Het vandalisme kost de belastingbetaler meer dan het lesmateriaal.

'Overbevolking is niet de enige reden waarom de gewelddadigheid in onze scholen hoger is dan ooit,' zegt Victor Herbert, de directeur van de New Yorkse middelbare scholen. 'De kinderen groeien op in buurten met meer drugs, wapens en conflicten dan ooit tevoren. De lont was nog nooit zo kort.' Racisme en armoede bieden volgens hem een deel van de verklaring maar hij voegt eraan toe dat die vroeger ook bestonden, zonder zo veel geweld te veroorzaken. 'Vandaag heerst er meer cynisme en materialisme dan ooit. Jongeren die niet het juiste merk van sportschoenen, niet de juiste kleren hebben of de juiste haarsnit, worden als paria's behandeld. Kinderen worden doodgeknald voor een modieuze jas.'

Volgens de meest recente cijfers van het *National School Safety Center* namen 400.000 kinderen pistolen mee naar school in 1987. Een vijfde van de middelbare scholieren is gewapend. In maart 1992 schoot een achtjarige een klasgenootje neer in een school in Chicago.

Een maand eerder, enkele uren voordat burgemeester Dinkins er een toespraak kwam houden tegen drugs en geweld, maakten drie leerlingen ruzie in een gang van de Thomas Jefferson middelbare school in Brooklyn. Een van de drie trok een revolver en schoot de anderen dood. Een vriend van een van de slachtoffers ging naar huis en joeg zichzelf een kogel door het hoofd. In november had een leerling in diezelfde school een klasgenoot doodgeschoten en een leraar zwaar gewond. En in januari waren drie leerlingen voor de schoolpoort neergestoken.

'Sinds ik hier in de zomer van 1987 werd aangesteld,' zei schoolhoofd Carol Beck, 'zijn vijftig van mijn leerlingen een gewelddadige dood gestorven.' In 1991 kreeg Beck de *American Hero in Education*-prijs van *Reader's Digest*. Met dat geld liet ze een gedenktuin aanleggen voor de vermoorde kinderen. De school heeft een fonds om ouders te helpen met de begrafeniskosten en er is een rouwkamer waar leerlingen die treuren om verloren vrienden zich kunnen terugtrekken.

Na het incident in februari beloofde de stad nieuwe veiligheidsmaatregelen in Jefferson en de 19 andere meest gewelddadige scholen. In de eerste vijf maanden van het schooljaar waren in en rond de scholen al 56 schietpartijen genoteerd, waarbij 5 leraars en 16 leerlingen geraakt werden, 7 van hen met dodelijke afloop. Tot dan bezochten teams van veiligheidsagenten per dag vier scholen, waar ze alle leerlingen bij het binnenkomen controleerden met metaaldetectors. In het schooljaar 1990-91 werden 2170 wapens in beslag genomen, waaronder 180 revolvers. Nu worden de leerlingen in Jefferson dagelijks gecontroleerd met metaaldetectors. Hun tassen moeten ze door een röntgentoestel schuiven, zoals passagiers in een luchthaven. Bob Terte, de woordvoerder van de schooladministratie, zei dat er geen geld is om voldoende metaaldetectors te kopen. 'Er worden almaar meer wapens meegebracht naar school,' zei Terte, 'maar ja, de hele stad wordt er door overspoeld. Dit is een helse tijd om kind te zijn.' Volgens Terte nemen steeds meer leerlingen wapens mee uit zelfverdediging. 'Ze zijn bang, niet op school zelf maar onderweg van huis naar school en omgekeerd. De school is vaak een oase in een gevarenzone.' 'Een belegerde burcht,' meent Joan Jarvis, hoofd van de Bayard Ruskinschool in Manhattan. 'Voor en na schooltijd worden onze kinderen overvallen door *posses*, benden die van school naar school trekken om vechtpartijen uit te lokken en kinderen te beroven.' Na schooltijd zijn er altijd kinderen die vragen of ze een karweitje kunnen opknappen, zodat ze wat langer kunnen blijven. Het eerste uur na school is het gevaarlijkst.

Nergens is de weg van en naar school zo gevaarlijk als in de getto's van Los Angeles. In deze stad tiert de *gang*-cultuur het weligst. Op weg naar school loop je als bendelid voortdurend het risico om door leden van andere benden te worden aangevallen. Maar als je geen lid van een gang bent, word je door niemand beschermd en ben je voor alle gangs een weerloze prooi. Daarom voelen velen zich gedwongen bij een gang aan te sluiten. Het aantal gang-leden in L.A. wordt op ruim 100.000 geschat. De bekendste gangs, de *Crips* en de *Bloods* zijn coalities van tientallen buurtbenden die samen duizenden leden tellen en de drughandel controleren tot ver buiten L.A. Daarnaast zijn er tientallen onafhankelijke benden die elk hun eigen territorium te verdedigen hebben. De *gang wars* tussen deze groepen, die in 1991 aan 775 mensen het leven kostten, vormen een puzzel die de Libanese burgeroorlog simpel doet lijken.

De jongens van Imperial Courts, een hoogbouwcomplex van sociale woningen, moesten elke dag de strijd aanbinden met de *Watts boys*-bende en de *Grate Street Gang* om hun twaalf straten verder liggende school te bereiken. Zo veel jongens werden gewond of bleven uit schrik thuis dat de schooldirectie ten slotte besloot om dan maar klassen te organiseren in Imperial Courts zelf. 'We hebben dat nog nooit gedaan,' zei de directeur, 'maar als de chaos zo groot wordt dat de kinderen niet meer naar school kunnen, dan moet de school naar de kinderen gaan.'

De Jordan-school, in het hartje van Watts ligt op het kruispunt van de territoria van zes benden. De enige manier om de vrede enigszins te handhaven is een streng verbod op elk teken van bendelidmaatschap. De leerlingen mogen geen bruin, groen of paars dragen. Hoofddeksels, hoofdbanden, sommige soorten sportschoenen, gekleurde riemen, vlechten en oorringen zijn verboden. Elke ochtend inspecteert een schilder de binnen- en buitenmuren van de school en overschildert alle graffiti en bende-insignes die aanleiding kunnen geven tot vechtpartijen. En elke ochtend patrouilleren dertien veiligheidsagenten, drie politiemannen en verscheidene leraars met walkie-talkies rond de school. Leerlingen die betrapt worden terwijl ze het handsignaal van een bende maken, worden geschorst.

Ook tijdens de pauzes patrouilleren agenten op de speelplaats. De leerlingen groeperen zich allen volgens de bende waartoe ze behoren en de kleinste vonk kan genoeg zijn om een veldslag uit te lokken. 'Diplomatie is essentieel,' zegt schoolhoofd Joe Santana. 'We weten wie de bendeleiders zijn in de school en daarbuiten. Als er buiten een conflict op gang komt, brengen we al de leiders bijeen en we praten. We herinneren ze eraan dat de school neutraal terrein is.'

Vele leraars houden het niet lang uit in Jordan. Ze moeten zo veel tijd en energie besteden aan ordehandhaving en geweldpreventie dat het lesgeven er sterk onder lijdt. Het is slopend en frustrerend werk. Maar dat is het ook voor de leerlingen. 'Op weg naar school moeten ze voortdurend over hun schouder kijken,' zegt Santana. 'Het vereist wilskracht en doorzettingsvermogen om hier elke dag weer te zijn. Hun scholing laat ongetwijfeld veel te wensen over, maar ik doe mijn hoed af voor elke leerling die hier afstudeert.'

ASTRONOMISCHE KOSTEN
DE ZIEKE GEZONDHEIDSZORG

Geen enkel land spendeert zo veel van zijn nationaal inkomen aan gezondheidszorg als de VS. Per inwoner wordt er meer dan tweemaal zo veel aan uitgegeven als in Duitsland en driemaal zo veel als in Groot-Brittannië. Toch is er geen enkel westers ontwikkeld land waar zo veel zieken slecht of niet verzorgd worden, waar zo veel mensen door ziekte hun hebben en houden verliezen.

Gezondheidszorg is in de eerste plaats een koopwaar in de VS, geen recht. Maar het dogma dat de vrije markt automatisch de meest efficiënte oplossingen aandraagt, slaat in deze sector een rotfiguur. De situatie wordt onhoudbaar. In 1980 spendeerden de Amerikanen 2,4% van het BNP aan gezondheidszorg, in 1992 14%. Dat is een bedrag van 817 miljard dollar, ongeveer 2700 dollar per persoon. Als het huidige ritme aanhoudt, zal in 2000 de kaap van 2000 miljard dollar bereikt zijn: meer dan een kwart van het BNP. Het modale gezin van vier personen zou dan 30.000 dollar per jaar aan gezondheidszorg besteden!

Slachtoffer van eigen succes

De duizelingwekkende kostenescalatie heeft diverse oorzaken. Een eerste, die ook in andere westerse landen de verzorgingskosten opdrijft, is de vergrijzing van de bevolking. Bejaarde mensen hebben uiteraard meer verzorging nodig. Bovendien vormen ze in de VS de meest gegoede en best verzekerde leeftijdsgroep. Hun koopkracht is een enorme stimulans voor de medische research die steeds talrijkere en duurdere middelen vindt om hun levens te rekken. De meeste ziekenhuizen en dokters mikken op de winstgevende bejaardenmarkt en om concurrentieel te blijven, zijn ze verplicht de nieuwste en duurste technologie in huis te halen. Alle bejaarden, ongeacht hun inkomen, hebben sinds 1965 recht op *Medicare*, een nationale ziekteverzekering waarvoor ze slechts een lage premie hoeven te betalen. Door de bezuinigingen van de jaren '80 is die premie wel gestegen en zijn vooral steeds meer ingrepen uit de lijst van de door Medicare vergoede kosten geschrapt. Vandaag wordt minder dan de helft van de medische kosten van de bejaarden door Medicare gedekt. Daarom schaffen bejaarden die het zich kunnen veroorloven zich een extra-verzekering aan op de vrije markt. Zo wordt ook in de bejaardenzorg het klasseverschil steeds meer uitgesproken. De bezuinigingen op Medicare betekenen echter slechts een schijnbesparing. Bejaarden die een doktersbezoek uitstellen, omdat een routineconsultatie door Medicare niet wordt vergoed, moeten later soms in ziekere toestand in een ziekenhuis worden opgenomen, zodat hun behandeling de staat uiteindelijk veel meer kost.

De crisis in de Amerikaanse gezondheidssector is ten dele te wijten aan haar technologische succes. Dat die technologie de gemiddelde levensduur helpt verlengen en de kwaliteit van het leven kan verbeteren staat buiten kijf. Maar steeds vaker wordt de ultra-gesofisticeerde apparatuur gebruikt om de doodsstrijd van terminale patiënten tot in het absurde te rekken en om het 'plantaardig' bestaan van hersendode patiënten die nooit meer uit hun coma kunnen ontwaken, artificieel in stand te houden. Geschat wordt dat dit soort hopeloze ingrepen alleen al 1% van het BNP kost. Amerikaanse dokters zijn nog minder dan hun Europese collega's geneigd om dergelijke behandelingen te beperken, enerzijds omdat deze de hospitalen grote winsten opleveren, anderzijds omdat de artsen vrezen gerechtelijk vervolgd te worden als ze niet tot het uiterste gaan. De wet is vaag en nog niet aangepast aan de nieuwe situatie die de vooruitgang van de medische technologie heeft doen ontstaan. De discussie over euthanasie staat in het brandpunt van de belangstelling. In 1990 verwierpen de kiezers van de staat Washington een referendum-voorstel om euthanasie onder strenge voorwaarden te legaliseren. Volgens opiniepeilingen bestond er aanvankelijk een grote meerderheid voor het voorstel maar die smolt weg naarmate de vrees toenam dat de deur zou worden opgengezet voor allerlei misbruiken.

Beroering over het lot van Nancy Cruzan, een meisje dat na een auto-ongeval zeven jaar lang tegen de wil van haar ouders in comateuze toestand in leven werd gehouden, leidde in 1991 tot de 'wet op het zelfbeschikkingsrecht van de patiënt'. De wet verplicht dokters en ziekenhuizen om patiënten bij het begin van een behandeling te informeren over hun recht om zelf hun behandeling te kiezen en desgewenst stop te zetten. De patiënten krijgen de gelegenheid een *living will* in te vullen, waarin ze bepalen welke behandeling ze al dan niet wensen. Ze kunnen ook een *health care proxy* aanwijzen, een persoon die de beslissing mag nemen als ze daar zelf niet meer toe in staat zijn.

De wet elimineert lang niet alle probleemgevallen. Voor mensen als Nancy Cruzan die na haar ongeval nooit meer bij bewustzijn kwam en geen wilsbeschikking had nagelaten, zou de wet niets hebben opgelost. Toch zien actiegroepen voor de rechten van patiënten de wet als een enorme vooruitgang. Het aantal onnodige ingrepen zou er gevoelig door kunnen dalen, wat ook de kostenescalatie toch enigzins zou moeten afremmen.

Een soortgelijk probleem wordt steeds acuter in de neonatologische verzorging. Elk jaar worden meer kinderen te vroeg geboren, met een veel te laag geboortegewicht. De toename van armoede, alcoholisme en druggebruik, het gebrek aan preventieve verzorging voor zwangere vrouwen en de toename van het aantal tienermeisjes dat zwanger wordt terwijl ze zelf nog groeien, zijn daar de voornaamste oorzaken van. Maar ook gegoede Amerikanen krijgen steeds meer te kleine baby's. Echtparen met vruchtbaarheidsproblemen nemen steeds vaker hun toevlucht tot ovulatie-stimulerende middelen, al dan niet in combinatie met in-vitrobevruchting. Om de kans op succes te verhogen, worden deze middelen in almaar grotere dosissen toegediend, zodat ook de kans op twee-, drie- en vierlingen toeneemt. Het aantal geboorten van drielingen steeg tussen '75 en '88 met 101%. 91% van deze baby's had een te laag geboortegewicht.

Vóór 1980 stierven vrijwel alle kinderen die bij de geboorte minder dan 750 gram wogen. Vandaag houden dure gesofisticeerde machines bijna de helft van deze baby's in leven. De meeste houden er wel zware fysieke en mentale handicaps aan over.

Te vroeg geboren baby's die minder dan 750 gram wegen, vormen de duurste categorie van patiënten in de VS. Hun behandeling kost vaak meer dan 2000 dollar per dag. Sommigen moeten jarenlang in intensieve verzorging blijven. Hersenbloedingen en longcomplicaties zijn de voornaamste problemen omdat deze organen bij de geboorte onvoldoende ontwikkeld zijn. De ouders hebben over de behandeling niets te vertellen.

Sarah Thorson beviel na 27 weken zwangerschap van een drieling. De drie baby's kregen hersenbloedingen in de vierde graad, het soort dat zo goed als zeker hersenbeschadiging tot gevolg heeft. De ouders smeekten de dokters de behandeling stop te zetten maar dat werd resoluut geweigerd. De ene ingreep volgde de andere. Na drie maanden mocht de drieling naar huis. De hospitaalrekening bedroeg een miljoen dollar. Sarah zag zich verplicht ontslag te nemen en zorgt nu thuis voor haar zwaar gehandicapte kinderen.

Dokter Alan Fleischman, directeur van de neonatologische afdeling van het *Albert Einstein College of Medicine*, geeft toe dat wat in de neonatologie gebeurt 'een van de ernstigste vormen van kindermishandeling' is. Vele neonatologen drijven volgens hem de behandeling veel te ver 'omdat ze zichzelf zien als helden die de grenzen van de medische technologie verleggen' en omdat ze bang zijn voor gerechtszaken. Bovendien is de neonatologie voor vele ziekenhuizen zeer winstgevend. Volgens een studie uit 1989 geeft een derde van de neonatologen toe dat ze zinloze behandelingen uitvoeren. Het wordt echter nog moeilijker over de zin van een behandeling te oordelen als de patiënt een baby is en dus niet kan worden geraadpleegd. Maar dat de ouders die zoals Sarah Thorson met de pijnlijke gevolgen van die medische beslissingen moeten verder leven en geen inspraak krijgen is volgens vele ethici ook onaanvaardbaar. De wet is vaag en de dokters vragen meer precieze richtlijnen. De druk van de machtige anti-abortusbeweging en andere conservatieve groepen die enkel oog hebben voor het abstracte principe van de heiligheid van het leven en met de kwaliteit van dat leven geen rekening willen houden, maakt een rationale discussie echter zeer moeilijk.

Armoede wordt duur betaald

Ook de stijgende armoede en haar nevenefffecten doet de medische rekening van de VS steeds hoger oplopen. Armenziekten die vrijwel uitgeroeid waren, hebben opnieuw de kop opgestoken. Het aantal gevallen van tuberculose bijvoorbeeld verdubbelde in New York in de jaren '80. Omdat zo vele dakloze en ontredderde patiënten hun antibiotica niet regelmatig innemen, ontwikkelden zich steeds meer resistente TBC-bacteriënstammen. Door bezuinigingen op inentingsprogramma's zijn de laatste jaren epidemieën van kinderziekten uitgebroken. Door ondervoeding is immers het immuunsysteem van miljoenen kinderen aangetast.

Armoede is ook de voornaamste reden waarom in de VS 7% van de blanke en 17% van de zwarte baby's op de wereld komt met een te laag geboortegewicht, meer dan in elk ander ontwikkeld land. Al behoeven de meeste van deze baby's geen extravagante neonatale zorgen, velen houden aan hun beroerde begin problemen over die ze geregeld opnieuw in het ziekenhuis doen belanden. Een groot deel van de gezondheidskosten gaat dus naar het verhelpen van problemen die gemakkelijk zouden kunnen worden voorkomen.

De verzorgingskosten van baby's zijn ook fel toegenomen door de explosieve stijging van het cocaïne-gebruik in de tweede helft van de jaren '80. Een vijfde van de zwangere vrouwen in de VS gebruikt drugs tijdens de zwangerschap. Cocaïnemisbruik door zwangere vrouwen is in de jaren '80 met 3000% gestegen. De crackmoeders lijden meestal aan een hele serie kwalen die ze aan hun kinderen doorgeven. Velen zijn ondervoed en dakloos. De baby's erven van hun moeders vaak venerische ziekten, omdat veel vrouwen zich prostitueren om hun crack te betalen. Het aantal baby's dat met syfilis werd geboren steeg tussen 1986 en 1990 met 64%. Ook hepatitis en aids komen steeds meer voor. In *Harlem Central*, het grootste hospitaal in Harlem (het grootste zwarte stadsdeel in New York), is 30% van de zuigelingen seropositief. Een derde van hen krijgt aids binnen de 18 maanden.

Baby's van crackverslaafden hebben niet alleen in hun eerste maanden dure verzorging nodig. Uit de eerste studies terzake blijkt dat ze meer ontwricht zijn dan kinderen van heroïne- en PCP-gebruikers, omdat vrijwel alle crackverslaafden ook andere drugs gebruiken. Ze grijpen vooral naar alcohol en barbituraten, om de depressies die op de crackeuforie volgen te verzachten. De symptomen van de crackbaby's lijken op die van autistische kinderen: ze zijn lethargisch, apathisch en niet in staat om normale emoties te ontwikkelen.

Vele crackmoeders laten hun baby's achter in het hospitaal. 'Hun hele leven staat in functie van crack,' zegt Brenda Williams, psychologe in Harlem Central. 'Ze kunnen niet eens voor zichzelf zorgen en nog minder voor hun baby's. Ik ben in deze buurt geboren en heb de ravage gezien die de heroïne-epidemie hier heeft aangericht. Maar dat was niets in vergelijking met de verwoesting van het gezinsleven door crack.'

De drugepidemie, het alcoholisme, de toename van het geweld en andere neveneffecten van het verval in de binnensteden, vereisen elk jaar meer miljarden dollars aan verzorgingskosten. De luchtvervuiling in steden als Los Angeles, waar het openbaar vervoer minimaal is en de uitlaatgassen worden tegengehouden door de bergen, veroorzaakt steeds meer kanker. De groeiende maatschappelijke spanningen zijn verantwoordelijk voor steeds meer psychische stoornissen, zodat ook de kosten van de psychiatrische verzorging pijlsnel stijgen.

Ook de aids-epidemie kost steeds meer. Aids komt in de VS veel meer voor dan in andere ontwikkelde landen. In 1992 telde Noord-Amerika ruim 257.000 aids-patiënten, tegenover 99.000 in West-Europa. De VS telde minstens 1 miljoen seropositieven. Geschat wordt dat 90% van de heteroseksuele seropositieven niet weet dat hij besmet is. Van een homoziekte is aids meer en meer een gettoziekte geworden die zich verspreidt door hetero-sex en door het gemeenschappelijk gebruik van injectienaalden door drugspuiters. Tussen '88 en '90 is het aantal vrouwelijke seropositieven verdubbeld. Aids is nu de voornaamste doodsoorzaak van zwarte vrouwen tussen 15 en 44 jaar oud. Tussen 1981 en 1991 stierven ruim 141.000 Amerikanen aan de ziekte. Volgens de nationale aids-commissie zal het dodental tegen eind 1993 meer dan verdubbelen tot ruim 350.000.

De kosten van aids stijgen niet alleen omdat er steeds meer mensen aan lijden maar ook omdat de aids-medicijnen beter worden zodat de patiënten langer leven. In 1988 werden de kosten van de modale behandeling van een aids-patiënt, van het uitbreken van de ziekte tot de dood, op 57.000 dollar geraamd; in 1992 op 114.000 dollar.

Een andere oorzaak van de kostenescalatie is de scherpe stijging van de tarieven van artsen en ziekenhuizen. Een gewone doktersraadpleging kost gemiddeld 50 dollar en op sommige plaatsen meer dan dubbel zo veel. Een van de redenen is dat de medische sector zwaar investeert in nieuwe technologie en die kosten moet recupereren. In andere sectoren leiden investeringen in technologie vaak tot een kostendaling omdat ze de produktiviteit opdrijven. In de medische sector is dat meestal niet het geval. De medische technologie creëert wel haar eigen markt. Als ze eenmaal bestaat, wordt ze 'onmisbaar'. Als de apparatuur eenmaal is aangekocht, moet ze voortdurend worden gebruikt om te renderen. Dat leidt tot steeds meer overbodige tests en dus tot steeds duurdere behandelingen.

In de VS is overigens nog altijd geen overaanbod van artsen. 90% van de dokters zijn specialisten die hogere tarieven aanrekenen omdat ze langer gestudeerd hebben. In 1990 verdiende de modale arts 164.300 dollar. Wat de tarieven zo hoog maakt, is onder meer de hoge verzekeringspremie die artsen moeten betalen om zich te beschermen tegen gerechtelijke vervolging. In Amerika zijn meer advocaten dan waar ook ter wereld: driemaal zo veel per hoofd als in Groot-Brittannië, dat min of meer hetzelfde rechtssysteem kent. Vele advocaten specialiseren zich in *malpractice suits*, het vervolgen van dokters die een foute ingreep zouden hebben begaan. Als een patiënt tijdens een operatie overlijdt is de kans groot dat de familieleden worden gecontacteerd door een advocaat die hun voorstelt een malpractice suit in gang te zetten tegen het hospitaal. De familie moet de advocaat niets betalen maar als ze het proces wint (of, zoals vaker gebeurt, als het hospitaal een minnelijke schikking aanvaardt om hoge gerechtskosten te vermijden) dan krijgt de advocaat wel de helft van de opbrengst. En die kan in de miljoenen dollars lopen. De jury's die in deze zaken moeten beslissen en ook het bedrag van het smartegeld vaststellen (zonder limiet), voelen vaak meer sympathie voor de patiënten en hun families dan voor anonieme instituties als hospitalen of de verzekeringsmaatschappijen die hen vertegenwoordigen.

Daarom zijn bijna alle artsen en ziekenhuizen verplicht zich te verzekeren tegen malpractice suits. De premies voor dergelijke verzekeringen zijn in de jaren '80 verviervoudigd. Een verloskundige betaalt al gauw 110.000 dollar per jaar. Een van de gevolgen is dat de *Community Health Clinics*, verenigingen zonder winstoogmerk die goedkope geneeskunde bereikbaar maken voor de bewoners van de binnensteden, vaak hun verloskundige diensten moeten schrappen omdat ze de premies niet meer aankunnen.

Vele artsen zeggen dat hun kosten en dus ook hun prijzen vooral zijn gestegen omdat ze verdrinken in papierwerk en de helft van hun tijd aan administratie moeten besteden. Er zijn meer dan 1500 ziekteverzekeringsmaatschappijen en elk heeft zijn eigen gedetailleerde formulieren die een dokter voor elke procedure nauwgezet moet invullen, wil hij betaald worden. De verzekeringsfirma's streven ernaar zo weinig mogelijk te betalen en maken daarom de administratieve vereisten steeds ingewikkelder. Volgens sommige schattingen nemen administratiekosten bijna een kwart van alle medische uitgaven in beslag: ruim tienmaal meer dan in het buurland Canada, waar iedereen bij dezelfde nationale ziekteverzekering is aangesloten.

Niet alleen dokterstarieven, ook medicijnen zijn duurder in de VS. Hun prijzen stegen in de jaren '80 driemaal sneller dan die van andere produkten en liggen gemiddeld 50% hoger dan in West-Europa. De geneesmiddelenindustrie is de meest winstgevende sector van het land. Vele firma's hebben een monopoliepositie of maken geheime afspraken met hun concurrenten. Zo kunnen ze, ongeremd door overheidscontrole, obscene winsten maken ten koste van de zieken. Aids-medicijnen bijvoorbeeld, zijn drie- tot tienmaal duurder dan in Europa. In 1992 lekte uit dat de firma Johnson & Johnson een produkt dat eerder werd gebruikt als wormverdrijvend voor schapen, onder een andere merknaam op de markt had gebracht als medicijn tegen darmkanker. Voor een hoeveelheid die een schapenboer 14 dollar kost, moet de kankerpatiënt 14.000 dollar neertellen.

Het Amerikaanse ziekteverzekeringssysteem jaagt de medische kosten nog op andere manieren de hoogte in. Omdat de verzekeringspremies steeds duurder worden zijn steeds meer Amerikanen niet of slechts zeer gedeeltelijk verzekerd. Deze mensen zijn geneigd een doktersbezoek keer op keer uit te stellen, tot hun kwaal zo erg is dat ze geen keus meer hebben. En dan kost hun behandeling natuurlijk veel meer.

De verzekeringsmaatschappijen pleiten onschuldig. Premies stijgen omdat de kosten zo stijgen, zeggen ze. In 1987 betaalde het modale gezin een maandelijkse premie van 210 dollar, in 1992 350 dollar. En dit voor een verzekering die lang niet alle medische kosten dekt. Voor de meeste Amerikanen was dit systeem aanvaardbaar omdat hun ziekteverzekeringskosten gedekt werden door hun werkgevers. Maar dat is steeds minder het geval. In bedrijven met 100 werknemers of meer daalde het percentage volledig verzekerde personeelsleden van 75% in 1982 naar 48% in 1989. Het percentage personeelsleden wier gezin ook gedekt is, daalde in diezelfde periode van 50 naar 31%. Intussen steeg de bijdrage die personeelsleden zelf moeten betalen voor hun verzekering met 167%.

De werknemers die niet volledig verzekerd zijn, moeten een groot deel van hun medische kosten zelf dragen. Steeds meer bedrijven - in 1991 al twee derden van het totaal - schakelen de tussenpersoon uit en verzekeren hun personeelsleden zelf. Daar hebben ze een goede reden voor. De wetten waar privé-verzekeringsfirma's zich aan moeten houden zijn niet van toepassing op zelf-verzekerende bedrijven. Ze kunnen de spelregels veranderen wanneer ze dat willen. In de praktijk wil dit zeggen dat vele werknemers slechts in schijn verzekerd zijn. John McGann ervoer dit toen hij aids kreeg. Het zelf-verzekerende bedrijf waarvoor hij werkte verminderde prompt de maximum-terugbetaling voor aids-gevallen van 1 miljoen dollar naar 5000. Op de vrije markt vond McGann geen enkele firma bereid hem te verzekeren.

De verzekeringsmaatschappijen gebruiken vaak soortgelijke trucjes. Een veel voorkomende tactiek bestaat erin de premies zo veel te verhogen als de wet toelaat en terzelfder tijd aantrekkelijke 'introductietarieven' aan te bieden om nieuwe klanten te lokken. De bestaande klanten krijgen de kans een nieuwe polis aan te vragen tegen het lagere tarief. Maar alleen als ze gezond zijn, worden ze aanvaard. Wie ziek is of ervan verdacht wordt ziek te zullen worden moet de duurdere premies betalen die het volgend jaar opnieuw maximaal verhoogd worden, terwijl de gezonde klanten opnieuw tegen het lagere tarief worden ingeschreven. Mensen met ernstige medische problemen worden aldus gedwongen hun verzekering op te geven. Zo ook de familie Renshaw. Toen de verzekeringsfirma van Kathleen Renshaw ontdekte dat haar dochtertje slechts één nier heeft en dus in de toekomst dure medische zorgen kan nodig hebben, werden de premies van het gezin elk jaar verdubbeld. Tot ze 16.000 dollar per jaar bedroegen en het gezin niet meer kon betalen. De Renshaws vonden uiteraard geen enkele andere firma die hen wou verzekeren tegen een betaalbare prijs. Verzekeringsmaatschappijen maken winst door het verzekeren van gezonde mensen; de zieken trachten ze zo veel mogelijk uit te stoten. Doorgaans mogen ze weigeren wie ze willen. Sommige firma's weigeren een polis te bezorgen aan haarkappers, dansers, bloemisten en ongetrouwde mannen omdat er in deze categorieën meer homoseksuelen zouden zijn en de kans op aids dus groter is. Andere weigeren zelfs iedereen in de San Francisco-agglomeratie omdat daar veel homo's wonen. Mensen met aids en andere ernstige ziekten zijn dus vaak niet verzekerd. Ze moeten alles zelf betalen tot hun laatste spaargeld op is. Als hun inkomen dan onder de armoedegrens ligt (523 dollar per maand) en de waarde van hun bezittingen laag genoeg is, hebben ze normaal recht op *Medicaid*, de nationale ziekteverzekering voor de armen. De voorwaarden om Medicaid te krijgen verschillen van staat tot staat. Sommige staten zoals Texas stellen zo'n strenge eisen dat zelfs vele armen er niet voor in aanmerking komen. In een grensstad als Brownsville, waar de helft van de bevolking in armoede leeft, trekt 45% voor medische verzorging naar Mexico, waar de dokters goedkoper zijn. Zo subsidieert een derde-wereldland de gezondheidszorg in het rijkste land ter wereld.

De meeste kleine bedrijven verzekeren hun werknemers niet. Vele werden de afgelopen jaren gedwongen om af te haken. Als een van hun werknemers ernstig ziek werd, gingen de premies het volgende jaar zo scherp omhoog dat het bedrijf niet langer kon betalen.

Deeltijdse werknemers zijn doorgaans niet verzekerd. Juist daarom gebruiken een groeiend aantal bedrijven - meer dan de helft - deeltijdse arbeid. In grootwarenhuizen bijvoorbeeld werkt ongeveer de helft van de personeelsleden deeltijds.

Als een bedrijf bankroet gaat, verliezen alle werknemers meestal meteen hun ziekteverzekering. Ook de gepensioneerden. Werknemers die hun baan verliezen, wacht hetzelfde lot.

Bobby Jean McLaughlin verloor alles: haar baan, haar ziekteverzekering, haar pensioen, haar spaargeld en uiteindelijk ook haar echtgenoot. Na zestien jaar werken voor een grootwarenhuisketen kreeg ze te horen dat haar baan moest sneuvelen wegens 'herstructurering'. Ze kon meteen opkrassen zonder opzeggingstermijn, zonder afscheidspremie... en zonder ziekteverzekering. Haar pensioen kreeg ze in één bedrag dat snel was opgebruikt aan dokters- en hospitaalrekeningen. Want Joe, haar man, leed aan longemfyseem en zijn toestand werd elke dag kritieker. Het bakkersbedrijf waar hij werkte, verzekerde z'n personeel niet. Toen Joe niet meer kon ademen zonder machinale hulp moest hij zijn werk opgeven. Omdat ze nog spaargeld hadden, kregen de McLaughlins geen Medicaid. In december '90, toen al het spaargeld op was, stierf Joe McLaughlin.

De statistieken onthullen niet hoeveel Bobby Jean McLaughlins er in Amerika zijn. Zeker is dat miljoenen in hetzelfde schuitje zitten en dat hun aantal steeds sneller groeit. Uit de statistieken blijkt wel dat steeds meer Amerikanen geen enkele vorm van ziekteverzekering genieten. In 1980 waren het er 24,5 miljoen, in '90 35 miljoen en hun aantal zou in 1992 al tot 40 miljoen oplopen. Steeds meer gezinnen die de hogere premies niet aankunnen, besparen door hun kinderen niet te verzekeren, gokkend dat hun jeugd hen tegen ziekte zal beschermen. Als de trend zich doorzet, zal de helft van Amerika's kinderen in 2000 niet verzekerd zijn.

Nachtmerrie op de spoedopname

Nergens zijn de problemen die de Amerikaanse gezondheidssector teisteren zo zichtbaar en zo acuut als in de spoedopnamediensten van de stedelijke hospitalen. Artsen die in deze afdelingen werken hebben de laatste jaren herhaaldelijk aan de alarmbel getrokken. 'We staan aan de rand van de afgrond,' waarschuwde dokter Lynn, de voorzitter van een studiegroep van spoedopname-dokters. 'De ziekenhuizen zijn zo overbelast dat patiënten bij spoedopname soms meer dan een week moeten wachten op een bed. Het duurt soms 36 uren voor patiënten met hartaanvallen intensieve verzorging kunnen krijgen.' Zijn collega dokter Hockberger van Los Angeles zei dat de spoedafdelingen in die stad zo overbevolkt zijn dat ze een kwart van de tijd geen ziekenwagens toelaten. 'Het gevolg is dat de wagens soms uren de stad doorkruisen op zoek naar een kliniek die nog open is,' zo zei hij. 'Intussen sterven patiënten nodeloos. Niet alleen bendeleden uit de getto's maar ook miljonairs met een hartaanval.'

Bellevue Hospital is het grootste ziekenhuis van New York. Hier werken 5000 mensen en elke dag betreden zo'n 10.000 patiënten het enorme gebouw. Voor de ingang van de spoedafdeling moeten de ziekenwagens aanschuiven om hun vracht af te leveren. Bij de hoofdingang is een politiekantoor waar agenten tientallen tv-schermen in de gaten houden. De gangen lijken tijdens het 'spitsuur' wel een station. Overal staan agenten in uniform om de orde te handhaven. In de spoedopname zijn vaak alle bedden bezet. Patiënten moeten in de gangen op veldbedden of in rolstoelen wachten tot ze aan de beurt komen. De mensen zitten zo dicht opeengepakt dat dokters of verpleegsters soms over patiënten struikelen of tegen elkaar aanbotsen. 'Vijf jaar geleden was het nog uitzonderlijk dat iemand de nacht moest doorbrengen op de spoedopname,' vertelt een jonge zwarte arts. 'Patiënten werden verzorgd en daarna doorverwezen naar andere afdelingen van het ziekenhuis ofwel naar huis gestuurd. Nu overnachten honderden patiënten hier. Sommigen meer dan een week. Niet alleen omdat andere afdelingen soms vol zitten, maar vooral omdat we geen tijd vinden om hen te onderzoeken. Ze krijgen een oppervlakkige evaluatie en moeten dan wachten, wachten, wachten. En probeer hier maar eens te slapen. Het licht is altijd aan, er klinkt altijd gebabbel en gekreun. Het lange wachten vergroot het infectiegevaar: tuberculosepatiënten bijvoorbeeld zouden eigenlijk geïsoleerd moeten worden maar ze zitten tussen patiënten met kwalen die hen juist heel kwetsbaar maken voor infectie. De situatie is het ergste tijdens de weekends. Dan krijgen we veel patiënten met schotwonden en drug-overdosissen. We zijn zo overbelast dat we soms letterlijk moeten kiezen wiens leven we zullen redden en wie we laten sterven. Heel wat dokters en verplegers gaan daar emotioneel aan kapot en houden het hier niet uit. Dat maakt het personeelstekort nog nijpender.'

Niet alle ziekenhuizen hebben spoedgevallendiensten. Vele privé-klinieken doen het liever zonder, omdat spoedopnames meestal verlieslatend zijn: de behandeling kost veel geld en vele patiënten kunnen niet betalen. Door bezuinigingen en fiscale crisissen hebben tientallen openbare ziekenhuizen hun deuren moeten sluiten. Andere verlieslatende ziekenhuizen werden opgekocht of overgenomen door gigantische concerns. Vier concerns, *American Medical Enterprises*, *Kaiser*, *Humana* en *American Medical International* – die samen zo'n 500 ziekenhuizen bezitten – hebben tijdens de afgelopen jaren 189 openbare ziekenhuizen overgenomen. Die concerns maken flinke winsten. Hun prijzen liggen gemiddeld 25% hoger dan in andere ziekenhuizen en altijd proberen ze verlieslatende afdelingen te sluiten. Spoedopnamediensten zijn daar vaak het slachtoffer van. Bovendien kampen alle ziekenhuizen – zowel in de private als in de publieke sector – met een nijpend tekort aan medisch personeel, vooral verplegers. Het feit dat verplegers in de VS zoals in vele andere landen onderbetaald worden, is daar niet vreemd aan.

Terwijl het aanbod van spoedafdelingen dus inkromp, is de vraag pijlsnel gestegen. De toename van armoede, aids, crackgebruik en geweld zijn daar – alweer – de voornaamste oorzaken van.

'De stijgende armoede heeft voor gevolg dat we meer patiënten krijgen maar ook dat de patiënten veel zieker zijn,' zegt Bruce Vladeck, voorzitter van het United Hospital Fund. 'Ze wachten tot hun probleem acuut is en gaan dan naar de spoedopname. Daar wordt dan vaak ontdekt dat ze niet aan één maar aan een hele reeks kwalen lijden, zodat de behandeling veel langer duurt en de overbevolking in de ziekenhuizen toeneemt.'

Niet alleen niet-verzekerden wachten veel te lang om naar de dokter te gaan. Ook armen die verzekerd zijn door Medicaid zijn vaak aangewezen op de spoedopname. In vele binnensteden en arme rurale staten zijn geen artsen met een privé-praktijk. En de 600 kleine *Community Health Centers* kunnen slechts een fractie van de vraag verwerken. Een programma van de Nationale Gezondheidsdienst dat deze polikliniekjes subsidieert zag z'n budget tijdens de Reagan-jaren wegsmelten van 100 naar 2 miljoen dollar. In theorie kunnen Medicaid-patiënten naar dokters in andere delen van de stad, maar daar worden ze meestal geweigerd omdat Medicaid veel minder betaalt – vaak niet de helft – dan wat dokters hun patiënten vragen. Dus gaan ze naar de spoedopname. Ook aidspatiënten belanden er vaak. Vooral sinds de ziekte zich snel begon te verspreiden in de getto's. Vele duizenden patiënten zijn dakloos. Sommigen komen in de spoedopname terecht nadat ze doodziek in de straten werden opgeraapt.

De situatie werd pas echt onhoudbaar toen crack op de scène kwam. Al gauw werden de spoedafdelingen overstelpt door patiënten met overdosissen en schotwonden. 'Dit is het ergste gezondheidsprobleem dat we in tientallen jaren hebben meegemaakt,' zei dokter Arthur Weinberg. In ziekenhuizen in de binnensteden zoals het Lincoln-hospitaal in de South Bronx, steeg het aantal druggebruikers onder de patiënten tot 60 à 70%. In de spoedopnames zijn soms alle patiënten crackgebruikers.

Sommige patiënten worden binnengebracht in een toestand van extreme opwinding en dienen eerst onder controle gebracht voor ze verzorgd kunnen worden. Op de spoedafdeling in het Lincoln-ziekenhuis hebben de artsen en verplegers dan ook een speciale cursus zelfverdediging gekregen, maar dat belet niet dat sommigen breuken of hersenschuddingen oplopen in confrontaties met crackverslaafden.

'Gewelduitbarstingen, patiënten die binnenkomen met geladen revolvers op zak, dat is routine geworden op onze spoedopname,' zegt dokter Stahl, de hoofdchirurg in Lincoln. 'Op de psychiatrische afdeling krijgen de crackpatiënten hun eerste interview niet langer in een kantoor maar in de gang, omdat te veel artsen werden aangevallen.' Andere crackgebruikers worden binnengebracht in een bijna comateuze toestand waaruit ze pas na 24 uur of meer ontwaken. Ook dat maakt het moeilijk om hen te behandelen, tenzij de dokters de medische achtergrond van de patiënt al kennen. Veel crack-verslaafden krijgen hartproblemen. Sommigen hebben kwalen waarvan de symptomen door de cocaïne niet meer te onderkennen zijn. Anderen zijn ondervoed en uitgeput. Er zijn er die in geen vijf dagen gegeten of geslapen hebben. Ze hebben geen thuis. Alles doet pijn. Heel hun systeem is ziek. En dan zijn er al de psychische problemen die door crack worden versterkt. Heel wat verslaafden worden binnengebracht na een zelfmoordpoging – want als de crackeuforie is weggeëbd, vallen ze met een smak terug in de grauwe werkelijkheid.

Ongeveer 15% van de *crack heads* die in Lincoln worden binnengebracht vraagt hulp om van de verslaving af te komen. Maar hoe graag dokter Stahl en zijn collega's ook zouden helpen, meestal kunnen ze niets meer doen dan hun namen op de wachtlijsten van de ontwenningscentra laten zetten. 'Nu lappen we ze op en gooien ze weer op straat waar ze in dezelfde hel terug zinken,' zegt Stahl. 'Enige tijd later zijn ze hier terug. Als er meer ontwenningscentra waren, konden we al het geld en de energie die we nu besteden aan verslaafden voor wat beters gebruiken. Want hoe we ons ook inspannen, dokters kunnen niet beletten dat het gros van deze patiënten een voortijdige dood zal sterven.'

Het grootste deel van de druggebruikers komt niet in de spoedopname terecht door de drugs zelf maar via de criminaliteit die ermee gepaard gaat: de bende-oorlogen, de vuurgevechten met de politie, de afstraffingen, de vendetta's en - steeds meer - de willekeurige, doelloze gewelduitbarstingen. Niet zelden treffen de kogels toevallige voorbijgangers. De gebruikelijke tactiek waarmee drugbenden in Los Angeles elkaar bevechten is de *drive by-shooting*: het beschieten van tegenstanders - en al wie toevallig in hun buurt staat - vanuit een rijdende auto. Van de 6019 New Yorkers die in 1991 door kogels werden getroffen, waren er 530 kinderen onder de zestien jaar.

'Sinds de crackplaag is het aantal patiënten met schotwonden hier elk jaar met 5 tot 8% gestegen,' zegt dokter Stahl. 'Het maakt ons werk heel frustrerend. Het gebeurt soms dat ik bij iemand een kogel uit zijn buik haal en dat ik hem een maand later opnieuw op de operatietafel krijg met een schotwonde. Soms begin ik te denken dat niemand in de South Bronx nog niet is beschoten.'

Het Brookdale-hospitaal in Brooklyn behandelde in 1991 1100 mensen die door kogels werden getroffen. 90% van alle operaties op negentien- en twintigjarigen en 10% van deze op kinderen van tien jaar of jonger, betrof schotwonden. Brookdale heeft er zo veel ervaring in opgedaan dat militaire artsen die naar de Golfoorlog werden gestuurd er eerst een speciale training kwamen volgen.

Het stijgend aantal patiënten, de duurdere zorgen die zij nodig hebben en het feit dat steeds meer mensen niet of slechts gedeeltelijk kunnen betalen, hebben voor de ziekenhuizen enorme kostenstijgingen met zich meegebracht. Openbare hospitalen en privé-klinieken die gerund worden door kerken en liefdadigheidsgroepen, lijden zware verliezen. Die dwingen hen tot bezuinigingsmaatregelen die het verzorgingsaanbod nog beperken. Dat maakt nog meer mensen zieker wat opnieuw kostenstijgingen meebrengt. Vele gezondheidswerkers voelen zich gevangen in een vicieuze cirkel.

Dokter Abil Atweh werkte op de spoedopname in een ziekenhuis in Beiroet. Daar vluchtte hij weg en nu doet hij hetzelfde werk in Brooklyn. Hij weet niet welke van beide situaties hij het meest absurd vindt.

'In dit land realiseert men al die doorbraken in de geneeskunst en beschikt men over de meest ingewikkelde medische technologie, maar de meest primaire noden kan men niet lenigen,' zegt hij. 'We werken ons uit de naad om het leven van een patiënt te redden en als we klaar zijn is er geen bed om hem in te leggen. In Beiroet vind je zo iets bijna normaal. Maar het heeft iets misselijks om dergelijke toestanden in de rijkste stad van de wereld aan te treffen.'

Omdat de federale overheid op haar handen bleef zitten, hebben sommige staten zelf initiatieven genomen om de gezondheidszorg te hervormen. In Hawaï moeten alle bedrijven hun voltijdse werknemers verzekeren. Vermont wil in 1995 een globaal verzekeringsplan invoeren dat alle inwoners zou dekken. Minnesota wil de verzorgingssector extra belasten om met dat geld de niet-verzekerden te beschermen. Verscheidene staten hebben limieten ingevoerd op de investeringen van hospitalen in nieuwe technologie. Oregon wil alle bedrijven verplichten om ofwel hun werknemers te verzekeren ofwel een bijdrage te storten in een fonds dat hun personeel zou verzekeren. Oregon wil ook alle inwoners die onder de armoedegrens leven, verzekeren bij Medicaid, zonder bijkomende voorwaarden. Het aantal Medicaid-verzekerden zou daardoor stijgen met ruim 50%. Al deze mensen zouden ingeschreven worden in HMO's (*Health Maintenance Organisations*). HMO-leden betalen maandelijks een vaste som die ze recht geeft op alle zorgen van artsen en klinieken die met hun HMO geassocieerd zijn. Ze mogen echter niet zelf hun dokters en klinieken kiezen. In 1992 waren 36 miljoen Amerikanen bij HMO's aangesloten. Het voordeel van de HMO's is dat de patiënten onbeperkt kunnen genieten van preventieve zorgen zodat hun problemen tijdig behandeld worden en minder patiënten in het hospitaal terechtkomen. De nadelen zijn dat de patiënten hun vrijheid om zelf hun verzorgers te kiezen verliezen en dat de HMO's er financieel baat bij hebben de verzorging zo goedkoop mogelijk te houden.

Het meest controversiële aspect van het Oregon-plan is wel de rantsoenering van de gezondheidszorgen voor armen. De staat heeft een lijst van 709 medische behandelingen opgesteld. De volgorde is bepaald door hun nut en kosten. Alles wat boven nummer 587 staat, wordt niet meer vergoed door Medicaid. De behandeling van een kankerpatiënt die minder dan 10% kans heeft om nog vijf jaar te leven, neonatologische zorgen voor een baby van minder dan 500 gram, virale hepatitis, chronische bronchitis en sommige vomen van astma zijn niet langer gedekt.

Het valt nog te bezien of het Oregon-plan door andere staten zal worden overgenomen. In de campagne voor de presidentsverkiezingen in 1992 werd de hervorming van de gezondheidszorg snel een der voornaamste thema's. President Bush heeft voorgesteld 90 miljoen Amerikanen financieel te helpen om ziekteverzekeringen te kopen op de vrije markt. Hij zou dat betalen door bezuinigingen op Medicare en Medicaid. De Democratische kandidaten lanceerden uiteenlopende voorstellen tijdens de voorverkiezingen. Senator Kerrey bepleitte een nationale ziekteverzekering naar Canadees model. Tsongas wou de verbruikers verenigen in grote organisaties naar het model van de HMO's. De verzekeringsmaatschappijen zouden dan concurreren om met hen een zo voordelig mogelijk groepscontract af te sluiten. Clinton en andere Democratische Congresleiders, zijn voorstander van de *play or pay*-formule: de werkgevers zouden verplicht worden om ofwel zelf hun personeel te verzekeren ofwel een extra-taks te betalen ten bate van een fonds dat hun werknemers zou verzekeren.

Het is nog niet duidelijk welke van deze voorstellen het zal halen en nog minder of de kostenescalatie erdoor onder controle zal worden gebracht. Maar als er een terrein is waarop hervorming niet langer meer kan worden uitgesteld, dan is het wel de gezondheidszorg. 90% van de Amerikanen wil hervorming; zowel voor de verbruikers als voor de schatkist is het huidige systeem een slechte zaak. De kruik gaat zolang te water tot ze barst en de miljardenverspilling die door de barst in het gezondheidssysteem wordt veroorzaakt is zo gigantisch dat er iets moet ondernomen worden.

AMERIKAANSE ROULETTE
MISDAAD EN STRAF

Mensen zonder hoop zijn gevaarlijk

'Ik heb zin om iemand te vermoorden,' zei Henry James tegen zijn vrienden. Ze reden op een autoweg aan de rand van Washington en verveelden zich. Henry draaide het raampje open en wachtte tot een andere auto kwam langsrijden. Het was de wagen van Freddie en Patricia Lexie, een pasgetrouwd en smoorverliefd stel. Henry keek even naar de vrouw en schoot haar dan een kogel door het hoofd. Patricia stierf voor Freddie een hospitaal kon bereiken.

Henry James belde de politie. 'Pak mij als je kunt,' zei hij treiterig. Dat bleek minder moeilijk dan hij gedacht had. Hij werd snel ingerekend. James was pas negentien jaar oud maar had al een uitgebreid strafregister. Vier dagen eerder was hij in staat van beschuldiging gesteld wegens moordpoging. Dezelfde dag was hij vrijgelaten, tegen een borgsom van 1000 dollar.

Moorden zijn al lang geen voorpaginanieuws meer in Washington. In 1989-'91 werden meer dan 210 mensen per 100.000 inwoners vermoord, waardoor de hoofdstad ook de 'Murder Capital' werd. Maar de moord op Patricia Lexie in november 1991 schokte zelfs Washington. Het incident maakte duidelijk dat niemand nog veilig is. Zelfs al kom je 's nachts nooit op straat, al vermijd je alle armenbuurten, al hou je een wapen op zak, al beveilig je je huis met honderd alarminstallaties, ontsnappen kun je niet. Iedereen gebruikt wel eens die autoweg, iedereen had op Patricia's plaats kunnen zitten.

De angst voor geweld is een dominante trek geworden van de Amerikaanse samenleving. Iedereen praat erover, tobt erover, past zijn levensstijl aan, zoekt strategieën om het gevaar zoveel mogelijk te bezweren. (Een New Yorkse vader zegt aan zijn zoontje: 'Als een verdachte vreemdeling je benadert, vlucht dan een winkel binnen. Als de winkelier je niet laat bellen, omklem dan zijn kasregister, dan zal hij zeker de politie verwittigen.') Zelfs de beste voorzorgen bieden echter geen garantie. Angst voor de misdaad laat bij vele Amerikanen een gevoel na van machteloze woede.

Niet zonder reden. Tussen 1960 en 1990 steeg het aantal geweldmisdrijven met 350%. Verkrachting verviervoudigde, moord verdubbelde. Volgens het ministerie van Justitie zal 83% van de kinderen die in 1992 vijftien jaar oud zijn minstens een keer het slachtoffer worden van geweld. Amerikanen die nu vijfentwintig zijn, lopen 72% kans om verkracht, aangevallen of overvallen te worden. Stadsbewoners lopen 93% kans op inbraak, plattelanders 82%. De kans dat je auto zal worden gestolen is een op vijf. Een vrouw op acht werd minstens een keer verkracht, de kans om als zwarte man vermoord te worden bedraagt een op dertig.

De criminaliteit stijgt snel in alle raciale groepen en onder vrouwen zowel als mannen. Het aantal vrouwen dat gewelddaden beging steeg van 1981 tot 1990 met 62%.

In sommige steden is misdaad niet langer het werk van een minderheid. In Washington, een stad waar 66% van de bevolking zwart is, was in 1991 42% van de zwarte mannelijke bevolking tussen achttien en vijfendertig jaar oud gevangen, voorwaardelijk vrij, op borgtocht vrij of voortvluchtig. 85% van de zwarte mannen in de hoofdstad wordt vroeg of laat gearresteerd.

Dergelijke statistieken zijn natuurlijk koren op de molen van racisten die alle zwarten afschilderen als gevaarlijke criminelen. Maar het *National Center on Institutions and Alternatives*, dat deze cijfers bekendmaakte, benadrukte dat de overgrote meerderheid van de arrestanten geen geweldplegers zijn (ruim

40% werd ingerekend wegens het verkopen of gebruiken van drugs). 'We criminaliseren mensen die op een andere manier kunnen worden aangepakt,' aldus het Center. 'De meeste mensen die in ons strafsysteem terechtkomen hebben andere problemen. Het zijn dementen, daklozen, alcoholisten, drugverslaafden, mensen die stelen uit honger. Massale arrestaties en opsluiting maken de situatie alleen maar erger.'

Anderen menen dat de cijfers misleidend zijn omdat de politie zwarten veel sneller arresteert dan blanken. Zwarte activisten beschuldigen de politie er zelfs van dat ze betrokken is in een samenzwering om zwarte mannen uit te roeien. Je hoeft echter niet in samenzweringen te geloven om te erkennen dat raciale vooroordelen een rol spelen, zowel in het optreden van de (overwegend blanke) politie als in de vonnissen van de (overwegend blanke) rechters. Omstandigheden waarin een zwarte automatisch zou worden ingerekend, worden vaak milder geïnterpreteerd als de verdachte blank is. Het verhaal van Jeffrey Dahmer, in 1992 veroordeeld nadat hij 17 moorden had bekend, is daar een treffend voorbeeld van.

Toen Dahmer zijn eerste lijk naar een vuilnisbelt vervoerde, werd hij tegengehouden door de politie die hem wou controleren op dronkenschap. Toen de agenten zagen dat hij een keurige blanke jongeman was, mocht hij doorrijden. Een zwarte tiener rapporteerde later aan de politie dat Dahmer had geprobeerd hem te vermoorden. Dahmer ontkende en de politie geloofde hem op zijn woord. Dahmer nam een zwarte jongeman mee naar het huis van zijn grootmoeder. Hij had hem verdoofd en bestolen en wou net beginnen hem in stukken te snijden toen de onverwachte thuiskomst van zijn grootmoeder zijn plannen verstoorde. Toen de man klacht indiende slikte de politie opnieuw Dahmers ontkenning zonder enig onderzoek. Dahmers zwarte buren belden de politie vanwege de stank van ontbindende lijken die uit Dahmers appartement opsteeg. Er werd geen onderzoek ingesteld. Een veertienjarige Aziatische jongen kon half verdoofd uit Dahmers flat ontsnappen. Naakt, bebloed en versuft liep hij door de straat. De zwarte buurtbewoners alarmeerden de politie. Maar Dahmer overtuigde de agenten ervan dat de verdenkingen van zijn buren nergens op steunden. De jongen was zijn homovriendje en had wat te veel gedronken, zei hij. De agenten waren zo vriendelijk de jongen naar binnen te dragen en op Dahmers sofa te leggen. Als ze in de belendende kamer een kijkje hadden genomen, zouden ze afgesneden hoofden en geslachtsdelen op sterk water hebben gevonden. Ze vertrokken echter en Dahmer vermoordde de jongen en later nog vier andere mannen.

Ondanks het lager aantal arrestanten neemt de criminaliteit ook toe onder blanke Amerikanen. Maar dat neemt niet weg dat de epidemie de zwarte bevolking het ergst heeft aangetast. Zwarten zijn daar zelf de eerste slachtoffers van. Een zwarte loopt tweemaal zo veel kans om beroofd te worden als een blanke en viermaal zo veel kans om te worden vermoord. Als er al een samenzwering bestond om zwarte mannen uit te roeien, dan zouden zwarten daar zelf bij betrokken zijn. In de tweede helft van de jaren '80 steeg het aantal moorden op jonge zwarte mannen met 80%. Moord is nu de voornaamste doodsoorzaak in die bevolkingsgroep. En de daders zijn bijna altijd zwarten.

'Geweld is een manier van leven geworden,' zegt Charles Norman, een jeugdwerker in Los Angeles, 'moord is hier een vorm van ontspanning.'

'We hebben een generatie gekweekt van kinderen zonder geweten, zonder waarden,' beweert de Detroitse jeugdrechter Gladys Barsunian. 'Het leven van anderen kan hun niets schelen. Het leven is niet veel waard voor hen.'

Vanwaar deze houding? 'Het pijnlijke antwoord,' zegt psychologieprofessor Kenneth Clark, 'is dat geplunderde gemeenschappen, geplunderde buurten, geplunderde scholen, plunderaars creëren. Het aantal, de arrogantie en agressie van de misdadigers zal nog toenemen omdat het milieu waaruit ze komen – de onderklasse van werklozen zonder vooruitzicht op sociale integratie – blijft groeien. Hun misdadigheid zal toenemen omdat ze niet in staat zijn hun frustratie op een andere manier uit te drukken. Ze zijn beroofd van het minimum aan zelfwaardering dat essentieel is voor hun menselijkheid. Ze hebben niets te verliezen. Ze verwerpen de waarden van een hypocriete maatschappij die van hen eist dat ze zich op passieve wijze menselijk blijven gedragen terwijl hun menselijkheid systematisch wordt vernietigd.' Of zoals politiecommandant Bouza het samenvatte: 'Monsterachtige levensomstandigheden produceren monsters.'

Het probleem is echter niet alleen dat de jongeren uit de 'onderklasse' de 'waarden van een hypocriete maatschappij verwerpen' maar ook dat ze grondig gekneed zijn door de ideologie van die maatschappij. Ze delen het geloof dat de heersende klasse zelf demonstreert in het recht van de sterkste, ze slikken de mythes die op tv dag en nacht worden gepropageerd: dat het bezit van statussymbolen gelukkig maakt, dat een man respect afdwingt door agressie en vermetelheid, enz. Terwijl ze wel ideologisch geïntegreerd zijn in de 'consumptiemaatschappij', worden ze er terzelfder tijd de facto van uitgesloten. Wat de onderklasse (wat men vroeger het 'lompenproletariaat' noemde) kenmerkt is dat de maatschappij niet meer probeert om ze in te schakelen. Door de-industrialisering en desinvestering in hun scholing, behuizing, tewerkstelling, maakt de maatschappij hun duidelijk dat er voor hen geen hoop is. En zoals Charles Norman opmerkt, 'mensen zonder hoop zijn zeer gevaarlijk.'

De getto's zijn in de afgelopen decennia steeds gewelddadiger geworden. De agressie komt in de vorm van kinder- en vrouwenmishandeling, politiebrutaliteit, bendeoorlogen. Hoe meer je ermee geconfronteerd wordt, hoe minder je voelt. Met elke dosis worden de pijn, het schokeffect, het afgrijzen, de angst kleiner.

Vele gettojongeren zijn niet bang voor de gevangenis. Als het leven binnen en buiten de gevangenis weinig verschilt, verliest de gevangenis haar afschrikkingseffect. Voor sommigen is een verblijf in de nor een bewijs van hun stoerheid, voor anderen is het een stap vooruit: ze krijgen er eten en onderdak, misschien zelfs een beroepsopleiding en een ontwenningskuur. Zelfs de doodstraf schrikt niet af als je aan het leven geen waarde hecht. Vele misdadigers denken geen ogenblik na over de risico's die ze lopen. Ze gaan prat op hun *suicidal lifestyle*. Zoals de slogan op de T-shirt van een jongen in Detroit verkondigde: 'Shoot me – I'm already dead'.

Dat de meeste Amerikanen wel beseffen waar het schoentje wringt, bleek uit een *New York Times*-opiniepeiling waarin de vraag werd gesteld: 'Wat kan er gedaan worden om de misdadigheid te verminderen?' De meest frequente antwoorden luidden: het scheppen van werkgelegenheid voor jongeren (75%) en de verbetering van het onderwijs in de publieke scholen (74%). In de praktijk gebeurt echter precies het omgekeerde.

Zowel Reagan als Bush maakten van de strijd tegen de misdaad een hoofdthema van hun kiescampagnes. Toch ging de criminaliteit juist onder hun bewind spectaculair omhoog. Hun anti-misdaadbeleid bestond vooral in de invoering van strengere straffen en de bouw van meer gevangenissen. Dat is veel goedkoper dan het verval van de binnensteden te bestrijden en het is gegarandeerd populair, niet omdat de kwaliteit van het leven van de kiezers erdoor verbetert maar omdat de frustraties over de misdaad zo groot zijn dat ze onvermijdelijk uitmonden in wraaklust.

Vandaar ook de populariteit van de doodstraf. Ruim drie kwart van de Amerikanen zou er voorstander van zijn. Het maakt niets uit hoeveel studies uitwijzen dat de doodstraf geen impact heeft op het misdaadniveau. Terechtstellingen geven het publiek een grimmige voldoening. Ze hebben geen afschrikkingseffect op de misdadigers maar een geruststellende uitwerking op de rest van de bevolking. Door de rituele vernietiging van een individu dat symbool staat voor alle moordenaars, wordt de suprematie van recht en orde over chaos en misdaad bevestigd.

Het aantal executies neemt toe. Geschat wordt dat het weldra zo'n 35 per jaar zal bedragen. Maar aangezien het aantal moorden in 1990 al tot 23.400 opliep, moet een moordenaar al veel pech hebben om op de elektrische stoel terecht te komen.

Ras en klasse spelen een rol in deze roulette. De meeste doodvonnissen worden geveld in de conservatieve zuidelijke staten en de meeste veroordeelden zijn zwarten. Volgens een studie van de universiteit van Iowa is de kans op een doodvonnis viermaal groter als het slachtoffer blank is dan als het slachtoffer zwart is. Als de dader zwart is en het slachtoffer blank, is de kans op doodstraf 3,7 keer groter dan als dader en slachtoffer blank zijn.

Ervaren advocaten slagen er meestal in de doodstraf te voorkomen, tenzij de misdaad extreem gruwelijk en het bewijsmateriaal overweldigend is. Diegenen die ter dood veroordeeld worden zijn bijna altijd armen. De advocaten die hun door de rechtbank zijn toegewezen, zijn vaak zo overbelast dat ze nauwelijks de tijd hebben om hun dossiers in te kijken. Daarom is het niet zo uitzonderlijk dat doodvonnissen worden geveld op twijfelachtige gronden. Voor de juryleden is de behoefte om het slachtoffer te wreken soms sterker dan de nood aan absolute zekerheid over de schuldvraag.

Gelukkig zijn er organisaties zoals de *American Civil Liberties Union* (ACLU) die in de bres springen voor de ter dood veroordeelden. Maar wanneer een vonnis eenmaal is geveld, is het uiterst moeilijk het nog ongedaan te maken. Het conservatieve opperste gerechtshof heeft in de afgelopen jaren de manoeuvreerruimte van de advocaten der ter dood veroordeelden systematisch verkleind. Het volstaat niet dat er twijfels rijzen over de juistheid van het vonnis. Het is niet genoeg dat er nieuwe getuigen worden gevonden die de veroordeelde een alibi verschaffen. Zelfs als de voornaamste getuige ten laste achteraf verklaart dat hij door de politie gedwongen werd om een valse verklaring af te leggen, is er geen garantie dat de veroordeelde een nieuw proces krijgt. De staat geeft niet graag toe dat hij een vergissing heeft begaan. De veroordeelde moet praktisch in staat zijn om zijn onschuld te bewijzen. De anti-doodstrafadvocaten slagen er dus maar zelden in een doodvonnis te vernietigen maar ze gebruiken wel alle mogelijke juridische technieken om de uitvoering ervan uit te stellen.

Het resultaat is een patstelling waar noch de voor- noch de tegenstanders van de doodstraf zich mee kunnen verzoenen. Het jaarlijks aantal doodvonnissen is tienmaal hoger dan het aantal executies. Het aantal veroordeelden dat in prangende onzekerheid op de uitvoering van een vonnis wacht, groeit dus gestadig. Door het verweer van de anti-doodstrafadvocaten lopen de gerechtskosten op tot miljoenen dollars: veel meer dan de levenslange opsluiting van de ter dood veroordeelden zou kosten. Om de doodstraf een meer dan symbolische betekenis te geven, zouden de mogelijkheden om beroep aan te tekenen, drastisch moeten worden beperkt. Maar daar rijst dan weer verzet tegen omdat de kans op executies van onschuldigen nog veel groter zou worden. Het is een dilemma waar Amerika geen raad mee weet, al hebben de pro-doodstraflobby's de wind in de zeilen.

Het aantal misdaden waarop de doodstraf toepasbaar is, werd onder Bush uitgebreid. Zowel de federale overheid als vele staten voerden strengere straffen in op de verkoop en het gebruik van drugs en andere misdaden. Maar volgens vele misdaadexperts zijn die maatregelen niet meer dan een slag in de lucht. Hun voornaamste kritiek op de misdaadbestrijding van Reagan en Bush is dat het accent enkel op bestraffing ligt. Bitter weinig geld wordt vrijgemaakt voor preventieve maatregelen. Echte preventie zou betekenen dat de oorzaken van de stijgende misdaad worden bestreden, wat in de eerste plaats een massale investering in de binnensteden zou vereisen. Maar er zijn ook meer bescheiden stappen mogelijk: een beperking op de wapenverkoop bijvoorbeeld. De machtige wapenlobby slaagt er echter in om elk initiatief op dat vlak te kelderen. Er zou meer geld kunnen worden vrijgemaakt voor de behandeling van drugverslaafden die nu vaak aan hun lot worden overgelaten, zelfs als ze om hulp smeken. Er is een schrijnend tekort aan ontwenningscentra, ook al wordt gezegd dat drugverslaafden voor het grootste deel van de misdaad verantwoordelijk zijn.

Het belang van preventie blijkt uit het feit dat slechts een fractie van de misdaden wordt bestraft. In 1991 noteerde het FBI meer dan 35 miljoen misdaden. Geschat wordt dat 37% van de misdaden niet wordt gerapporteerd; het totaal zou dus ongeveer 48 miljoen bedragen. Minder dan 4 miljoen daarvan leidden tot arrestaties en gerechtelijke vervolging. Op meer dan 90% van de misdaden kan de invoering van strengere straffen dus geen enkele impact hebben. Het aantal arrestaties stijgt maar ook dat haalt niets uit. 'De situatie is catastrofaal,' zei Sol Wachtler, de voorzitter van het hof van beroep in New York. 'Ondanks de strengere wetten en het stijgend aantal arrestaties zijn misdadigers steeds minder bang om gepakt te worden omdat ze weten dat de kans groot is dat ze toch ongestraft blijven.'

Uitpuilende gevangenissen, overbelaste rechtbanken

Er worden gevangenissen gebouwd in een koortsachtig tempo maar dat tempo is niet hoog genoeg om de groei van het aantal gedetineerden bij te houden. De gevangenisbevolking was in 1990 gestegen tot 1,1 miljoen, driemaal zo veel als in 1970. Verwacht wordt dat ze tegen 1995 nog met 30% zal stijgen. Geen enkel ander land houdt zo'n groot deel van zijn bevolking achter tralies. Per 100.000 inwoners zijn in de VS 455 mensen gevangen; tienmaal zo veel als in Nederland (46/100.000) en bijna zevenmaal zo veel als in België (68/100.000). Het gevangeniswezen kost de staat al meer dan 20 miljard dollar per jaar, de bouw van nieuwe gevangenissen niet inbegrepen.

De meeste gevangenissen zijn tot ver boven hun capaciteit bezet. Eenpersoonscellen worden gedeeld door twee of meer gevangenen, slaapzalen worden volgepropt. Groeiende spanningen zijn het onvermijdelijke gevolg. Geweld tussen gevangenen neemt elk jaar toe. 'Het gaat zoals in de klassieke ratten-experimenten,' zegt Tom Coughlin, hoofd van het gevangeniswezen van de staat New York, 'stop er tien in een kooi en er gebeurt niets; twintig in een kooi en ze vliegen elkaar naar de keel.' Het gebrek aan privacy en rust is de hoofdoorzaak van de gevangenisopstanden die om de haverklap uitbreken en grote ravages aanrichten. De overbevolking bemoeilijkt ook de controle over de gevangenen. Vooral in de grote gevangenissen worden de zwaksten geterroriseerd. Verkrachtingen en afranselingen zijn er dagelijkse kost. Misdaadbendes zwaaien er vaak de plak en rekruteren er nieuwe leden. Hierdoor wordt de toename van de gevangenisbevolking zelf tot oorzaak van de toenemende misdaad. Op allerlei manieren tracht men het overbevolkingsprobleem te milderen. In sommige staten wordt geëxperimenteerd met alternatieve vormen van controle over niet-gewelddadige veroordeelden, zoals half-weghuizen en elektronische bewaking (de veroordeelde krijgt rond enkel of pols een band bevestigd die een signaal uitzendt als hij zonder toestemming zijn werk of huis verlaat). In de afgelopen jaren zijn ook ex-kazernes, veerboten, tentenkampen en afgedankte scholen gebruikt om minder gevaarlijke gevangenen in op te sluiten. Sommige steden besteden gedetineerden uit aan privé-firma's die gevangeniskampen uitbaten. Wat nog vaker gebeurt is dat de sheriffs op het platteland gemeentelijke cellen verhuren (en desnoods hun eigen misdadigers buiten gooien om plaats te maken voor betalende 'gasten'). De stad Washington bijvoorbeeld, heeft niet alleen z'n eigen gevangenissen tot ver over de capaciteit gevuld maar ook alle vrije plaatsen in de omringende staten gehuurd: de stad huurt cellen in zeven staten, van Louisiana in het zuiden tot Illinois in het noorden en de staat Washington aan de westkust.

Maar al dat kunst- en vliegwerk kon niet beletten dat het overbevolkingsprobleem steeds erger werd. De situatie werd zo ondraaglijk dat de meeste staten en grote steden van de rechtbanken het bevel hebben gekregen er iets aan te doen, desnoods door gevangenen vrij te laten.

Dat gebeurt dan ook geregeld. Als de gevangenisbevolking de limiet bereikt waar ze van de rechtbank niet over mag, gaan de poorten open. In Atlanta worden niet-gewelddadige misdadigers meestal binnen de week vrijgelaten. In Houston zit de gemiddelde veroordeelde slechts een dertiende van zijn straftijd uit. In Detroit worden elk jaar duizenden gedetineerden vrijgelaten. 'We proberen alleen de niet-gewelddadigen los te laten,' zei een woordvoerder van het gevangeniswezen, 'maar vaak hebben we er niet genoeg.' In Chicago worden alleen de ergste misdadigers nog vastgehouden. Als de politie er een autodief betrapt, geven ze hem een dagvaarding en laten hem gaan. Maar nergens is de toestand zo kritiek als in Philadelphia, een stad die al enkele jaren aan de rand van het bankroet staat.

Amy Winters had geluk: de man die in een drukke straat van Philadelphia haar tas uit haar hand had gerukt, werd door voorbijgangers gepakt. Ze hielden hem vast tot de politie kwam. Die gaf de man een dagvaarding, waarna hij mocht gaan.

In de week na dit incident miste Amy twee werkdagen door naar de rechtbank te gaan waar de zaak telkens werd uitgesteld omdat de overvaller, tot niemands verbazing, niet kwam opdagen. Daarna liet ze de politie weten dat ze het zich niet meer kon veroorloven nog meer dagen vrij te nemen. Als haar overvaller alsnog werd aangehouden en lang genoeg vastgehouden om hem voor de rechtbank te brengen, dan zou haar afwezigheid de rechter verplichten de aanklacht te seponeren, omdat de beklaagde door de getuigen in de rechtbank moet worden geïdentificeerd.

Er zijn duizenden gevallen zoals dat van Amy in Philadelphia. In 1987 telde de stad 13.800 voortvluchtigen, in 1990 meer dan 33.000. Slechts dertig politieagenten hebben tot taak hen op te sporen. 'Het hele strafrechtsysteem staat hier op instorten,' zei de plaatselijke *district attorney* (procureur-generaal) in 1990. 'De stad leeft in een klimaat van angst,' gaf de politiecommissaris toe. Moordenaars, verkrachters en personen die wapens gebruiken tijdens een misdaad zijn de enigen die niet automatisch en zonder borg worden vrijgelaten. Anderen riskeren slechts celstraf als ze voor de derde keer worden aangehouden maar ook dan is de kans groot dat ze met of zonder borgtocht vrijgelaten worden. Als er een borgsom geëist wordt en de verdachte kan niet betalen, dan schiet de stad het wel voor. En de misdadiger gaat vrijuit. Deze absurde situatie heeft eenmans-misdaadepidemieën gecreëerd zoals in het geval van Juvon Edmunds. In zeven maanden tijd werd Edmunds twaalf keer gearresteerd wegens diefstal en inbraak in winkels, kerken, scholen en huizen. Na de elf eerste aanhoudingen werd hij telkens meteen en zonder borgtocht vrijgelaten. Pas na de twaalfde maal belandde hij in de gevangenis. 'Geen wonder dat de gewone burgers denken dat het systeem een vrijgeleide geeft om misdaden te begaan,' zo besloot een rapport van de *Philadelphia Criminal Justice Task Force.*

Ook in andere steden laten milde straffen misdadigers toe hun criminele carrière keer op keer te hervatten. Dat ervoeren we zelf toen in ons huis werd ingebroken. Ook wij hadden geluk: de inbreker werd door een buur bij de lurven gevat. Het bleek de vierenveertigste maal dat de man, een heroïne-verslaafde, voor inbraak werd aangehouden. Hij werd snel op borgtocht vrijgelaten en enkele weken later tijdens een nieuwe inbraak op heterdaad betrapt en voor de vijfenveertigste keer gearresteerd. Pas toen kreeg hij voor het eerst een jarenlange straf.

De overbevolking in gevangenissen is niet de enige oorzaak van de ontsporingen in het strafrechtsysteem. Ook de rechtbanken kunnen, ondanks forse personeelsuitbreidingen, de menigte misdadigers niet meer aan. Een bezoek aan een typische grootstedelijke rechtbank verduidelijkt hoe groot de kloof is geworden tussen de steeds strengere wetten en de manier waarop ze worden toegepast.

Een vierkant, somber gebouw in downtown Manhattan herbergt het *Criminal Court.* Hier worden de minder ernstige misdaden berecht en zwaardere misdrijven in eerste instantie behandeld. De staat van het gebouw kan als symbool dienen voor wat zich hier afspeelt. Alles ademt verval uit: afbladderende verf en graffiti op de muren, verfrommeld papier, kartonnen koffiebekers en zelfs glasscherven in de gangen en rechtszalen. Hier en daar is een licht stuk. De toiletten zijn smerig en te oordelen naar de stank die in sommige gangen hangt zijn ze niet de enige plaatsen die voor ontlasting worden gebruikt.

In de hoofdgangen krioelt het van het volk. Verdachten en hun vrienden en advocaten, gerechtspersoneel, openbare aanklagers. Het doet denken aan een oosterse bazaar: iedereen lijkt wel aan het pingelen, en dat is ook zo. Akkoordjes sluiten is de voornaamste activiteit in dit gebouw. In minder dan 0,5% van de zaken die hier berecht worden, komt het tot een heus proces.

In 1970 bepaalde het opperste gerechtshof dat iedereen die beschuldigd is van een misdaad, bestrafbaar met minstens zes maanden, recht heeft op een juryproces. Maar het Criminal Court in New York City krijgt meer dan 230.000 zaken per jaar te verwerken. In Manhattan is het niet ongewoon dat een rechter meer dan 150 zaken per dag krijgt voorgeschoteld. Elke verdachte dient dus razendsnel berecht, anders loopt het hele raderwerk vast. De meeste zaken worden dan ook in twee minuten afgehandeld. Ongeveer de helft wordt onmiddellijk afgewezen.

Als slechts 10% van de verdachten die daar recht toe hebben een juryproces kreeg, met alle tijdrovende procedures die daaraan te pas komen, dan zouden vijfmaal zo veel rechters, advocaten en aanklagers nodig zijn. De verdachten weten dat en daarom pleiten ze allen onschuldig, hoe overtuigend de bewijzen ook zijn. Dan begint het pingelen of *plea bargaining*. In ruil voor een mildere aanklacht pleit de verdachte schuldig zodat een proces niet meer nodig is. (Jury's spreken zich doorgaans alleen uit over de schuldvraag, niet over de strafmaat.) Inbrekers bijvoorbeeld worden veroordeeld wegens *trespassing* (het betreden van privé-eigendom), drugverkopers wegens ordeverstoring, enzovoort.

Slechts 1% van de beschuldigden krijgt een straf van zes maanden of meer. De meeste veroordeelden krijgen voorwaardelijke strafopschorting. Het aantal voorwaardelijk veroordeelden steeg met 75% in de jaren '80. In ruim twee derden van alle vonnissen worden nu voorwaardelijke straffen uitgesproken. In theorie is de voorwaardelijke strafopschorting een voorrecht dat rechters toekennen als de misdaad niet zo ernstig was en de dader geen bedreiging vormt voor de samenleving. In de praktijk krijgen alle soorten gevangenen strafopschorting, zelfs moordenaars, recidivisten, verkrachters en kindermishandelaars. Het onvermijdelijke plea bargaining en de gevangenisoverbevolking dwingen de rechters de lat steeds lager te leggen. In 1990 was 73% van de voorwaardelijk bestraften in New York veroordeeld voor zware misdrijven; vijftien jaar geleden viel minder dan een derde in die categorie.

In theorie worden voorwaardelijk veroordeelden van dichtbij gevolgd door *probation officers* die hun advies moeten geven en helpen om zich in de maatschappij te reïntegreren. In de praktijk is dat onmogelijk. 'Advies geven? Laat met niet lachen,' zegt probation officer Carlos Ramirez. 'We mogen al blij zijn als we vijf minuten kunnen uittrekken om ze te helpen hun papieren in te vullen.' Het systeem werkt, zeggen experts, als een probation officer toezicht houdt op zo'n dertig veroordeelden. Bij een verhouding van honderd veroordeelden per officer is er van toezicht en advies nog nauwelijks sprake. In steden zoals Los Angeles wordt van elke probation officer verwacht dat hij toezicht houdt op duizend veroordeelden.

Bijna alle probation officers besteden dan ook het merendeel van hun tijd aan het opsporen van veroordeelden die ervan verdacht worden de voorwaarden van hun strafopschorting te hebben overtreden. Dat zijn er steeds meer, aangezien steeds meer zware misdadigers voorwaardelijke straffen krijgen. 43% van hen die in 1986 voorwaardelijk werden veroordeeld, werd binnen de drie jaar opnieuw aangehouden wegens het begaan van nieuwe misdaden. De wet schrijft voor dat een voorwaardelijke straf automatisch effectief wordt als de voorwaarden voor strafopschorting worden overtreden. In de praktijk wordt de grote meerderheid van de overtreders nog dezelfde dag weer vrijgelaten. Alleen als ze een zware misdaad hebben begaan en geweld hebben gebruikt komen ze voor langere tijd in de gevangenis terecht. 'Hen opsporen en aanhouden is zoals stof in de wind gooien,' zegt Ramirez, 'voor je het weet, waait het terug in je gezicht.'

'Ook de grote meerderheid van diegenen die aangehouden worden voor drughandel en -gebruik wordt voorwaardelijk gestraft,' zegt criminoloog Mark Cuniff, 'het is een mythe dat de bestraffing van drugmisdrijven in de grote steden zo veel strenger is geworden.' De voorwaardelijk gestraften worden niet alleen zelden gecontroleerd, ze krijgen ook zelden hulp. Geschat wordt dat 80% van de voorwaardelijk veroordeelden in Los Angeles nood heeft aan een ontwenningskuur. De rechters kunnen ontwenning tot een verplichte voorwaarde maken voor strafopschorting maar dat gebeurt slechts in 11% van de gevallen omdat er geen plaats is in de ontwenningscentra.

In de jaren '80 zijn wetten ingevoerd die de rechters dwingen drughandelaars en -gebruikers zware straffen op te leggen, ongeacht de eventuele verzachtende omstandigheden. Het concrete resultaat daarvan is dat een deel van de bevoegdheid van de rechter is overgeheveld naar de *district attorney* (DA). De DA beslist welke de aanklacht is en dus ook welke de straf zal zijn. In de overbelaste rechtbanken van de grote steden zijn de DA's wel verplicht om het plea-bargainingspel mee te spelen en de aanklachten bijna systematisch te verzachten. Maar in andere rechtbanken, waar de druk minder groot is, kan de DA zich aan de letter van de wet houden. En de wetten die in het hysterische anti-drugklimaat van de jaren '80 werden gestemd, maken weinig onderscheid tussen soft drugs en hard drugs. Zo gebeurt het dat vreedzame burgers die in hun achtertuin enkele marihuana-planten voor eigen gebruik kweken, een drug waaraan nog nooit iemand gestorven is, absurd lange gevangenisstraffen krijgen. In heel de VS is het aantal gevangenen dat veroordeeld is voor drugmisdrijven scherp gestegen. In de staatsgevangenissen van New York steeg hun aantal van 11% in 1980 naar 46% in 1990. De meeste zijn niet gewelddadig en toch worden gewelddadige misdadigers vrijgelaten om plaats voor hen te maken.

Niet alleen voor drugmisdrijven kunnen de straffen enorm uiteenlopen naargelang van de plaats waar men berecht wordt. In vele staten hebben rechters vaak een verregaande vrijheid om de strafmaat te bepalen, zonder zelfs hun vonnis te verantwoorden. Zo kan een winkeldief in een klein stadje een jarenlange celstraf krijgen terwijl een gewelddadige verkrachter in een grote stad er met wat geluk met een voorwaardelijke straf van afkomt.

De surrealistische chaos waarin het strafrechtsysteem in de VS verkeert, is een gevolg van een dieper liggend maatschappelijk verval. De economische crisis heeft de rijke toplaag in dit land aangezet tot een oorlog tegen de onderste laag; op de misdaadexplosie die ze daardoor oogstte, heeft ze gereageerd met hardere repressie. Maar om die efficiënt toe te passen zou het reeds gigantische correctioneel en gerechtelijk apparaat dubbel zo groot moeten worden. De bevolking is echter niet bereid daar de politieke en fiscale gevolgen van te dragen. Dus draait het strafrechtsysteem als een roulette: toeval bepaalt wie zwaar gestraft wordt, wie vrijuit gaat.

Al in 1983 werd gezegd dat het zo niet meer verder kon, dat het strafrechtsysteem op instorten stond. Maar dat was voorbarig. De Amerikaanse samenleving bleek in staat nog meer misdaad, nog meer onveiligheid, geweld en gevangenissen te verdragen zolang de stijging maar geleidelijk gaat. 'Er zijn grenzen,' zegt criminoloog Franklin Zimring, 'maar die zijn niet zoals een bakstenen muur, eerder als een rubberen band. Elastisch, maar hoe meer je ze uitrekt, hoe meer spanning je krijgt. En hoe meer geweld er zal vrijkomen als de band doorknapt.'

OPIUM VOOR HET VOLK
DRUGS EN ANTI-DRUGS

Voor zijn eerste tv-toespraak als president had George Bush een thema uitgekozen dat succes op voorhand garandeerde: de oorlog tegen drugs. Het was een thema dat hem de gelegenheid bood iets te zeggen waarmee alle kiezers konden instemmen, dat geen enkele moeilijke beslissing vergde, dat hem toeliet alle dringende problemen die het land plaagden en waar het drugprobleem een symptoom van is, uit de weg te gaan. Niets is prettiger voor een politicus dan de nobele pose aannemen van beschermer van het volk, verdediger van de beschaving.

Bush' oorlogsverklaring werd voorafgegaan door oorverdovend tromgeroffel in de massamedia. In zes weken tijd hadden de drie grootste tv-netten en de twee bekendste kranten samen 347 verhalen gebracht over het druggevaar. Iedere tv-nieuwsshowproducent weet dat de strijd tegen drugs een godsgave is in de komkommertijd. *Miami Vice*-achtige beelden van politierazzia's, van immigratie-inspecteurs die Mexicaanse smokkelaars arresteren, van drugverkopers op donkere straathoeken, met een paar prostituées op de achtergrond voor het geileffect, zijn altijd goed voor de kijkcijfers. De hysterische toon van die nieuwsstroom wierp vruchten af: uit een opiniepeiling aan de vooravond van Bush' toespraak bleek dat de meerderheid van de bevolking drugs als het grootste probleem van het land beschouwde. Het was de eerste keer in de Amerikaanse geschiedenis dat drugs de lijst van 's lands bekommernissen aanvoerde. De president nam dan ook geen risico toen hij in zijn speech verklaarde dat 'drugs de grootste binnenlandse bedreiging voor ons land' zijn, dat 'cocaïne vandaag ons ernstigste probleem' is. En hij kon rekenen op applaus toen hij de drughandelaars met half-dichtgeknepen ogen waarschuwde: 'Vanaf nu zijn de regels van het spel veranderd,' en meer gevangenissen, arrestaties en doodstraffen beloofde. Voor het dramatisch effect zwaaide Bush zijn kijkers een zak crack in het gezicht, in beslag genomen in Lafayette Park, vlak voor het Witte Huis. Daarmee was alles gezegd. Voor die drugmonsters is niets nog heilig. Een vloedgolf van drugs overspoelt het land en de duistere golven likken zelfs het zonnige grasperk voor de presidentiële woning.

Het hoera-geroep was nog niet uitgestorven toen een gênant feitje aan het licht kwam. Het bleek dat de inbeslagneming van de crack in Lafayette Park niet van een leien dakje was gelopen. De speech was al geschreven toen de DEA (*Drug Enforcement Agency*) de opdracht kreeg de feiten te doen kloppen. Het probleem was echter dat in het park geen drugs werden verkocht. De DEA had de grootste moeite in het getto een dealer te vinden die dom genoeg was om speciaal voor die ene transactie naar het park te gaan. Maar toen bleek dat de man het park niet wist liggen en tot overmaat van ramp geen stadsplan kon ontcijferen. Na verscheidene mislukkingen slaagde de DEA er alsnog in de president het nodige rekwisiet te leveren voor zijn theaterstukje.

Toen journalisten hem hierover aan de tand voelden, pruilde de president: 'Ik begrijp het niet. Is hier iemand die deze drugdealer verdedigt?' Wie niet de ogen sluit voor mijn volksverlakkerij, leek Bush te zeggen, kiest de kant van de vijand. In de heilige oorlog tegen drugs, wettigt het doel de middelen. Wie zag ooit een oorlog zonder dichterlijke vrijheden? Maar niet alleen de drugvangst in Lafayette Park, de hele oorlog tegen drugs is bij nader toezien een cynische propagandatruc.

Het cynisme sprak al uit de cijfers. Bush beloofde 7,9 miljard dollar te spenderen aan een 'offensief op elk front' in de oorlog tegen drugs. Dat was iets meer dan wat het Pentagon uitgaf aan de B-2 bommenwerper, een van haar duizenden wapens. Voor de federale begroting betekende het een meeruitgave van ... 0,065%. Als Bush zelf geloofd had wat hij zei, dat drugs 'de grootste bedreiging' voor het land betekende, zou hij dan niet iets meer voorgesteld hebben dan die 0,065%, die de totale uitgaven voor de oorlog tegen drugs op bijna 1% van de begroting brachten?

Bush zei dat elke burger die de andere kant opkijkt terwijl in zijn buurt drugs worden verhandeld, medeplichtig is. De regering zelf kijkt niet alleen de andere kant op, ze steekt de drughandelaars ook nog een handje toe als dat in haar geostrategisch kraam past. Een greep uit de vele voorbeelden, aangehaald in recente boeken zoals Michael Levines *Deep Cover*, Leslie Cockburns *Out of Control* en Peter Dale Scott en Jonathan Marshalls *Cocaine Politics*:

- In 1980 hielp de CIA de Boliviaanse generaal-cocaïnehandelaar García Meza de macht te grijpen, waarna deze prompt de cocaïne-export naar de VS verdubbelde;
- Washington gaf miljoenen subsidies aan de militaire leiders van Panama en Honduras hoewel de DEA bewijzen te over had dat zij hun landen lieten fungeren als draaischijven in de cocaïne-export naar de VS. De invasie van Panama die in het kader van de 'oorlog tegen drugs' gelanceerd werd, leidde wel tot de arrestatie van generaal Noriega, de dood van honderden Panamese burgers en de verwoesting van de huizen van duizenden anderen die inmiddels nog steeds dakloos zijn, maar veranderde niets aan de rol van Panama in de drughandel;
- de door de CIA gecontroleerde Nicaraguaanse Contra-rebellen kregen financiële steun van het Colombiaanse Cali-kartel, een van de belangrijkste cocaïne-uitvoerders naar de VS. Piloten die in opdracht van Oliver Norths 'Schaduw-CIA' wapens naar de Contra's brachten, hebben getuigd dat hun vliegtuigen gevuld met drugs naar de VS terugkeerden;
- de Afghaanse rebellen die op het einde van de jaren '80 verantwoordelijk werden geacht voor de aanvoer van een derde van de heroïne op de Amerikaanse markt, kregen van Washington een jaarlijkse subsidie van 700 miljoen dollar. De

opium uit 'bevrijd' Afghanistan werd naar Pakistaanse laboratoria gevoerd in vrachtwagens betaald met Amerikaans belastinggeld. CIA-hulp gaat ook naar de pro-Taiwanrebellen in Myanmar, eveneens beruchte opiumsmokkelaars.

Als de regering het echt zou menen met 'de oorlog tegen drugs' dan zou haar eerste maatregel erin bestaan alle verslaafden die er zelf om vragen in ontwenningscentra te plaatsen. Een betere manier om de vraag naar drugs en de criminaliteit die ermee gepaard gaat te verminderen, bestaat niet. Een studie uit Californië over de sociale kosten van het drugprobleem bewees dat met elke dollar die aan ontwenning wordt besteed, de maatschappij elf dollar uitspaart. Toch gaat bijna al het geld voor 'de oorlog tegen drugs' naar bestraffing. Geschat werd dat met het budget dat de regering ter beschikking stelde van ontwenningscentra, 19% van de verslaafden die ontwenning wilden, kon geholpen worden. De rest werd weer de straat op gestuurd en moest maar verder stelen en zich prostitueren om aan het nodige crackgeld te geraken. Vandaag is in die situatie nog niets veranderd. Het anti-drugbudget steeg in 1991 tot 11 miljard dollar, waarvan slechts 512 miljoen diende voor ontwenning. In 1992 werd dit bedrag door het Democratische Congres nog verminderd.

Als de regering in Washington de drughandel werkelijk wilde elimineren, dan zou ze diegenen die erdoor overleven een economisch alternatief bieden. Er is geen wezenlijk verschil tussen de zwarte jongeman die crack verkoopt in een getto en de blanke jongeman die auto's verkoopt in een suburb. Beiden willen graag geld verdienen, beiden dromen 'the American dream' en integreren zich daarom in een economie die op verschillende plaatsen verschillende mogelijkheden biedt. De drughandel is in vele zwarte en latino-buurten de enige mogelijkheid die nog overblijft en de regeringspolitiek van verwaarlozing van de binnensteden is daar medeverantwoordelijk voor. Ondanks al de ellende die ze meebrengt, zouden vele getto's zonder de drughandel nog armer zijn.

Ook de Zuidamerikaanse coca-boer doet wat voor de hand ligt: als hij overschakelde naar bijvoorbeeld maïs dan zou hij veertig keer minder verdienen en zouden zijn kinderen honger lijden. In plaats van een omschakeling in de hand te werken, heeft Washington ze bemoeilijkt. In 1983 importeerden de VS meer dan 200.000 ton suiker uit Colombia, Bolivië en Peru, de drie voornaamste coca-producerende landen. Vijf jaar later was die invoer, door subsidies aan binnenlandse suikerproducenten en importquota, geslonken tot minder dan 85.000 ton. In 1989 kelderden de VS het internationaal koffieakkoord, waardoor de koffieprijs in twee maanden tijd met meer dan 40% zakte. Voor Colombia betekende dat een verlies, in dat jaar alleen al, van 400 miljoen dollar. In hetzelfde jaar voerden de VS hoge importtaksen in op snijbloemen, een ander belangrijk Colombiaans exportprodukt. Als het Washingtons bedoeling was geweest de Colombiaanse boeren in de armen van de drughandelaars te drijven, zou het niet anders hebben gehandeld.

Als Bush' 'oorlog tegen drugs' tot doel had Amerika drugvrij te maken, dan zou hij anders gevoerd worden. Men kan stellen dat de oorlog tegen drugs al op voorhand een verloren zaak is. De honger naar drugs in de Amerikaanse samenleving kan noch door bestraffing noch door grotere toegankelijkheid van ontwenning worden uitgeschakeld. Zelfs in de utopische veronderstelling dat de grenzen hermetisch gesloten werden voor cocaïne- en heroïne-invoer, dan nog zou het gat in de markt snel gevuld worden door methamfetamine, PCP en andere surrogaten, geproduceerd in Amerikaanse laboratoria. Maar hoe redelijk deze stelling ook is, men kan ze niet bewijzen aan de hand van de mislukking van de oorlog tegen drugs zoals die door Bush en zijn voorgangers gevoerd werd omdat zij nooit echt geprobeerd hebben die oorlog te winnen.

Wat is dan wel het doel van deze oorlog? Wie is ermee gebaat? Dit is, onvermijdelijk, een politieke vraag. Maar de 'oorlog tegen drugs' wordt tenslotte ook gevoerd door politici en politie, eerder dan door artsen en wetenschappers.

Hoe meer een maatschappij wordt geteisterd door interne spanningen, door binnenlandse problemen die onoplosbaar lijken, hoe meer de regerende klasse in die maatschappij de nood voelt om de bevolking te overtuigen dat niet zij maar een buitenlandse vijand de oorzaak is van alle kwalen. Hoe minder zij in staat is om hoop op een beter leven te verkopen, hoe meer ze er baat bij heeft om de oorlog te preken tegen een gevaar dat van buiten komt en dat alle interne problemen symboliseert. De ontevredenheid en frustraties die door deze problemen ontstaan kunnen dan gekanaliseerd worden naar een strijd waarin de regerende elite buiten schot blijft.

Het is wellicht geen toeval dat de 'oorlog tegen drugs' nieuw leven werd ingeblazen toen de ineenstorting van het Oostblok Amerika zijn vertrouwde vijand ontnam. Maar ook onder Reagan werden hysterische anti-drugcampagnes gevoerd, samen met de oorlog tegen de armen, die de aantrekkelijkheid van drugs juist in de hand werkte. Drugs zijn zo geschikt als allegorische vijand, als symbool voor alles wat slecht gaat, omdat ze een rol spelen in de toenemende onveiligheid, het verval van de steden, de chaos in de gezondheidszorg, de armoede en sociale ontwrichting, de crisis in het onderwijs. Zij zijn er echter niet de oorzaak van: de werkelijke oorzaken verbergen en de woede die ze opwekken een mikpunt geven, dat is de taak die de 'oorlog tegen drugs' vervult.

Druggebruik en de 'oorlog tegen drugs' groeien te samen en hebben heel wat gemeen. Beide zijn gebaseerd op een weigering om de werkelijkheid onder ogen te zien. Beide worden verkocht als ontsnappingsmiddel uit de toenemende ellende. Zoals drugs het voor de verslaafde mogelijk maken de confrontatie met de oorzaken van zijn miserie uit de weg te gaan, maakt de 'oorlog tegen drugs' het mogelijk om de werkelijke oorzaken van de maatschappelijke miserie te negeren. Zoals de junkie vlucht in een roes, vlucht de anti-drugkruisvaarder in een fantasiewereld, een verleden dat nooit heeft bestaan. Hij koestert het droombeeld van een onschuldig Amerika, waarin 'het herstel van de traditionele waarden' drugs en andere duivels heeft uitgedreven.

Hoe groter de onrust over de toekomst en hoe sterker het gevoel dat de sociale problemen aan elke controle ontsnappen, hoe groter ook de nood aan bescherming tegen de dreigende chaos en aan de kalmerende zekerheid van absolute waarden. Demagogische politici begrijpen dat. In plaats van oplossingen bieden ze morele recepten en zwaardere bestraffing van de zondebokken. De werkelijkheid wordt zoveel eenvoudiger, wanneer alle problemen eenmaal gereduceerd zijn tot moreel verval. De aids-epidemie? Een straf van God voor het tegennatuurlijke gedrag van de homoseksuelen, zoals de Republikeinse presidentskandidaat Buchanan zei. Het groeiend aantal tienermoeders die in armoede leven? Ze moeten maar kuis zijn en als ze dat niet kunnen, moet de staat hun bijstand opschorten, zei zijn collega David Duke. Rellen in Los Angeles? Zouden niet gebeuren als de gettobewoners deugdzamer zouden leefden, vond vice-president Quayle. Toenemend geweld? De oplossing is een ruimere toepassing van de doodstraf, aldus Bush. De angstwekkende stijging van de overheidsschuld? Die kunnen we stopzetten door begrotingstekorten ongrondwettelijk te maken, zei Reagan, terwijl hij de grootste tekorten aller tijden opstapelde. De 'oorlog tegen drugs' kadert in dit magische denken.

De *American Medical Association* (doktersvereniging) definieert verslaving als een ziekte, niet als een misdaad of een zonde. Het is een ziekte die zich niet beperkt tot een verdorven minderheid. Amerikanen kopen jaarlijks voor 150 miljard dollar illegale drugs, 50% tot 80% van de totale wereldomzet. 70% van alle cocaïne gaat naar de VS. Toch is de verslaving aan illegale drugs slechts een van de vele aspecten van de destructieve leefgewoonten die Amerika vandaag kenmerken. Een veel groter aantal Amerikanen is verslaafd aan alcohol, aan tabak, aan pillen, aan geweld, aan tv, aan gokken, en lijdt aan levensgevaarlijke eetstoornissen. In de hedendaagse westerse maatschappij is het gebruik van drugs ingebouwd in het leven van elke dag. De meeste volwassenen beginnen hun dag met een stimulerend middel (cafeïne). Velen geraken niet door hun werkdag zonder de opwekkende of kalmerende pillen die hun door legale dealers (dokters) worden voorgeschreven. Miljoenen hebben valium of andere barbituraten nodig om in te slapen. Fuiven en uitgaan zijn onvoorstelbaar zonder de consumptie van aanzienlijke hoeveelheden alcohol.

Sommige drugs zijn legaal, worden gesubsidieerd en aangeprezen in de alomtegenwoordige reclame. Andere worden zwaar bestraft. Voor de spreekwoordelijke bezoeker uit Mars moet het verschil tussen beide categorieën een raadsel zijn. Laten we, om hem te helpen, meteen verduidelijken dat de mate waarin ze destructie veroorzaken geen criterium is.

Meer dan dertig maal zo veel Amerikanen sterven aan de gevolgen van alcohol dan aan die van cocaïne. Toch krijgen alcoholproducenten exportsubsidies en sieren hun reclameborden de wegen, al is alcohol de voornaamste oorzaak van dodelijke ongevallen op de weg. Meer Amerikanen – 430.000 per jaar – sterven door tabak dan door aids, cocaïne, heroïne, alcohol, branden, verkeersongevallen, moorden en zelfmoorden samen. Nog niemand is doodgegaan van marihuana. Toch koos Bush als zijn 'drug tsar' William Bennett, een tabakverslaafde die alle marihuanagebruikers in concentratiekampen wil opsluiten.

Onze Marsman kan natuurlijk niet weten dat sommige drugs al eeuwenlang zijn ingeburgerd in de westerse maatschappij, terwijl de illegale relatief nieuw zijn en meestal afkomstig uit landen met andere culturen. Maar, slim als hij is, ontdekt de Marsman toch een essentieel verschil: om legaal te zijn mag een drug ofwel geen roes opwekken (van sigaretten word je niet high) ofwel moet hij ook bruikbaar zijn voor een ander, utilitair doel (valium kun je gebruiken om beter te slapen). Ook als deze drugs als roesmiddelen gebruikt worden, blijven ze dank zij dit utilitaire vijgeblad sociaal aanvaardbaar, zoals het genot van sex geen zonde is omdat sex ook dient om kinderen te verwekken. Het is geen toeval dat dezelfde conservatieve groepen die het fanatiekst ten strijde trekken tegen illegale drugs, op hun achterste poten gaan staan als de band tussen sex en voortplanting wordt genegeerd: daarom gaan ze zo te keer tegen homosex en abortus, daarom aanvaarden ze niet dat condooms beschikbaar gemaakt worden in scholen om aids te bestrijden, daarom is orale sex (zelfs tussen echtgenoten) in twintig staten in de VS nog steeds illegaal. Voor Amerikanen die opgroeien in de puriteinse traditie is genot zonder vijgeblad zonde, het terrein van de duivel. De roes die beloofd wordt door verboden sex en verboden drugs maakt hen bang, bang om zichzelf te verliezen, bang dat de duivel de controle zal overnemen. Het is een angst die hun vrees dat de maatschappij zal wegzinken in chaos weergalmt. De 'oorlog tegen drugs' is dus in feite een oorlog tegen de zonde. Het is een paradox dat de ideologie die genot associeert met zonde steeds sterker staat in een maatschappij die in de praktijk geluk meer dan ooit associeert met instant-genot door consumptie. Het is de ideologie van een maatschappij die bang is om in de spiegel te kijken.

De vereenzelviging van drugs en zonde is politiek bijzonder nuttig. De 'oorlog tegen drugs' bestaat grotendeels uit het bestraffen van kleine dealers en gebruikers. Aangezien de drughandel geconcentreerd is in de getto's, zijn de beelden die de tv-kijkers van het front krijgen ook grotendeels van daar afkomstig. Het gevolg is niet alleen een gelijkschakeling van drugs en zonde maar ook van drugs en getto's (ook al gebeurt de consumptie van drugs in alle buurten van Amerika: de getto's zijn alleen de plaatsen waar ze het openlijkst worden verkocht).

Als de maatschappij drugverslaafden als zieken zou beschouwen, zou ze moreel verplicht zijn hen te helpen. Maar als ze als zondaars worden beschouwd, dan zijn ze zelf verantwoordelijk voor hun lot en verdienen ze een straf. Het wordt dan ook normaal dat hun buurten eruitzien als taferelen uit de hel. Wat kan men anders verwachten van plaatsen waar de duivel heerst? Zo werd de 'oorlog tegen drugs' een dekmantel voor de oorlog tegen de armen. De demonisering van de getto's door drugs leverde de perfecte verklaring voor hun verval en het perfecte excuus om er niets aan te doen.

Door die politiek van verwaarlozing leken de getto's natuurlijk meer en meer op het spookbeeld waartegen de antidrugkruisvaarders waarschuwden. In de ogen van bewoners van blank suburbia werden de binnensteden dreigende vreemde landen, waarvoor ze dezelfde liefde koesteren als Israeli's voor de Gaza-strook. Dat de politie er optreedt als een bezettingsleger wordt niet alleen aanvaard maar ook toegejuicht. Zoals de koude oorlog tegen het Russische gevaar het Pentagon carte blanche gaf voor een wanstaltige expansie van de strijdkrachten, zo maakt de 'oorlog tegen drugs' sinds 1980 een spectaculaire groei van het politieapparaat mogelijk. De grondwettelijke bescherming van individuen tegen willekeurige politiemethodes wordt door de rechtbanken steeds enger geïnterpreteerd; de bevoegdheden van de politie, het FBI, de DEA enz. worden steeds ruimer. De 'oorlog tegen drugs' vergoelijkt zelfs de ergste vormen van politiebrutaliteit. Het voornaamste argument van de vier politieagenten wier vrijspraak in 1992 de rellen in Los Angeles ontketende, was dat ze de indruk hadden dat de man die ze in puin sloegen, drugs had ingenomen.

In februari '92 verklaarde Bush dat 'we de oorlog tegen drugs aan het winnen zijn'. Twee dagen later liet zijn ministerie van Buitenlandse Zaken weten dat de cocaïneproduktie in 1991 gestegen was van 700 naar 995 ton en de heroïneproduktie met 6%. Een Senaatscommissie rapporteerde dat het aantal cocaïne- en heroïneverslaafden hoger was dan ooit. Meer dan 1 op 80 Amerikanen gebruiken deze drugs nu minstens eens per week en hun aantal zal volgens experts in de komende jaren nog stijgen. De 'oorlog tegen drugs' was er wel in geslaagd het occasionele gebruik van drugs door niet-verslaafden te doen dalen. Het meest succes werd geboekt in de strijd tegen marihuana, de onschuldigste van alle drugs die in de jaren '70 in vele staten de facto legaal was. In 1990 werden meer dan 600.000 Amerikanen gearresteerd wegens bezit van marihuana. De harde bestraffing had voor gevolg dat de prijs van het kruid met meer dan 2000% steeg en nu hoger is dan de prijs van cocaïne en van goud. Het aantal marihuanagebruikers daalde dan ook van 17,8% van de bevolking, ouder dan twaalf in 1979 naar 10,2% in 1991.

Crack-cocaïne werd intussen veel goedkoper en gemakkelijker verkrijgbaar. Minder dan 15% van de invoer van cocaïne werd onderschept. Niet genoeg om de toevoer af te snijden maar wel om de prijzen hoog te houden. Zo beschermt de 'oorlog tegen drugs' de winsten van de drughandelaars en stimuleert ze misdaadbenden om in de business te gaan. De dealers hebben de politie nodig om hun prijzen te beschermen zoals de politie de dealers nodig heeft om de burgers bang en dus afhankelijk van politiebescherming te maken: de relatie tussen drugs en de 'oorlog tegen drugs' is symbiotisch. De grote drughandelaars gebruiken de politie om hun kleine concurrenten uit te schakelen. In ruil hiervoor zijn ze altijd bereid de politie en de staat een handje toe te steken, zoals bleek uit de steun van het Cali-kartel aan de Contra's.

De 'oorlog tegen drugs' houdt de drugs niet tegen maar slaagt er wel in een angstklimaat te scheppen. Angst voor drugs*, angst voor de getto's, angst voor zwarten, angst voor arrestaties, angst voor willekeurige controles, angst zelfs voor kinderen en buren. Want in sommige scholen worden kinderen aangezet om ouders die marihuana roken bij de politie aan te geven. In de staat Iowa drukte een krant een coupon af die

* Hoewel de campagnes tegen drugs soms zo schril zijn dat ze een averechts effect sorteren. Een tv-spot toont een ei terwijl een barse stem zegt: 'This is your brain.' Dan volgt een beeld van een braadpan. De stem: 'This is drugs.' Ten slotte een beeld van een ei, sudderend in de hete pan. De stem: 'This is your brain on drugs. Any questions?' Spoedig kon je T-shirts zien met de afbeelding van het ei in de pan met een sneetje spek en het onderschrift: 'This is your brain with bacon.'

lezers konden invullen en naar de politie sturen. De tekst luidde: 'Ik heb genoeg van drugs in mijn buurt! Ik vermoed dat... drugs gebruikt/verkoopt.' Volgens de politie was de respons 'excellent'.

Maar ondanks dit angstklimaat worden steeds meer Amerikanen, vooral in de binnensteden, verslaafd aan drugs, hoe 'irrationeel' hun zelfvernietigend gedrag ook lijkt. Enkele jaren geleden rapporteerde de *New York Times* de resultaten van een wetenschappelijk experiment dat de irrationaliteit van de druggebruiker leek te bevestigen. Een aap in een kooi had de keuze tussen vier hefbomen. Als hij op de eerste duwde kreeg hij eten, de tweede gaf hem water, de derde alcohol en de vierde cocaïne. De aap probeerde alle hefbomen maar gaf spoedig de voorkeur aan de cocaïne. Hij werd verslaafd, hield op met eten, kreeg stuiptrekkingen en toch bleef hij maar op de cocaïnehefboom duwen tot hij ten slotte stierf aan een overdosis.

De conclusie die de wetenschappers uit dit experiment trokken was dat wie een keer cocaïne probeert, gegrepen wordt door het irrationele verlangen naar steeds meer, ongeacht de gevolgen. De irrationaliteit van dat verlangen was duidelijk voor de wetenschappers: de aap veroorzaakte zijn eigen dood en kon niet meer gebruikt worden voor andere experimenten. Het kwam bij hen niet op dat het experiment misschien meer zegt over het gedrag van gekooide dieren dan over cocaïne. Eigenlijk was het gedrag van de aap helemaal niet irrationeel. Gekidnapt uit zijn natuurlijke omgeving, eenzaam opgesloten in een kleine kooi zonder kans op ontsnapping, is er niets vreemds aan het feit dat het dier kiest voor het gevoel van ontsnapping dat de cocaïne hem geeft, zelfs al gaat het eraan dood. Aangezien hem als proefdier in een lab toch een gruwelijk einde te wachten stond, bewees de aap zichzelf een dienst door zich in afwachting in een staat van vervoering te houden.

Voor vorsers in witte jassen die een gekooide aap als model voor menselijk gedrag hanteren, is het natuurlijk moeilijk om te begrijpen waarom mensen die zich gevangen voelen in een troosteloze omgeving, in een rotbaan of in permanente werkloosheid, de 'irrationele' keuze voor drugs maken. Dat vele Amerikanen zich gekooid voelen, blijkt uit de tv-reclame die de kijkers voortdurend belooft dat ze gevoelens van vrijheid, ontsnapping, ongeketend leven zullen ervaren door het kopen van auto's, frisdranken, kleren, pillen, enz. Zoals voor de aap, wordt het leven gereduceerd tot een kooi met vele hefbomen, die elk een vorm van instant-genot bieden. Cocaïne is een beter ontsnappingsmidddel dan Coca-Cola. Wat de meeste mensen weerhoudt om cocaïne te kiezen, zijn de destructieve neveneffecten. Maar hoe meer je levensomstandigheden lijken op die van de gekooide aap, hoe rationeler het wordt om op de cocaïne-hefboom te duwen.

Dat is een werkelijkheid die de makers van campagnes tegen drugs, met hun holle 'Just say No' en 'Get high on life!'-slogans, niet onder ogen willen zien. Zoals een anoniem artikel in het tijdschrift *Against Sleep and Nightmare* opmerkt: '"Getting high on life" is no longer an option for most people, since most people have already overdosed on life and are going through withdrawals, but the "just say no" people have nothing else to offer, certainly not the idea of changing life.'

De uitzichtloosheid van de oorlog tegen drugs zet steeds meer Amerikaanse intellectuelen aan om de legalisatie van de meeste drugs te bepleiten. Rechters, burgemeesters, conservatieven zoals economist Milton Friedman en schrijver William Buckley en zelfs een *éminence grise* als ex-minister van Buitenlandse Zaken Shultz, beschouwen de criminalisering van drugs als een mislukt experiment, zoals het verbod op alcohol in de jaren '20. Een groeiende minderheid van de bevolking, 30% volgens een opiniepeiling in 1990, is het daarmee eens. Legalisatie, onder strikte staatscontrole, zou volgens de voorstanders enorme voordelen bieden. Er zou een einde komen aan het bloedvergieten dat met de drughandel gepaard gaat. Het gras zou voor de voeten van de georganiseerde misdaad worden weggemaaid. Het risico op dood door overdosis en de verspreiding van aids, hepatitis en andere ziekten die het gevolg zijn van de omstandigheden waarin drugs worden gebruikt, zou gevoelig verminderen. De overheid zou veel minder moeten uitgeven aan bestraffing en door het belasten van drugs miljarden verdienen. Dat geld zou kunnen gebruikt worden om verslaafden te ontwennen, informatiecampagnes te voeren, alternatieve tewerkstelling te creëren in de getto's, enz. In de gevangenissen zou plaats vrij komen zodat geweldenaars langere straffen zouden kunnen uitzitten. De overbelaste rechtbanken zouden meer tijd hebben voor andere zaken. De voorstanders geven toe dat een legalisering het druggebruik zou verhogen maar denken dat de stijging beperkt zou zijn. Nu al kan iedereen die dat wil alle drugs kopen in de binnensteden. En toen elf staten in het midden van de jaren '70 marihuana decriminaliseerden, bleef het verbruik ervan stabiel.

Het zijn rationele argumenten die moeilijk van tafel te vegen zijn. Maar voor de anti-drugkruisvaarders is de idee van legalisering onaanvaardbaar omdat het de legalisering van de zonde zou betekenen. En voor de staat is de 'oorlog tegen drugs' te nuttig om hem op te geven. Volgens de tegenstanders van legalisering zouden verbruik en verslaving pijlsnel stijgen omdat de prijs van de drugs zou dalen en druggebruikers geen straffen meer zouden riskeren. En door de hoge belastingen op legale drugs zou de illegale drughandel volgens hen nog altijd winstgevend genoeg blijven voor de misdaadbenden.

Zeker is dat decriminalisering de ellende die met het gebruik van crack, heroïne en andere hard drugs gepaard gaat, niet zou doen verdwijnen. En zou het niet onvoorstelbaar cynisch zijn dat de staat, na eerst de levensomstandigheden van een steeds groter deel van de bevolking ondraaglijk te maken, hun dan de middelen verkoopt om uit hun miserie te ontsnappen door zichzelf te vernietigen? Zou het niet hygiënischer zijn zelfmoordpaleizen te bouwen, waar de overtolligen zichzelf kunnen komen doodspuiten? De discussie over het al dan niet decriminaliseren van drugs gaat over symptoombehandeling. Welke behandeling gekozen wordt maakt uiteindelijk weinig verschil, als de ziekte intussen onbelemmerd verder woekert.

'SHOCK THE MONKEY'
SEX EN ZONDEBESEF

Jones Beach op een voorjaarsdag in 1981, ons eerste bezoek aan dit populaire New Yorkse strand. We vonden een rustige plek aan de rand van de duinen en genoten van de onstuimige lentezon. Een jong stel installeerde zich op enkele meters van ons op een duintop. Ze trokken hun kleren uit en begonnen te vrijen. Het leek wel of ze ons wilden tonen hoe goed ze het konden. Maar niet alleen aan ons: het neukpartijtje trok de aandacht van zwervende mannen die in een kring rond de duintop kropen. Een van hen nam foto's. Een andere mocht meespelen. De rest hielp zichzelf een handje. Toen het voorbij was en de toeschouwers afdropen, kwam het meisje naar ons toe en vroeg: 'Would you care to join us for some cheese and chilled wine?'

Bij nader toezien bleken de duinen het decor van nog veel meer wilde taferelen te bevatten. De meer conventionele strandbezoekers leken zich daar niet aan te storen. Andere stranden waren nog erger, zo werd ons verzekerd. Het nabijgelegen Jacob Riisstrand werd na zonsondergang een paradijs voor de liefhebbers van anonieme sex. Je glijdt er uit over het sperma, zo werden we gewaarschuwd.

Het seksuele carnaval dat in de jaren '60 op gang was gekomen in Amerika liep ten einde maar daar was toen nog niets van te merken. Seksueel overdraagbare ziekten leken een miniem probleem. Het woord aids was nog onbekend. Alles kon nog in New York. Tijdens ons eerste bezoek aan Greenwich Village, een modieuze New Yorkse uitgaansbuurt, stopte een auto naast ons. De chauffeur wenkte en vroeg: 'Would you like to swing with us?' We wilden net zeggen dat we niet gekleed waren om te gaan dansen toen het meisje naast hem haar jas openknoopte. Zij bleek ook niet gekleed om te gaan dansen, tenzij op een nudistenbal.

We hadden het kunnen weten. In lokale weekbladen zoals *The Village Voice* stonden pagina's vol advertenties voor *Swing Clubs* zoals Plato's Retreat waar partnerruil, groepssex, exhibitionisme en (vooral) voyeurisme bedreven werden. Overal vond je single's bars waar je partners voor een nacht kon oppikken. Voor homo's waren er badhuizen waar alle seksuele actie die tussen mannen denkbaar is, gebeurde. Een van de attracties waren de orgie rooms; kamers zo donker dat je er bijna geen hand voor je ogen kon zien. Wie er zich binnen waagde, voelde meteen talloze grijpgrage handen en monden op zijn lijf. De zedenpredikers die de stad een 'Sodom en Gomorra' noemden, hoefden niet eens hun verbeelding te laten werken.

Niet toevallig werden vele aspecten van de zogenaamde 'seksuele revolutie' in Amerika verder gedreven dan in Europa. De lossere sociale cohesie, de rusteloosheid, de vluchtigheid van vele contacten, het gemak waarmee het ijs wordt gebroken tussen vreemdelingen, schepten een vruchtbaarder voedingsbodem voor experimenten in sex en relaties. De tendens van homo's om een intolerante omgeving te ontvluchten door samen te troepen in steden als New York en San Francisco, deed daar een militante *gay liberation*-beweging ontstaan. En het feit dat meer vrouwen buitenshuis werkten en studeerden, bevorderde de opkomst van het feminisme.

Het waren trends waar de meerderheid van de bevolking niet actief aan deelnam. Maar toch was er een globale tendens naar meer tolerantie, naar het in vraag stellen van de geijkte patronen. De economische welvaart van de jaren '60 leek een periode in te luiden waarin de samenleving zich om andere dingen kon bekommeren dan de strijd om te overleven. De traditionele gezagsstructuren waren ondermijnd door de opstanden in de getto's, de strijd voor zwarte burgerrechten, het fiasco van de Vietnam-oorlog, de studentenrevolte en de stakingsgolven. In de jaren '70 voelden zowel het politieke, het economische als het morele establishment zich in het defensief gedrongen. Maar terzelfder tijd werd de tegenaanval voorbereid.

De restauratiegolf overspoelde Amerika in de jaren '80. Op moreel vlak werd de beweging vooral gestuwd door de kerken die een spectaculaire heropleving kenden. De opeenvolgende recessies, de toenemende oost-westspanningen, de scherpe economische verschuivingen onder Reagan, de stijging van de misdaad en andere neveneffecten van de crisis, brachten meer spanningen en onzekerheid, meer honger naar absolute waarden. De kerken lokten niet alleen meer volk, ze werden ook conservatiever. De *born again* fundamentalistische doopsgezinden met hun tv-predikanten en politieke drukkingsgroepen zoals de inmiddels opgedoekte *Moral Majority*, stonden vooraan in de strijd voor een kuiser Amerika. De katholieke kerk, steeds rechtser in morele kwesties, volgde hen op de voet.

Ook het Witte Huis predikte een repressievere moraal. De 'terugkeer naar de traditionele gezinswaarden' was Reagans retorisch stokpaardje, ook al stelde hij zijn rechterzijde teleur door van hun morele agenda geen regeringsprioriteit te maken. Maar het was wel zijn 'oplossing' voor alle binnenlandse problemen: het kwalititeitsverlies van de scholen, de misdaad, het stedelijk verval... er was niets dat niet door de magie van de 'traditionele gezinswaarden' kon worden weggetoverd.

De komst van aids was voor de moraalridders een geschenk uit de hemel (en velen onder hen geloofden dat ook letterlijk). De wilde seksuele levensstijl van vele homo's en de frequentie van seksueel contact tussen homo's en hetero's hadden voor gevolg dat de epidemie Amerika veel harder trof dan Europa. Ze zaaide er dus ook meer angst. De aids-paniek zette niet alleen velen aan om hun seksueel gedrag te veranderen, ze werkte ook intolerantie in de hand. Zoals eerder de 'seksuele revolutie' nam het restauratieklimaat extremere vormen aan dan in Europa. Geweld tegen homo's, aanvallen op 'obscene kunst', fanatieke campagnes tegen abortus en voor de kuisheid, het gebeurde allemaal op grotere schaal dan in het oude continent. Het seksueel verlangen zelf werd als pathologisch bestempeld. Een van de fenomenen van de jaren '80 was het ontstaan van *Sexaholics Anonymous*. In heel het land verschenen plots 'zelfhulpgroepen' en 'sexontwenningsklinieken' die – naar het voorbeeld van *Alcoholics Anonymous* – hun 'patiënten' helpen te leven zonder sex. 'America is scared sexless,' verkondigde NBC-News. Het weekblad *Time* doopte het nieuwe tijdperk 'The Big Chill'.

De wortels van de hypocrisie die de restauratiecampagne kenmerkte, dienen gezocht in de ontstaansgeschiedenis van dit land. De puriteinen die 'de nieuwe wereld' koloniseerden, waren het morele verval van Europa ontvlucht en droomden van een theocratische maatschappij waarin iedereen onderworpen zou zijn aan strikte morele gedragscodes. Die puriteinse invloed blijft ook vandaag nog verrassend krachtig. Historici hebben aangetoond dat het sexleven van de puriteinen niet minder actief was dan dat van anderen. Wat telde, was het uiterlijk gedrag. Die traditie van hypocrisie bereikte in de jaren '80 nieuwe hoogten. De populairste tv-predikanten zoals Jimmy Swaggart en Jim Bakker haalden hoge kijkcijfers met hun donderpreken tegen sex, die vele duizenden zondaars ertoe bewogen om hen hun spaarcentjes te schenken. Later bleek dat ze intussen heimelijk zwelgden in alle verbeelding tartende seksuele uitspattingen. Presidentskandidaat Gary Hart werd door journalisten bespioneerd en toen hij betrapt werd op een slippertje was zijn carrière ogenblikkelijk vernietigd. In de kiesstrijd van 1992 was het Bill Clinton wier kansen door (onbewezen) beschuldigingen van overspel in het gedrang kwamen. Nochtans is overspel een praktijk waar volgens het Kinsey-rapport 37% van de gehuwde mannen en 29% van de vrouwen in dit land zich aan bezondigen.

Reagan zelf was een goed voorbeeld van deze dubbele moraal. Hij mocht dan het boegbeeld van de 'traditionele gezinswaarden' heten, in zijn jonge jaren had hij zo veel affaires dat hij soms niet wist naast wie hij wakker werd, zoals hij aan vrienden bekende. Zijn zoon Michael schreef dat hij tot zijn tiende jaar de meid voor zijn moeder hield. Zijn zoon Ron trouwde pas nadat in de pers werd gefluisterd dat hij een homo was. Met dochter Patti hadden de Reagans elk contact verbroken. Vrouw Nancy ging zelfs niet naar de begrafenis van haar vader. En haar kleinkinderen bezocht ze pas jaren na hun geboorte en alleen nadat de pers aan het licht had gebracht dat ze niet naar hen omkeek. Kortom, een typische Amerikaanse familie: waar het op aankomt is niet wat je doet, maar wat je voorwendt.

Het opnieuw onwettig verklaren van abortus was en is het voornaamste doel van de morele restauratiebeweging. Terwijl in Europa, Ierland uitgezonderd, het krijgsgewoel rond dit probleem grotendeels geluwd is, bleef de abortuskwestie in de VS in de jaren '80 ononderbroken in de actualiteit. Een oplossing is niet in zicht. Voor- en tegenstanders noemen het een oorlog. De passies laaien hoog op.

Abortus werd in heel het land legaal toen het opperste gerechtshof in 1973 besliste dat de vrijheid van de vrouw om voor de ingreep te kiezen, beschermd was door het grondwettelijke recht op privacy. Maar de rechterzijde heeft zich bij dat vonnis nooit neergelegd. De strijd voor nieuwe beperkingen werd elk jaar met grotere verbetenheid gevoerd. Het ziet ernaar uit dat de anti-abortusbeweging in de nabije toekomst zal kunnen feesten. Dank zij benoemingen door Reagan en Bush kreeg het opperste gerechtshof een ruime conservatieve meerderheid. De kans is groot dat het vonnis uit 1973 binnen afzienbare tijd zal worden vernietigd. Elke staat zal dan zelf bepalen of abortus op zijn grondgebied een recht of een misdaad is. De anti-abortusbeweging probeert door intense druk op de staatsparlementen zo veel mogelijk staten 'abortusvrij' te maken.

Volgens opiniepeilingen wil echter 73% van de bevolking abortus legaal houden. In vele staten zal legale abortus dus niet verdwijnen, zelfs wanneer de grondwettelijke bescherming wegvalt. Maar ook in die staten probeert de anti-abortusbeweging door intimidatie abortusklinieken te dwingen hun deuren te sluiten. Voor sommige groepen zijn alle methodes goed om dat doel te bereiken. In de jaren '80 werden tientallen brandstichtingen en bomaanslagen gepleegd op klinieken waar abortus werd uitgevoerd. Dokters werden ontvoerd. De klassieke tactiek van een groep zoals *Operation Rescue* bestaat er in met honderden militanten de ingang van een kliniek te versperren. Gewoonlijk eindigt de actie met massale arrestaties maar de volgende dag proberen ze het opnieuw. Voorstanders van legale abortus mobiliseren dan op hun beurt hun aanhangers. De woedende confrontaties rond zo'n kliniek kunnen soms weken aanslepen. De anti-abortusmilitanten zingen psalmen, bidden rozenkransen, zwaaien met bijbels en foto's van bloederige foetussen, roepen 'moordenaars!' naar het personeel en 'vermoord uw kind niet!' naar de patiënten, terwijl ze zelf met kreten als 'fascisten!' worden begroet. Er wordt gedrongen, er vallen klappen en de tv-camera's brengen het spektakel in elke huiskamer.

Nog nooit heeft een kliniek door zo'n acties haar deuren moeten sluiten. Abortus wordt wel steeds controversiëler zodat steeds minder dokters bereid zijn de ingreep uit te voeren. Om dat doel te bereiken durven de anti-abortusmilitanten zeer ver te gaan. Ze vatten post voor het huis van een dokter die abortussen uitvoert met borden waarop staat: 'Hier woont een babymoordenaar'. Als de echtgenote van de dokter het huis verlaat, volgen ze haar. In de supermarkt lopen ze haar achterna, waarschuwen haar met luide stem dat zij en haar man zullen branden in de hel, enz. Zelfs de kinderen van de dokter worden achtervolgd tot in de school met kreten als: 'Je papa is een babymoordenaar!' En intussen krijgt de dokter op zijn werk een stroom van anonieme telefonische bedreigingen. Of hij krijgt bezoek van een anti-abortusmilitante die zich voordoet als een patiënte en de consultatiekamer met rode verf besmeurt. Dergelijke intimidatietechnieken hebben heel wat dokters op de knieën gekregen. In staten als Noord- en Zuid-Dakota was er in 1992 maar één kliniek waar abortus nog werd uitgevoerd.

Ook sommige katholieke bisschoppen zijn niet vies van intimidatie. In een aantal staten hebben ze ermee gedreigd alle katholieke politici die tegen de criminalisering van abortus stemmen in de ban van de Kerk te slaan. In Texas hebben katholieken die voor een abortuskliniek werken, schriftelijk van hun bisschop vernomen dat ze geëxcommuniceerd zijn.

Anti-abortusgroepen runnen ook duizenden pseudo-abortusklinieken die er net uitzien als echte. Ze dragen namen als 'Centrum voor Gezinsplanning' en hun advertenties luiden: 'Overweegt u abortus? Bezoek ons eerst.' De vrouwen die daar op ingaan worden ontvangen door religieuze fanaten vermomd als dokters en verplegers die hun met foute medische informatie ('abortus veroorzaakt baarmoederkanker', enz.) de schrik op het lijf trachten te jagen.

Ook de rechtbank is een strijdterrein voor de anti-abortuslobby. Typisch was de zaak Nancy Klein in 1989. Klein zweefde na een zwaar verkeersongeval tussen leven en dood. Volgens de dokter maakte ze slechts kans op herstel als haar zwangerschap werd onderbroken. Haar echtgenoot gaf zijn toestemming maar anti-abortusadvocaten stapten naar de rechtbank en eisten de bescherming van het ongeboren kind, met het argument dat Nancy niet zelf voor abortus had gekozen. Ze verloren, gingen in beroep, verloren opnieuw, gingen opnieuw in beroep, tot het opperste gerechtshof van New York hun definitief ongelijk gaf. Intussen gingen kostbare weken verloren. Op het nippertje kon Nancy toch nog worden gered.

Abortus wordt in de VS meer toegepast dan in andere westerse landen. In 1988 werd het aantal ongewenste zwangerschappen op 3 miljoen geschat (op een totaal van ruim 6 miljoen). Ongeveer 1,6 miljoen daarvan eindigden door abortus, wat neerkomt op 27,3 abortussen per 1000 vrouwen (van 15 tot 44 jaar). Meer dan een half miljoen daarvan werden uitgevoerd op tienermeisjes. De VS zijn het enige westers ontwikkeld land waar het aantal tienerzwangerschappen blijft stijgen. Jaarlijks worden 18,6 per 1000 meisjes onder de 15 jaar en 96 per 1000 tussen 15 en 19 jaar zwanger (tegenover b.v. 14 per 1000 in Nederland). Iets minder dan de helft kiest voor abortus. De rest wordt moeder, de meesten ongehuwd en veroordeeld tot een leven in permanente armoede.

Een van de redenen waarom zovele piepjonge meisjes zwanger worden is onwetendheid. De kwaliteit van de seksuele voorlichting is meestal niet beter dan die van andere vakken. De puriteinse traditie versterkt de taboesfeer rond sex. Vele PTA's (ouderverenigingen) beletten de scholen om informatie over contraceptie te geven. De enige 'seksuele opvoeding' die ze toestaan - ook inzake aids-preventie - is kuisheidspropaganda. Minder dan de helft van de tieners gebruikt een voorbehoedmiddel tijdens de ontmaagding, en 15% gebruikt ze nooit.

Het aanbod en de kwaliteit van de voorbehoedmiddelen is overigens heel wat lager dan in Europa. Volgens een rapport uit 1990 van de *National Academy of Sciences* is dat een van de oorzaken van het hoge aantal abortussen. Het rapport zegt dat de Amerikaanse farmaceutische industrie in de research en de ontwikkeling van anti-conceptiemiddelen een achterstand van tientallen jaren heeft op Europa. En de kloof groeit: in 1980 hielden nog 17 Amerikaanse bedrijven zich bezig met anticonceptieresearch, in 1990 nog een. Vele Europese anti-conceptiemiddelen worden in de VS niet ingevoerd.

Het aantal abortussen zou dus drastisch kunnen worden verminderd door een betere seksuele voorlichting in de scholen en door een ruimer en beter aanbod aan voorbehoedmiddelen. De oppositie van de anti-abortusbeweging maakt dit echter onmogelijk. De militante anti-abortusgroepen zijn ook gekant tegen anti-conceptie en sterilisatie. Hun invloed is een van de redenen waarom farmaceutische bedrijven zich uit de anticonceptiebusiness terugtrekken en waarom de seksuele voorlichting zo veel te wensen overlaat. De anti-abortusbeweging is dus zelf een van de oorzaken van het hoog aantal abortussen.

Dat is minder vreemd dan het lijkt. Hun strijd is niet gericht tegen een sociaal probleem maar tegen de zonde. Wanneer de ongewenste kinderen eenmaal geboren zijn, heeft de anti-abortusbeweging geen belangstelling meer voor hen. Abortus is voor velen onder hen zo hemeltergend omdat het een symptoom is van onkuisheid.

In 1981 behaalden de moraalridders een overwinning toen het Congres de zogenaamde 'kuisheidswet' goedkeurde die 30 miljoen dollars vrijmaakte voor anti-sexpropaganda in de scholen. Maar hoe vlijtig men de leerlingen ook drilde in het roepen van slogans ('Control your urgin', be a virgin', 'Pet your dog, not your date', 'Don't be dips, stop at the lips'), het was allemaal boter aan de galg. Amerikaanse tieners zijn seksueel actiever dan ooit. Slechts 28% van de leerlingen in het laatste jaar van het middelbaar onderwijs is nog maagd, rapporteerde het Center for Disease Control in 1992. 54% van de middelbare scholieren (61% van de jongens en 48% van de meisjes) is seksueel actief. In 1965 was nog 50% van de meisjes maagd op haar bruiloft, 25 jaar later minder dan 20%. Meisjes nemen steeds vaker het initiatief in sex en de meerderheid van zowel jongens als meisjes vindt dat sex hun relaties heeft verbeterd.

Dat sex zo populair is bij de jeugd is weinig verbazend. De jaren '80 waren een periode van morele schizofrenie. Enerzijds was er de golf van 'morele restauratie', anderzijds lag de nadruk meer dan ooit op instant-bevrediging door consumptie. Zelfzucht werd gevierd, de lichaamscultuur verheerlijkt, sex werd steeds meer gebruikt in tv en reclame om de aandacht van de consumenten te trekken. In dit tijdperk van obsessie met statussymbolen werd het lichaam zelf meer dan ooit een seksueel statussymbool, zowel voor jongens als meisjes. Beauty salons, fitness clubs, body building, zonnebanken en plastische chirurgie werden enorm populair. Meer dan twee miljoen Amerikaanse vrouwen lieten hun borsten vergroten om zich seksueel aantrekkelijker te maken.

De gemiddelde Amerikaanse tiener ziet jaarlijks 14.000 seksuele situaties op tv. In minder dan één op de 85 wordt gesproken over geboortencontrole of seksuele opvoeding. Maar de tv-netwerken weigerden een boodschap van de Amerikaanse vereniging voor verloskundigen en gynaecologen uit te zenden omdat een waarschuwing tegen ongewenste zwangerschap en een aanmaning om voorbehoedmiddelen te gebruiken 'te controversieel' was. En ondanks de aids-epidemie weigerden de tv-netwerken reclame voor condooms te brengen. Toen de (relatief weinig bekeken) publieke tv een programma uitzond waarin het gebruik van condooms gedemonstreerd werd (met behulp van een banaan) kwam er heel wat protest, onder meer van de *International Banana Association* ('de banaan is een belangrijk produkt en verdient met respect te worden behandeld'). Vreemd genoeg was er geen protest van de Liga der Penisbezitters tegen de vergelijking van hun trotse aanhangsels met een snel rottende vrucht.

De combinatie van dit overaanbod van seksuele prikkels en het gebrek aan seksuele voorlichting verklaart waarom jaarlijks meer dan drie miljoen Amerikaanse tieners besmet worden met seksueel overdraagbare ziektes. De aids-besmetting van tieners stijgt onrustwekkend. In Washington bleek in 1991 al meer dan 1% van de tieners seropositief. Om de epidemie in te dijken worden in vele New Yorkse scholen nu gratis condooms ter beschikking van de leerlingen gesteld.

'De Amerikaanse cultuur in de jaren '80,' zei *Village Voice*-columnist Richard Goldstein, 'lijkt op een reusachtig laboratoriumexperiment waarin we allemaal de proefdieren zijn. We werden seksueel overgestimuleerd en dan gestraft, opnieuw gestimuleerd en opnieuw gestraft.' 'Shock the monkey,' zoals Peter Gabriel zong: schok de geile aap met aids-terreur, met zelfkwelling, met zondebesef.

Terwijl de restauratiebeweging vruchteloos probeerde de klok terug te draaien, evolueerde de maatschappij steeds verder weg van haar ideaalbeeld. Het traditionele gezin, met vader die uit werken gaat en moeder die de kinderen grootbrengt, is vandaag eerder de hoeksteen van de ideologie dan van de werkelijkheid. Het percentage vrouwen dat buitenshuis werkt steeg van 37% in 1960 naar 57% in 1991. Vrouwen bezetten nu 45% van de totale arbeidsmarkt. De daling van de lonen sedert de jaren '70 is de voornaamste reden waarom deze stijging zo groot is. Voor vele gezinnen is een dubbel inkomen geen luxe maar een noodzaak. De stijging van de werkloosheid trof vrouwen minder dan mannen maar dat heeft minder te maken met vrouwenemancipatie dan met het feit dat vrouwen minder betaald worden, zodat de baas meer bezuinigt door mannen af te danken. De kloof tussen het inkomen van mannen en vrouwen is weliswaar verkleind maar vrouwen verdienen gemiddeld toch nog 30% minder. (Dat komt ook omdat de opperste echelons meestal exlusieve blanke mannelijke clubjes zijn.) Als de vrouw meer verdient dan haar echtgenoot blijkt dat vaak tot het mislukken van de relatie te leiden.

Twee derden van de huwelijken eindigen met een echtscheiding. Vrouwen nemen dubbel zo vaak het initiatief tot echtscheiding als mannen. Het aantal kinderen dat slechts met één ouder leeft, steeg tot 21%, tweemaal zo veel als in 1970. De stijging was het grootst bij de zwarte bevolking: van 33% in 1960 naar 68% in 1989. Slechts 11% van de gescheiden vaders betaalt onderhoudsgeld. Het aantal ongetrouwde paren steeg met meer dan 400% sedert 1970. 70% van hen heeft geen kinderen.

34% van de paren maakt na tien jaar nog steeds ruzie over geld, zo blijkt uit een studie van de universiteit van Seattle. Het is nog steeds de man die de meeste financiële beslissingen neemt. Ook de huishoudelijke taken zijn nog ongelijk verdeeld. Toch doen de mannen het al wat beter: 22% besteedt minstens 11 uren per week aan huishoudelijke karweien (tegenover 59% van de vrouwen). Ook het aantal mannen dat zijn relatie belangrijker vindt dan zijn werk is fors gestegen (39%).

85% van de vrouwen en 70% van de mannen denkt vaker

aan geld dan aan sex, zo rapporteert het tijdschrift *Money*. Twee derden van de hetero-paren die tien jaar samen zijn, vrijen nog minstens een keer per week. (Dat is aanzienlijk minder dan mannelijke homo-paren maar meer dan de lesbische. De frequentie ligt ook hoger als het stel een gewelddadige relatie heeft.) Uit bovenvermelde studie blijkt ook dat orale sex belangrijker is voor mannen dan voor vrouwen en dat mannen die orale sex geven of krijgen (74% van het totaal aantal hetero-paren) zich gelukkiger voelen dan deze die dat niet doen. Tot de verbazing van de onderzoekers bleek ook dat vrouwen copulatie belangrijker vinden voor hun bevrediging en geluk dan mannen. (En nu we het toch over geluk hebben, hier nog een intrigerende statistiek: vrouwen ondernemen vier vijfden van de zelfmoordpogingen in de VS maar drie vierden van de geslaagde zelfmoorden zijn het werk van mannen.)

De toenemende gewelddadigheid van de Amerikaanse samenleving uit zich ook op seksueel vlak. Van alle geweldmisdrijven is verkrachting het meest in frequentie gestegen. Volgens de statistieken van het ministerie van Justitie steeg het aantal verkrachtingen in 1991 met 59%, grijpt om de zes minuten een verkrachting plaats en heeft een Amerikaanse vrouw een kans op drie om in de loop van haar leven verkracht te worden. Hoe jonger de daders, hoe scherper de stijging. In New York steeg het aantal teenagers gearresteerd voor verkrachting in 1988-89 met 27%, het aantal verkrachters jonger dan dertien met 200%. De verkrachters kiezen hun slachtoffers meestal in hun onmiddellijke omgeving, zelden zijn de daders onbekenden.

De stijging in de verkrachtingsstatistieken is ook een gevolg van het feit dat verkrachtingsslachtoffers minder gestigmatiseerd worden zodat ze minder bang zijn de misdaad te rapporteren. Maar volgens een enquête van het *National Victim Center* is het probleem nog veel erger dan de officiële statistieken laten vermoeden, juist omdat de meeste verkrachte vrouwen uit schaamte nog altijd verkiezen te zwijgen. In 1990 werden volgens de studie 683.000 Amerikaanse vrouwen verkracht. Dat is 0,7 % van de volwassen vrouwelijke bevolking en ruim vijfmaal meer dan het officiële cijfer. Dat verkrachting zo veel voorkomt heeft ook te maken met het feit dat het in niet geringe mate sociaal wordt geaccepteerd. Uit een onderzoek in scholen in Rhode Island bleek dat 67 % van de jongens vindt dat een jongen een meisje mag verkrachten als hij al zes maanden met haar uitgaat. En 46 % van de meisjes was het daarmee eens!

Per jaar worden meer dan 1,8 miljoen Amerikaanse vrouwen door hun partners geslagen. Geschat wordt dat in een vierde van de huwelijken geweld plaatsgrijpt. Een vijfde van de vrouwen die na spoedopname onder het mes moeten, zijn een slachtoffer van mannelijke 'partners'.

Ook tegen kinderen wordt meer geweld en seksueel misbruik gepleegd. Tijdens de jaren '80 steeg het gerapporteerde geweld tegen kinderen met 80% (2,4 miljoen gevallen per jaar). Het aantal gevallen met dodelijke afloop steeg met 36 %. Seksueel misbruik van kinderen steeg met 277 % en gebeurt nu om de twee minuten. Het aantal kinderen onder de dertien jaar met geslachtsziekten is verdrievoudigd. In dezelfde periode verminderde de overheid haar budget voor de bestrijding van dit probleem met 10 %. Het ministerie van Justitie schatte in 1984 het aantal kind-prostituées (jongens en meisjes) op 600.000. Jaarlijks zouden er bijna 4000 vermoord worden.

De aids-paniek vergoelijkte ook meer geweld en discriminatie tegen homo's. Alle vormen van *bias crime* (misdaden uit onverdraagzaamheid zoals racisme) stegen sinds 1980 maar het geweld tegen homo's kende de grootste stijging (in 1991 met 31 %). Vooral jongeren lijden aan homofobie. In een opiniepeiling antwoordden drie vierden van de ondervraagde tieners bevestigend op de vraag of het slecht zou zijn een homo als buur te hebben. Onwetendheid speelt een rol maar volgens een recent onderzoek is de aids-paniek eerder een excuus dan de oorzaak. De onzekerheid van jongens omtrent hun seksuele identiteit en dus hun angst om niet te beantwoorden aan het heersende macho-ideaal, zou de ware oorzaak zijn. Bijna al het geweld tegen homo's is het werk van jongens in bendes. Door homo's aan te vallen willen ze zichzelf en hun vrienden bewijzen dat zij 'echte mannen' zijn. Eigenaardig genoeg is de aidspaniek aan het verminderen, juist nu de epidemie zich snel begint te verspreiden in de hetero-bevolking. Het gros van de bevolking is beter geïnformeerd en door de confrontatie met aids-drama's meer vertrouwd geworden met de homo als medemens.

Door de angst voor aids is het aantal vluchtige seksuele ontmoetingen in de homowereld aanzienlijk gedaald; relaties zijn duurzamer geworden. Volgens sommigen is er (ook voor hetero's), meer ruimte ontstaan voor de exploratie van erotiek zonder penetratie, voor creativiteit met *safe sex*-technieken en de ontdekking van de erogene zones die door de focus op genitalia buiten het sexspel bleven. Volgens de laatste berichten neemt de voorzichtigheid echter weer af. Steeds meer jonge homo's vinden het moeilijk om de lokroep van anonieme en onveilige sex te weerstaan.

Maar de badhuizen en Swing Clubs zijn nu vrijwel allemaal verdwenen. De sex-business is grondig veranderd sedert 1980. De straatprostitutie kende een enorme inzinking. In de duurdere bordelen is de seksuele daad niet meer de norm. Het brein is er het voornaamste sex-orgaan. Seksueel rollenspel, meestal in combinatie met masturbatie, is er naar het schijnt de belangrijkste activiteit. De angst voor aids en andere ziekten, het wantrouwen dat door de toenemende agressiviteit wordt aangewakkerd en de contactstoornissen tussen mannen en vrouwen maakten seksueel isolationisme steeds aantrekkelijker. 'The new eroticism: sex without sex,' schreeuwde een cover van het modieuze tijdschrift *Self*. Of zoals trendsetter Andy Warhol het uitdrukte: 'Fantasy love is much better than real love.'

Niets illustreert beter de tendens om lijfelijke sex door fantasiesex te vervangen dan de opkomst van de sex-telefoon. De diverse soorten halen samen een jaaromzet van meer dan 500 miljoen dollar. De eerste (en goedkoopste) variëteit: nummers die je kan opbellen om een bandje van b.v. 'een geile pornoster' te horen. Vooral schooljongens maakten er misbruik van, tot ergernis van hun ouders. Dan kwam de klassieke telefoonsex die je ook verbale prostitutie zou kunnen noemen en die intussen al even gevarieerd is in prijsklasse en specialiteiten als de lijfelijke prostitutie. Daarna kwamen de *party lines* die je kunt opbellen om je, verbaal althans, bij de groep van je keuze te vervoegen (biseksuele mannen, zwarte vrouwen, transseksuelen, noem maar op). De nieuwste uitvinding in de telefoonsex is de biechttelefoon. (Met twee nummers: een voor verbale exhibitionisten, een voor verbale voyeurs.) In een blad als *Village Voice* vullen de advertenties voor gewone prostitutie een kwart pagina, deze voor telefoonsex meer dan zes bladzijden.

De meeste Amerikaanse sex-bioscopen sloten hun deuren in de jaren '80. Er kwam bijna niemand meer. En toch worden er meer pornofilms gemaakt dan ooit in de VS (ruim 1.600 per jaar). Dat komt natuurlijk omdat video-sex beter beantwoordt aan de antiseptische noden van vandaag. Een vijfde van wat door videowinkels verhuurd wordt is porno (jaaromzet: 600 miljoen dollar). Zo krijgen steeds meer Amerikanen porno te zien: volgens een enquête zagen 31% van de mannen en 17% van de vrouwen in 1990 minstens een pornofilm; een stijging met respectievelijk 11 en 4% tegenover 1980.

Inhoudelijk lijken de pornofilms nochtans nog steeds even vervelend en bovendien weerspiegelen ze vaak een machomentaliteit (en zelden ziet men de acteurs een condoom gebruiken). In de jaren '80 verschenen ook voor het eerst pornofilms op de markt die door vrouwen gemaakt en voor vrouwen bestemd zijn. De porno van *Femme Productions* besteedt veel minder aandacht aan de genitalia. Voorspel, sfeer en het (meestal romantische) verhaal zijn belangrijker.

Seksueel isolationisme, stijgend seksueel geweld, zelfkwelling en zondebesef... het zijn niet bepaald tendensen die wijzen op een groeiende harmonie tussen de geslachten. Maar als we die verschijnselen in hun bredere sociale context plaatsen, dan blijkt toch iemand ervan te profiteren. In de jaren '80 slaagde het Amerikaanse establishment erin om ondanks de crisis de rijkdom van de rijksten te vergroten, ten koste van de meerderheid van de bevolking. Zo'n beleid kan slechts slagen als de slachtoffers ervan een zondebok vinden voor hun frustraties, als hun een pseudo-ontsnapping wordt geboden of als ze ervan overtuigd kunnen worden dat hun pijn hun eigen schuld is. Hoop op verandering komt er pas als de slachtoffers ophouden elkaar de kop in te slaan en hun collectieve nood aan een andere samenleving erkennen. Maar het is zo veel simpeler om alle schuld te geven aan de zondaars, aan het andere ras, aan het andere geslacht. In de jaren '80 was er geen gebrek aan ideologen om deze verdeeldheid te theoretiseren, ook op seksueel vlak. Sommige van de meest besproken feministische boeken van de laatste jaren zijn werken zoals Andrea Dworkins *Intercourse*, waarin copulatie wordt beschreven als een vorm van collaboratie met de vijand en Robin Morgans *The Demon Lover*, waarin mannelijke seksualiteit wordt vergeleken met terrorisme. Germaine Greer, die twintig jaar geleden de vrolijke slogan lanceerde 'Lady, love your cunt!' houdt nu pleidooien voor celibaat. Populaire 'advies'-boeken zoals Liz Hodgkinsons *Sex is not compulsory* en typische eighties-groepen zoals WAS (*Women Against Sexuality*) echoën die boodschap, vaak op dezelfde hysterische toon als de crypto-fascistische religieuze fundamentalisten waarmee feministen een monsterverbond sloten in de strijd om pornografie illegaal te maken. Zelfs Erica Jong, die met haar sex-verheerlijkende roman *Fear of flying* in 1973 sensatie wekte, betuigde Dworkin haar steun.

De intense commercialisering van sex en het geweld tegen vrouwen maken deze reacties enigszins begrijpelijk. 'De seksuele revolutie was vreugdeloos en possessief,' zegt Jong, 'een produkt van onze materialistische, verslaafde cultuur.' Ze vindt dat Amerika 'a dirty mind' heeft en dat haar boeken beter begrepen worden in Europa.

Natuurlijk zijn lang niet alle feministen op de anti-sextoer gegaan. Maar de verwarring is groot. 'Waar zijn de echte mannen naartoe?' vroeg de feministische schrijfster Deborah Lake in '83. Ze vond dat mannen die zoeken naar een anti-autoritaire rol hun viriliteit hebben verloren. Nancy Friday, die verscheidene boeken schreef over de seksuele fantasieën van vrouwen, meent dat 'de succesvolle vrouwen van vandaag geen dominerende mannen in hun leven dulden. Maar toch is dat juist het type waarover zij fantaseren. De contradictie maakt ze gek.' Sommige mannen vermoedelijk ook. Maar mannen mengen zich opvallend weinig in dit debat. Diegenen die het wel doen, varen meestal dezelfde isolationistische koers als hun vrouwelijke tegenpolen, zodat de discussie nog meer een dovemansgesprek wordt. Schrijvers als Sam Keene (*Fire in the belly*) en Robert Moore (*King, Warrior, Magician, Lover*) vinden dat mannen het slachtoffer zijn geworden van een vrouwelijke hetze. 'Mannen zijn kwaad omdat ze van alles de schuld krijgen,' schrijft Keene. 'Er is een echte blitzkrieg gevoerd tegen het mannelijke geslacht,' meent Moore. Robert Bly, de auteur van de bestseller *Iron John*, vindt dat mannen zich minder met vrouwen en meer met zichzelf moeten bezighouden. In mannengroepen, waar vrouwen uitgesloten zijn, moeten ze het contact met 'de wilde man' in zichzelf herstellen. De impact van deze mannenbeweging is echter minuscuul. En ook daarbuiten blijft het voor de meeste mannen moeilijk hun emoties betreffende sex en relaties te confronteren. Dat de nood daaraan bestaat blijkt onder meer uit het feit dat in zo'n 200 Amerikaanse universiteiten cursussen in *Men's studies* worden gedoceerd. Maar even veelzeggend is het feit dat 70% van de studenten die deze cursussen volgen, vrouwen zijn.

DE TOTALITAIRE DEMOCRATIE
GELD, DE MOEDERMELK VAN DE POLITIEK

Sinds de economische crisis op het einde van de jaren '60 weer opdook, zijn de belastingen van loontrekkende Amerikanen fors gestegen en deze van de rijkste toplaag enorm gedaald. Terwijl grote bedrijven in de landbouw, het bankwezen, de wapenindustrieën en vele andere sectoren voor miljarden subsidies kregen, werden niet alleen de uitgaven voor armenhulp maar ook diegene die de meerderheid van de bevolking ten goede komen (scholen, infrastructuur, openbaar transport, enz.) met miljarden besnoeid. Waarom de Amerikaanse staat de economische koek zo overduidelijk heeft herverdeeld ten voordele van de rijksten, is geen mysterie. Meer dan ooit wordt de politieke macht gebruikt voor en door de kapitaalbezitters. Voor 'het volk', de theoretische bezitter van die macht, blijft de deelneming beperkt tot het lege ritueel van de verkiezingen, een surrealistisch circus dat met het werkelijke regeringsbeleid nog nauwelijks iets te maken heeft.

De geldkraan

'Iedereen kan zich verkiesbaar stellen in dit land,' zegt Jim Ruvolo, voorzitter van de Democratische partij in Ohio. 'Iemand die begaan is met het milieu kan zich kandidaat stellen. Maar hij kan niet winnen. Een miljonair zoals Donald Trump kan winnen. Maar de gemiddelde burger - een leraar of een kruidenier - kan niet worden verkozen.'

Het gezegde 'geld is de moedermelk van de politiek' gaat allang mee in Amerika maar nooit was het zo waar als vandaag. Wie verkozen wil worden moet schatrijk zijn of nauwe banden onderhouden met de bedrijfswereld. In 1988 bedroegen de modale kosten om een senaatsverkiezing te winnen bijna 4 miljoen dollar, 22% meer dan in 1986. De prijs voor een zetel in het huis van afgevaardigden was met 10% gestegen, tot 400.000 dollar. In de campagne voor het Witte Huis werd in dat jaar een half miljard dollar uitgegeven. De totale verkiezingscampagnekosten stegen van 140 miljoen dollar in 1952 naar 1,8 miljard in 1984.

De stijging van de kostprijs van politiek succes weerspiegelt de tendens naar kapitaalconcentratie in de economie. Een bedrijf dat meer investeert kan de afzetmarkt van zijn concurrenten inpikken en dwingt daardoor z'n concurrenten dezelfde investeringsinspanningen te doen of ten onder te gaan. Door meer te investeren in zijn campagne kan een Congreskandidaat de electorale markt in zijn district inpalmen en dus zijn concurrent dwingen even veel geld te verzamelen om een kans te maken. Omdat de mogelijkheden tot investeren in mediareclame en propagandastunts onuitputtelijk zijn, kennen ook de groeimogelijkheden van de campagnekosten haast geen grenzen. In 1988 gaven politici aan tv-reclame al meer dan viermaal zoveel uit als in 1972.

Hoe hoger de kosten, hoe afhankelijker de kandidaten worden van diegenen die in hun campagne willen investeren. Die afhankelijkheid wordt ook in de hand gewerkt door het Amerikaanse kiessysteem en de tweepartijenstructuur die eruit voortvloeit. 'Het feit dat slechts één persoon kan winnen, zowel in de verkiezing van een president, senator als afgevaardigde, creëert een serie van "de winnaar krijgt alles"-verkiezingen, waarin een stem voor een derde kandidaat die meer rechts of meer links is, in feite een stem betekent voor de kandidaat die de kiezer het minst wenst, en die aan de andere kant van het politieke spectrum staat,' schrijft politoloog William Domhoff. De werkelijke keuze is dus doorgaans beperkt tot twee kandidaten. 'Het onvermijdelijke resultaat is de vorming van twee coalitiepartijen die hun verschillen trachten te verdoezelen om de kiezers in het midden te winnen.'

De kandidaten hebben er dus alle belang bij hun politieke standpunten vaag en algemeen te houden, om zo weinig mogelijk kiezers voor het hoofd te stoten. Daarom gaan de kiescampagnes in de VS vooral over het imago dat de kandidaten van zichzelf en hun tegenstander ophangen, hoe weinig dit ook heeft te maken met de beslissingen die ze nemen als ze verkozen zijn. En dat maakt het voor hun financiers gemakkelijker om hen te controleren, meent Domhoff. Omdat de kandidaten de kiezers niet voor zich winnen met concrete standpunten en niet gebonden zijn aan partijplatformen, zijn ze alleen verantwoording verschuldigd aan hun geldschieters, van wie ze afhankelijk blijven om de schatkist voor hun herverkiezingscampagnes te vullen.

Sommigen, zoals de directeur van het *National Committee for an Effective Congress*, menen zelfs dat de verkiezingen in de VS in die mate op individuele kandidaten en hun relaties met hun geldschieters berusten, dat 'de Democratische en Republikeinse partijen in de praktijk eigenlijk niet bestaan.' Dat is enigszins overdreven. Er is wel degelijk een ideologische taakverdeling tussen de twee partijen. Ze hebben elk hun eigen electorale kernbasis, zoals vooral blijkt tijdens de voorverkiezingen. Dan wordt er binnen de partijen gestemd en worden de verschillen in retoriek tussen Democraten en Republikeinen meer uitgesproken. In de eindstrijd vervagen ze opnieuw.

Er zijn momenten dat een van beide partijen zich geroepen voelt een duidelijke ideologische koerswijziging te bepleiten. Soms gebeurt dat als een brandende kwestie een grote verdeeldheid in het land en een radicalisering van de basis van een van beide partijen veroorzaakt. In 1964 nomineerden de Republikeinen een uitgesproken rechtse kandidaat (Goldwater) en in '72 zwenkten de Democraten naar links (McGovern). In beide gevallen werd die ideologische profilering met een verpletterende verkiezingsnederlaag afgestraft. Op andere momenten leidt niet de verdeeldheid maar juist de eensgezindheid binnen het establishment over de noodzaak van een koerswijziging tot de nominatie van een ideologisch meer geprofileerde kandidaat. Die kent dan wel succes. Dat was het geval in 1932 (Roosevelt) en in 1980 (Reagan).

Maar ondanks de occasionele retorische hoogstandjes en wederzijdse beschuldigingen zijn de echte verschillen tussen de partijen klein en steeds kleiner. De overgrote meerderheid van de Congresleden beschouwt zichzelf als 'pragmatisch' en 'niet-ideologisch'. 'Het verschil met Europa is opvallend,' zei R.W. Apple, die als *New York Times*-correspondent lang in Londen werkte. 'Op een diner in Londen hoor je een bredere waaier van opinies verkondigen dan in heel Washington... De voorman van de linkerzijde in Washington, Ted Kennedy, zou zich lekker voelen in de linkervleugel van de Britse Tory-partij of bij de Duitse christen-democraten. Als hij een socialist was, dan zou hij tot de uiterst-rechtse vleugel van de Spaanse socialistische partij kunnen behoren.'

Uitgesproken rechtse politici zijn beter vertegenwoordigd, vooral omdat het voor hen gemakkelijker is om gulle geldschieters te vinden. Toen senator Jesse Helms tijdens zijn laatste campagne door zijn uiterst-rechtse standpunten heel wat tegenwind ondervond, kon hij met een monsterbudget van 13,4 miljoen dollar alsnog een nipte zege in de wacht slepen.

De meeste verkozenen koesteren echter weinig vaste overtuigingen. Het is geen toeval dat de meerderheid van de Congresleden advocaat is. Zij hebben de ideale opleiding genoten om te bemiddelen tussen de belangen van hun geldschieters en de humeurschommelingen van de kiezers. Zij zijn getraind in het houden van passionele betogen, in het spelen van verontwaardiging maar ook in het uitwerken van zakelijke compromissen. Zij zijn het best geplaatst om voor hun broodheren legale achterpoortjes te creëren en ze te camoufleren onder een stortvloed van juridisch bargoens dat alleen voor specialisten begrijpelijk is. En als ze hun politieke carrière beu zijn, kunnen ze voor hun vroegere geldschieters aan de slag als lobbyisten of bedrijfsadvocaten.

De meeste Congresleden blijven echter in de politiek tot ze

met pensioen gaan. Sommigen wellicht uit overtuiging maar de meesten ongetwijfeld vanwege de macht, de faam en omdat ze er rijk door worden. De verkozenen hebben goed voor zichzelf gezorgd. In 1950 verdiende een afgevaardigde zesmaal zo veel als een winkelbediende, in 1992 twaalfmaal zo veel. Daarnaast genieten ze van allerlei extra-voordelen (gratis gezondheidszorg enz.) en krijgen ze dure geschenken van de lobby's. Afgevaardigden verdienden in 1992 een jaarsalaris van 125.000 dollar waardoor ze tot de 5% met het hoogste inkomen behoren. In 1991, midden in de recessie, gaf het Congres zichzelf 23% opslag. Dat was nodig, zo zei de Democratische leider Robert Byrd, omdat een gewone arbeider anders niet in staat zou zijn om het dure leven van een politicus te leiden. Zonder de opslag, zo zei Byrd in de Senaat, 'zullen er geen lassers meer komen uit de scheepswerven van Baltimore, geen mijnwerkers uit West-Virginia, geen vuilnismannen of groenteboeren... voor hen vecht ik hier vanavond... laten we onze deuren openzetten voor enkele armen die in de senaat willen zetelen.'

Noch voor de opslag noch daarna, telde de senaat lassers, mijnwerkers, vuilnismannen of groenteboeren onder zijn leden. Een studie van het blad *Congressional Quarterly* concludeerde: 'Op enkele uitzonderingen na waren de meeste Congresleden al welgestelde advocaten of zakenlui voor ze naar Washington kwamen. De meesten behielden en vergrootten hun winstgevende financiële investeringen terwijl ze in het Congres zetelden.'

In 1974 werd een aantal hervormingen doorgevoerd om de invloed van geldschieters op het verkiezingsproces, die door het Watergate-schandaal pijnlijk in de schijnwerpers was gezet, te verminderen. Maar in de praktijk hadden ze enkel voor gevolg dat de financiering van kandidaten minder afhankelijk werd van individuele donors en meer van de hele bedrijfswereld. Omdat individuen nu niet meer dan 1000 dollar aan een Congreskandidaat mogen geven, werden de bedrijven gedwongen de financiering van de kiescampagnes op een meer collectieve basis te organiseren. De helft van de campagnekosten van Congresleden wordt betaald door *Political Action Committees* (PAC's). De overgrote meerderheid van de PAC's zijn instrumenten van grote bedrijven en bedrijfsgroepen. De aandeelhouders en directieleden worden verplicht jaarlijks een som van b.v. 5000 dollar in het PAC-fonds van het bedrijf te storten en de verdeling van het PAC-geld wordt op nationale schaal door bedrijfsorganisaties gecoördineerd. De Congresleden moeten dus nog nauwgezetter de belangen van specifieke bedrijven en sectoren dienen om de nodige fondsen voor hun campagnes te verwerven. Er zijn ook PAC's die gevormd werden door andere belangengroepen, vooral de vakbonden. Maar hun financiële armslag is kleiner in vergelijking met de PAC's van de bedrijfswereld.

De groeiende rol van de PAC's heeft de invloed van individuele geldschieters overigens niet uitgeschakeld. Het maximum van 1000 dollar geldt alleen voor rechtstreekse schenkingen aan de kandidaten, niet voor bijdragen aan de partijen. Rijke individuen geven nog altijd enorme sommen aan de partijen die ze dan gebruiken om hun kandidaten te steunen. Beide partijen gebruiken dit zogenaamde 'soft money' om de beperkingen op de uitgaven van presidentskandidaten te omzeilen. (In ruil voor de invoering van die beperkingen krijgen de presidentskandidaten sinds '76 overheidsgeld voor hun campagnes.) De Republikeinen bijvoorbeeld, hebben hun *Team 100*-club waarvan men lid wordt door 100.000 dollar of meer aan de partij te schenken. Uit een onderzoek van de groep *Common Cause* blijkt dat de voornaamste donors van *Team 100* – zonder uitzondering van grote bedrijven – 'toevallig' allen bevoordeeld werden door regeringsbeslissingen die hun miljoenen extra-winsten opleverden. Het rechtstreekse verband tussen die beslissingen en de campagnebijdragen is natuurlijk onbewijsbaar.

Lobby-groepen 'bundelen' ook vele individuele schenkingen van 1000 dollar voor de kandidaten van hun keuze. In werkelijkheid is dat geld vaak niet afkomstig van de individuen maar van de bedrijven waarvoor ze werken. Er staat ook geen limiet op de 'onafhankelijke uitgaven' die individuen en PAC's mogen doen voor hun kandidaten, zolang dit geld niet rechtstreeks naar de kandidaten gaat. Een andere manier om een politicus te kopen bestaat erin hem rijk te maken door hem aandelen te schenken of eigendom van hem te kopen tegen een prijs die ver boven de marktwaarde ligt. Zo kochten Reagans weldoeners een stuk grond van hem voor 2 miljoen dollar, dertigmaal zo veel als wat Reagan er zelf voor betaald had. Ze lieten hem spreken voor zakenlui en conservatieve groepen, tegen een vergoeding van 20.000 dollar per redevoering. Het was door dit 'hard werk' dat Reagan miljonair werd.

Politici zelf geven met verbluffende openhartigheid toe dat het financieringssysteem van de verkiezingen door en door corrupt is. 'Er is geen enkele wet die niet kan worden omzeild,' zei Carol Darr, de juridische adviseur van de Dukakis-campagne in 1988.

In theorie geven geldschieters omdat ze de politieke filosofie van de kandidaten delen. Maar in de praktijk geven de bedrijfs-PAC's zelden op basis van ideologische voorkeur. Het geld wordt openlijk gebruikt om invloed te kopen. Daarom ging 91% van het PAC-geld in de Congresverkiezingen in 1992 naar zittende Congresleden, van welke partij ze ook waren, terwijl hun uitdagers slechts 3% kregen (de rest van het geld ging naar districten waar de Congreszetels vacant waren). De grootste schenkingen gaan naar die Congresleden die het meest invloed hebben op de wetten die de donors direct aanbelangen; dat zijn de partijleiders en de leden van de comités waar de wetten worden opgesteld. Dus gaat het geld van de PAC's van de landbouwbedrijven vooral naar de leden van de *Agriculture Committees*, deze van de banksector naar de *Banking Committees*, enz. De PAC's geven meestal in groep, waardoor ze hun impact vergroten. Zo kregen de leden van het *Ways and Means Committee* in het huis van afgevaardigden in 1988, toen het comité een belastingwet voorbereidde die de verzekeringssector aanbelangde, elk 35.000 dollar van 100 PAC's uit de verzekeringssector. Geen wonder dat Congresleden vechten voor een plaats in de comités, vooral in diegene die de bedrijfswereld het meest aanbelangen.

De invloed van de lobby's

De financiële afhankelijkheid van de Congresleden eindigt niet wanneer ze eenmaal verkozen zijn. Ex-senator Eagleton schatte dat zijn collega's 85% van hun tijd besteden aan het bedelen om fondsen voor hun herverkiezingscampagne. 'Niemand heeft tijd om naar de comités te gaan,' zei hij, 'het werk wordt daar grotendeels gedaan door stafleden.'

Precies deze stafleden hebben het meest contact met de lobby-groepen, wier taak het is om de Congresleden op de hoogte te houden van de specifieke verlangens van de geldschieters en te verhinderen dat er wetten worden gestemd die tegen hun belangen indruisen. Er zijn 11.000 lobby-groepen in Washington. De meeste werken vooral voor de bedrijfswereld. Ze spelen vaak een belangrijke rol in de formulering van wetsvoorstellen en belonen Congresleden voor bewezen diensten. 'Na afloop van een gesprek legden lobbyisten vaak een cheque van 10.000 dollar op mijn bureau,' zei Tim Richardson, die in 1990 ontslag nam als assistent van Congresafgevaardigde Greg Laughlin, 'in de bovenste lade lagen soms 20 cheques.' De lobbyisten kennen de mechanismen van het Congres als hun broekzak. Velen zijn ex-Congresleden en ex-stafleden van Congresleden. David Aylward was een assistent van Tim Wirth, de voorzitter van een Congrescomité dat onder druk stond om iets te doen tegen de wildgroei van junk bonds, de riskante obligaties die gebruikt werden bij bedrijfsovernames in de jaren '80. In een interview met de *New York Times* benadrukte Ayward dat junk bonds potentieel gevaarlijk waren voor de economie, zoals later ook zou blijken. Kort daarna nam hij ontslag en begon hij te werken als lobbyist voor de *Alliance for Capital Access*. Deze lobbygroep was opgezet door Michael Milken, de corrupte 'koning van de junk-bondmarkt' en had slechts één doel: restricties op junk bonds voorkomen. Aylward kweet zich uitstekend van zijn taak. Jaarlijks gaf de Alliance ongeveer een miljoen uit aan diverse Congresleden. De junkbondrestricties kwamen nooit van de grond.

Een zakenman die de kunst van het lobbyen (door een insider omschreven als: het aanvoelen wanneer en met wie men overtuigingskracht, druk of geld moet gebruiken) virtuoos beoefent is Ross Perot. Het is wel erg ironisch dat uitgerekend Perot in 1992 door de golf van publieke frustratie over de corruptie in het politieke establishment zo populair werd. De kiezers zagen in hem de outsider, de 'man van het volk' die de Augiasstallen van Washington kon uitmesten. Zijn rijkdom werd gezien als een bewijs van zijn daadkracht terwijl ze juist het produkt was van het politieke gesjoemel dat de kiezers zo ergerde. Perot was alles behalve een politieke outsider. Hij gaf zoveel geld aan politici (van beide partijen) dat hij in sommige jaren de grootste individuele donor van het land was. Het succes van zijn eerste bedrijf, EDS, was te danken aan overheidscontracten die hem werden toegewezen zonder dat andere firma's de kans kregen offertes te doen. De extreem hoge prijzen die Perot de overheid aanrekende deden zijn winsten groeien. De EDS-aandelen werden een succes in Wall Street en Perots fortuin groeide pijlsnel. Maar zijn woekerprijzen lokten een onderzoek uit. Perot weigerde echter zijn boeken te openen en gebruikte zijn vriendschap met president Nixon (aan wie Perot meer dan 100.000 dollar gaf) om het onderzoek te laten stopzetten. En zo ging het voort. Perots carrière is vol met winstgevende transacties die mogelijk werden door politieke invloed. Zijn meest recente succes is een nieuwe industriële luchthaven die door de overheid wordt gebouwd op grond die eigendom was van Perot. Ook de omliggende grond is van de Perot-familie. De waarde ervan is meer dan verdubbeld sinds het project werd goedgekeurd. De *Federal Aviation Administration* wou een veel kleinere luchthaven bouwen die Perot veel minder winst zou hebben opgeleverd. Maar de FAA werd door het Congres gedwongen het vliegveld uit te breiden.

Dat gebeurde door een amendement op de transportbegrotingswet voor 1988, opgesteld door Jim Wright, *Speaker* (voorzitter) van het huis van afgevaardigden. Wright was ook een vriend en financiële gunsteling van Perot.

Nooit bleek de politieke invloed die Perot kocht zo duidelijk als in 1975. Toen stelden de leden van het *Ways and Means Committee* in het huis van afgevaardigden, die samen 27.000 dollar hadden gekregen van Perot, een amendement op dat aan de belastingwet werd toegevoegd en waar slechts één burger in heel het land groot voordeel bij had: Perot. Het amendement, dat Perot 15 miljoen dollar belastingvermindering opleverde, werd in het holst van de nacht goedgekeurd. Maar de pers kreeg er lucht van en om een schandaal te voorkomen werd het 'Perot-amendement' door het Huis alsnog afgewezen.

De leden van de Ways and Means-comités die de belastingwetten opstellen, krijgen het meest bezoek en cheques van lobbyisten. De voorzitter van het Ways and Means-comité in het huis van afgevaardigden, Dan Rostenkowski, kreeg van 1980 tot 1990 naast talrijke cheques voor zijn herverkiezingscampagnes, ook 1,8 miljoen dollar aan honoraria voor het geven van spreekbeurten voor lobbygroepen en bedrijven die een direct belang hadden bij de werkzaamheden van zijn comité.

De politici hebben hun geldschieters niet teleurgesteld. Het progressief karakter van het belastingsysteem werd geleidelijk opgeheven. In 1968 betaalde de hoogste inkomenscategorie een belastingtarief van 75% ; de laagste 14%. In 1992 was de hoogste belastingtarief 31%, de laagste 15%. Omdat er voor de rijkste Amerikanen veel meer mogelijkheden zijn om kosten in rekening te brengen, betalen velen een lagere tarief dan gezinnen met een modaal inkomen. Als ze hun inkomen halen uit belastingvrije obligaties (waarvan het merendeel in handen is van het rijkste 1% van de bevolking) hoeven ze zelfs geen cent belasting te betalen.

De bedrijfswereld domineert de politiek nog met andere middelen dan lobby's en de financiering van verkiezingscampagnes. Een vaak onderschatte invloed gaat uit van groepen die zich minder bezighouden met de enge belangen van bedrijven of sectoren en meer met de globale politieke, economische en geostrategische belangen van de Amerikaanse zakenwereld.

Dat zijn organisaties zoals de *Council on Foreign Relations*, de *Conference Board*, het *Committee on Economic Development*, waar leiders van de grootste bedrijven samen met experts uit de regering, de universiteiten en de media politieke problemen bespreken en nieuwe beleidslijnen uitstippelen. Zij worden geholpen en aangevuld door stichtingen zoals de *Rockefeller Foundation*, 'think tanks' en universitaire researchinstituten zoals de *Rand Corporation* en *Stanford Research Institute*, die gefinancierd worden door de bedrijfswereld en beheerd worden door hun vertegenwoordigers en een belangrijke bron zijn van nieuwe beleidsopties.

Vooral de eerste soort heeft een verregaande invloed op het regeringsbeleid. Prominenten uit deze groepen adviseren de regeringen, Republikeinse zowel als Democratische, en helpen de kabinetsleden en andere hoge ambtenaren kiezen. Amerikaanse regeringen bestaan doorgaans grotendeels uit miljonairs en vertegenwoordigers van de bedrijfswereld. Vooral de sleutelposten van Buitenlandse Zaken, Defensie en Financiën worden bemand door politici die lid zijn of banden hebben met bovenvermelde groepen. Deze laatste dienen dan ook als een informele school voor personen uit de bedrijfswereld met politieke ambities.

Dit netwerk van organisaties is een rekruteringsterrein voor de ministeries en de Congresbureaucratie. Zij leveren de experts die getuigen op hoorzittingen in het Congres, die zetelen in presidentiële commissies, die door journalisten worden geraadpleegd en geciteerd, die in het tv-journaal aan het woord komen. Samen bepalen ze in grote mate wat in de media, het Congres en andere instituties wordt verstaan onder 'het nationaal belang'.

De *Council on Foreign Relations* (CFR) is wellicht de bekendste van deze beleidsplannende ondernemersorganisaties. De CFR bestaat vooral uit directeurs en beheerders van bedrijven met een bijzondere interesse voor het buitenlands beleid. Dat zijn uiteraard in de eerste plaats de grootste, meest internationaal gerichte ondernemingen. Uit een onderzoek van de CFR-ledenlijst bleek dat 70% van de 100 grootste bedrijven en 92% van de 25 grootste in de CFR vertegenwoordigd zijn. Andere leden zijn academische experts, journalisten en regeringsambtenaren, vooral uit het *State Department* en de Nationale Veiligheidsraad.

De CFR organiseert spreekbeurten en forums en geeft een invloedrijk tijdschrift en andere documenten uit. Maar haar belangrijkste activiteit grijpt plaats in discussie- en studiegroepen, waarin zakenlui samen met experts van de regering, het leger en de researchinstituten zich over specifieke problemen van de buitenlandse politiek buigen en oplossingen voorstellen. Tijdens de tweede wereldoorlog organiseerde de CFR een serie *War-Peace*-studiegroepen om de wereldorde na de oorlog voor te bereiden. Zij hadden een beslissende invloed op de creatie van de VN, het IMF en de Wereldbank. Een serie CFR-studiegroepen in de jaren '40 en '50 leidde tot een consensus in het establishment over de noodzaak om Zuid-Vietnam ten allen prijze te verdedigen. Ook de ommekeer van de Amerikaanse politiek tegenover China vond zijn oorsprong in CFR-studiegroepen in de jaren '60. In de jaren '70, toen de crisis grote schokken veroorzaakte in de internationale economische verhoudingen, vormde de CFR de 'Trilaterale Commissie'. Die was weliswaar niet de geheime wereldregering waarvoor ze in sommige linkse kringen werd aangezien maar toch een belangrijk overlegorgaan tussen de economische en politieke elites van de VS, West-Europa en Japan. In 1980 vormde de CFR de *Commission on US-Soviet Relations* die in het establishment een consensus hielp smeden over de noodzaak van een agressievere bewapeningspolitiek. In de voorbije jaren werkten CFR-studiegroepen aan een blauwdruk voor de 'nieuwe wereldorde' na de ineenstorting van het Oostblok.

De beleidsplannende organisaties van de Amerikaanse zakenwereld vormen geen hecht blok: ze zijn het vaak onderling oneens en die verschillen komen tot uiting in conflicten binnen de regering en het Congres. Politologen onderscheiden een gematigd-conservatieve 'tros' van organisaties met onder meer de CFR, de *Commission on Economic Development*, het Brookings Instituut, de *Foreign Policy Association* en de *Carnegie-*, *Rockefeller-* en *Ford-Foundations*; en een ultra-conservatieve tros waarvan ondermeer de *Chamber of Commerce*, het *American Enterprise Institute*, het Hoover-instituut en de *Heritage Foundation* deel uitmaken. De eerste tros heeft zijn basis in de grootste bedrijven en oefent de grootste invloed uit op de centristische meerderheid van beide partijen. Deze groep heeft ook de nauwste banden met de uitvoerende macht, zowel onder Republikeinse als Democratische regeringen. De tweede tros is meer gebaseerd op de kleinere bedrijven en op sectoren met minder internationale belangen en heeft het meest invloed op de rechtervleugels van beide partijen. Een derde 'tros' die het beleid tracht te beïnvloeden bestaat uit organisaties en instituten die banden hebben met de vakbonden, consumentenorganisaties, de milieubeweging, enz. Zijn invloed is vooral merkbaar in de linkervleugel van de Democratische partij.

De debatten en machtsverhoudingen tussen deze drie 'trossen' hebben een veel grotere impact op de koers van de Amerikaanse politiek dan de verkiezingsuitslagen. Doorgaans zijn het de opvattingen van de gematigd-conservatieven die de afloop van alle beleidsconflicten determineren. In tijden van grote sociale beroering, zoals in de jaren '30 en '60, steunen ze vaak de hervormingsgezinde 'derde tros'; in perioden van sociale kalmte, zoals in de jaren '80, vormen ze meestal front met de ultra-conservatieven. Maar al die beleidsconflicten vertrekken van het axioma dat wat goed is voor de Amerikaanse zakenwereld, goed is voor het land en voor de hele wereld.

The greatest show on earth

Volgens een opiniepeiling in 1991 vindt 44% van de Amerikanen dat alle politieke kandidaten corrupt zijn; 57% denkt dat de meeste kandidaten enkel geïnteresseerd zijn in macht en prestige. Slechts 29% vond dat het Congres goed werk verricht. Deze gevoelens zijn niet nieuw. De laatste jaren zakte de publieke waardering voor de politici steeds dieper. Men zou dan ook verwachten dat vele Congresleden door de kiezers naar huis werden gestemd maar het tegendeel is waar. 'Tenzij een verkozene een complete klungel is wordt hij herkozen,' zegt Robert Bennett, de voorzitter van de Republikeinen in Ohio. 'Wat het huis van afgevaardigden betreft, bestaan de verkiezingen in feite niet meer,' meent Fred Wertheimer, voorzitter van Common Cause. In 1988 werd 98% van de afgevaardigden en 85% van de senatoren herkozen. De reden is simpel. De zittende Congresleden hebben een overweldigende financiële voorsprong. Als ze doen wat hun geldschieters van hen verlangen is er voor deze laatsten geen enkele reden om te investeren in nieuwkomers. De reden waarom het herverkiezingspercentage in de senaat lager ligt, is dat daar de uitdagers vaak politieke zwaargewichten zijn zoals gouverneurs, die wel over de connecties beschikken om groot geld aan te trekken.

Het feit dat de verkiezingen vooral over persoonlijkheden gaan, maakt de rol van geld nog doorslaggevender. De kandidaat die een groot financieel overwicht bezit, kan in de media een sympathiek beeld van zichzelf ophangen en zijn tegenstander door het slijk halen terwijl diens repliek veel minder kiezers bereikt. Modder is een der voornaamste ingrediënten van de verkiezingscampagnes geworden. Het is een effectief wapen. Maar terzelfder tijd maakt het de kiezers nog afkeriger van het electorale succes. Steeds minder Amerikanen geloven dat het enig verschil maakt voor wie ze stemmen. Bij sommige verkiezingen daalt de opkomst onder de 20%. Alleen in de presidentsverkiezingen gaat nog iets meer dan de helft van de kiezers stemmen.

Voor de media wordt het steeds moeilijker hun publiek in het verkiezingsgebeuren te interesseren. Vooral in de presidentsverkiezingen investeren zij gigantische sommen. Als de kijkcijfers van de programma's die aan de kiesstrijd worden gewijd te laag zakken, verliezen ze miljoenen dollars aan reclame-inkomsten. Zij hebben er dus alle belang bij een zekere spanning in de wedstrijd te houden. Daarom krijgen koplopers, vooral in de beginfase van de presidentsverkiezingen, vaak een spervuur van media-kritiek te verduren terwijl de underdogs in het zonnetje worden gezet. In '92 was de publieke belangstelling voor de voorverkiezingen, de Democratische zowel als de Republikeinse, bijzonder laag. De media reageerden dan ook op de onverwachte kandidatuur van Perot met onverholen enthousiasme. Wekenlang werd de Texaanse miljardair op alle kanalen met bewondering geportretteerd terwijl de problemen van Bush en Clinton in de verf werden gezet. Pas toen hij in de opiniepeilingen zijn rivalen had voorbijgestoken werd de berichtgeving over Perot een stuk kritischer. De interesse voor de kiesstrijd was inmiddels flink gestegen.

Noch de media noch de kandidaten trachten van de verkiezingsstrijd een echt politiek debat te maken. Voor de kandidaten komt het er op aan in te spelen op de gevoelens die de meerderheid al heeft over politieke en morele problemen en voorts zo weinig mogelijk te zeggen of voor te stellen dat door de tegenstander kan worden gebruikt om een deel van de kiezers tegen hen te keren. Hoe vager hoe veiliger. De twee kandidaten zeggen dus min of meer hetzelfde (ze zijn beiden voor de traditionele gezinswaarden, tegen racisme, tegen het begrotingstekort, voor beter onderwijs, strengere straffen, enz.) en doen hetzelfde (baby's kussen, handen drukken, vlagje zwaaien). Het zijn vaak alleen de verdachtmakingen en beschuldigingen die de kandidaten enigszins profileren en de kiezers dus helpen een keuze te maken. Beide partijen hebben dan ook researchteams met als enige taak in het verleden van elkaars kandidaten te graven, op zoek naar materiaal voor hun *attack-commercials* (voor zover dat werk niet al opgeknapt is door de pers). Vooral sex en drugs zijn populair en kunnen het meest tegen Democraten gebruikt worden, al werd ook een Republikeinse kandidaat door het opperste gerechtshof geëlimineerd nadat aan het licht was gebracht dat hij in zijn jonge jaren een marihuanasigaret had gerookt. Dit leidt tot potsierlijke situaties, zoals een persconferentie waarop Clinton bekende ooit marihuana te hebben gerookt maar zijn eer trachtte te redden door eraan toe te voegen dat hij het niet prettig vond en bovendien de rook niet had geïnhaleerd.

De verdachtmakingen hoeven niet altijd op feiten te berusten. Voor de campagne van 1990 stuurde een Republikeins comité een brochure naar alle kandidaten van haar partij, getiteld *Taal: een sleutelmechanisme voor controle*. Daarin werd de kandidaten aangeraden om, wanneer ze over zichzelf spraken, vooral woorden te gebruiken zoals 'milieu', 'vrede', 'vrijheid', 'rechtvaardig', 'de vlag', 'wij', 'onze', 'gezin' en 'humaan'. Over de tegenstander moesten woorden gebruikt worden zoals 'verrader', 'ziekelijk', 'pathetisch', 'leugen', 'hypocrisie', 'zelfzuchtig'.

Voor de media komt het er op aan de strijd spannend te houden en dat lukt niet door vooral de standpunten van de kandidaten te belichten. Hun meningsverschillen zijn te klein, te vaag of te technisch om tot de verbeelding te spreken. Daarom benadrukken ze vooral het competitie-aspect en rapporteren ze de kiesstrijd als een sportwedstrijd.

De eerste voorverkiezingen vallen samen met de Olympische winterspelen. Als men het tv-beeld uitdraait en de namen van de sporthelden en presidentskandidaten niet kent, is het soms niet gemakkelijk om uit te maken op welk kanaal over sport wordt gesproken en op welk over politiek. In 1988 noteerde ik de volgende commentaren: 'Bush gaat in razend tempo naar beneden... zijn rivaal Dole lijkt in uitstekende conditie.' 'Dukakis is goed op weg om goud te veroveren. Simon heeft zilver nodig om in de wedstrijd te blijven.' De manager van Bush: 'Onze man is nog niet uitgeteld. Hij is taai, hij heeft een enorm uithoudingsvermogen. Hij presteert het best wanneer hij onderschat wordt.' De manager van Dole: 'Bush tracht te winnen door slagen onder de gordel.' Gephardts manager: 'Je zult het zien, Gephardt zal uit het peloton wegspringen.' De sporttaal had alle politieke referenties uitgebannen. Zelden stelden de interviewers een vraag over standpunten. Vrijwel alle vragen gingen over winstkansen, de achterstand verkleinen, strategieën voor de volgende etappes. Als een kandidaat een opvallende politieke uitspraak deed, werd die, niet ten onrechte, uitgelegd als een tactisch maneuver. Zoals in sportcompetities is de lange verkiezingsstrijd gevuld met dramatische gebeurtenissen die enorme media-aandacht krijgen maar die voor het publiek geen enkele implicatie hebben en na afloop van de competitie alleen door insiders en verstokte fans nog worden herinnerd.

De kandidaten klagen steen en been over de 'paardekoers'-verslaggeving maar doen er intussen volop aan mee. De media bekritiseren het 'moddergooien' van de kandidaten maar belonen het door er zeer veel aandacht aan te besteden. Toen Bush in 1988 veel kritiek kreeg op zijn giftige reclamespots besloot zijn mediastrateeg Roger Ailes ze niet langer uit te zenden. Het gevolg was dat Bush' campagne niet meer vermeld werd in de nieuwsshows. Toen Ailes de spot opnieuw begon te gebruiken, werd Bush plots weer 'nieuwswaardig'.

Zowel het formaat van de kiespropaganda als dat van de kiesverslaggeving maakt oppervlakkigheid onvermijdelijk. De propaganda gebeurt vooral via reclamespots die 30 seconden duren. In de verkiezingen van 1992 deed de 10-secondenspot z'n intrede. In de nieuwsshows komen de kandidaten aan het woord in *sound bites*, korte uittreksels uit hun toespraken die meestal speciaal voor de camera's worden gehouden. In 1968 duurde de gemiddelde soundbite 43,1 seconden, in 1988 nog 8,9 seconden. Probeer in die tijd maar eens een genuanceerd standpunt uiteen te zetten.

Sinds Joe McGinniss in *The Selling of the President* uit de doeken deed hoe handige reclamejongens in 1968 'de nieuwe Nixon' verkochten, is het gebruik van marketing- en reclametechnieken in de Amerikaanse verkiezingen uitvoerig gerapporteerd. Je hoort er vaak over klagen dat 'presidentskandidaten verkocht worden zoals waspoeder'. Maar in feite is er een groeiend verschil tussen de reclamecampagnes voor bijvoorbeeld waspoeder en deze voor politieke kandidaten. In het eerste geval moeten de reclame-experts vertrekken van een bestaand produkt. De consumenten weten waarvoor het dient en moeten overtuigd worden dat het beter werkt dan dat van concurrerende merken. In de typische kiescampagne van vandaag vertrekken de reclame-experts met een schone lei. Wat ze proberen is niet zozeer een kandidaat te verkopen dan wel er een te creëren die gegarandeerd verkoopt.

De presidentscampagne van Bush in 1988 was een treffend voorbeeld van deze strategie. Het vertrekpunt van Bush' reclameteam was niet: hoe kunnen we de politieke visie van Bush zo verpakken dat ze door een meerderheid van de kiezers gekocht wordt? De grondstof waarmee het team begon te werken was niet het imago en de standpunten van Bush maar de testresultaten van 'focusgroepen' die zo geselecteerd werden dat ze representatief waren voor het gros van het kiezerskorps. Het testen van de focusgroepen diende niet om na te gaan wat de kiezers dachten, met welke standpunten zij akkoord gingen. Daarvoor had de campagne opiniepeilers. In de focusgroepen gingen de reclame-experts op zoek naar de thema's die de meest emotionele respons opwekten. Ze zochten naar wat reclame- en mediadeskundige Tony Schwartz 'de responsieve snaar' noemt.

Volgens Schwartz worden we in ons dagelijks leven door radio, tv, kranten, weekbladen, reclame, enz. met zo veel informatie gebombardeerd dat de meeste boodschappen verdrinken in een zee van stimuli en geen impact hebben. Het komt er dus voor een kandidaat niet op aan een boodschap uit te zenden die begrepen wordt ('Een stem voor Bush is een stem voor vrede en welvaart') en zelfs niet ze zo te verpakken dat instemming wordt uitgelokt ('Dit is geen tijd voor risico's. Bush. Een man met ervaring'). Waar het op aan komt, zegt Schwartz, is 'de responsieve snaar' te doen trillen. De emoties die met bepaalde stimuli zijn verbonden door levenslange consumptie van de mythische televisiewereld, activeren. Schwartz noemt dit 'het resonantieprincipe'. 'Wat we in de communicatie leggen heeft op zichzelf geen betekenis,' schrijft hij. 'De betekenis van de communicatie is wat de kijker haalt uit zijn ervaring met de stimuli van de communicator.'

De tests toonden dat de 'responsieve snaar' van de focusgroepen het hardst ging trillen als ze geconfronteerd werden met 'wij tegen hen'-thema's en het meest van al als de tegenstelling ging tussen ordelievende burgers en meedogenloze misdadigers. Het bleek ook dat de moordenaar en verkrachter in de ogen van de focusgroepen gepersonifieerd werd door de zwarte jongeman uit de getto's.

De volgende stap in het proces was de introductie van het resonerende thema in de campagne. Een rationeel betoog over het misdaadprobleem was daarvoor niet bruikbaar. Het zou trouwens averechts werken. Tijdens Bush' vice-presidentschap, was de misdadigheid in de VS scherp gestegen. Intussen was Massachusetts, de staat waar Bush' tegenstander Dukakis gouverneur was, erin geslaagd de criminaliteit terug te brengen tot het laagste niveau van alle industriële staten in het land. Het doel was integendeel om bij de kiezers dezelfde irrationele emotionele reflex op te wekken die de testers in de focusgroepen hadden opgemerkt. Researchers kregen de opdracht iets bruikbaars op te sporen. Wat ze vonden, was Willie Horton.

Zoals in 39 andere staten en in het federale gevangeniswezen mogen sommige gevangenen in Massachusetts tijdens het weekend naar huis. De weekendverlof-maatregel dient om de overbevolking van de gevangenissen te verlichten en gevangenen aan te zetten tot goed gedrag. Soms gebeurt het dat gevangenen van de gelegenheid gebruik maken om te ontsnappen. In Massachusetts bedroeg het aantal ontsnappingen tijdens weekendverlof minder dan 0,4%, een van de laagste percentages van heel het land. Een van de ontsnapten was Willie Horton, een gettojongen die veroordeeld was wegens moord. Hij vluchtte naar Maryland, pleegde een inbraak, terroriseerde een jong blank stel en verkrachtte de vrouw.

Spoedig werd Hortons vervaarlijke boeventronie door de Republikeinse reclamespots in heel het land bekend. Bush gebruikte zijn naam om de haverklap, om te illustreren dat Dukakis 'meer sympathie had voor misdadigers dan voor hun slachtoffers.' De bewering was absurd: de weekendverlofmaatregel was in Massachusetts ingevoerd door Dukakis' voorganger, een partijgenoot van Bush. Maar de responsieve snaar trilde. De Horton-reclamespot was het meest effectieve maneuver uit de campagne. Het werd aan alle kanten veroordeeld als racistisch. Bush gebruikte Horton echter niet omdat hij een racist is maar omdat hij, zoals hij het zelf uitdrukte, 'tot alles bereid is om te winnen.' 'Jullie zijn de baas,' zei hij tot zijn reclameteam, 'doe wat je denkt dat nodig is.'

Uit de tests van de focusgroepen was ook gebleken dat de meest weldadige gevoelens werden opgewekt door beelden van een gelukkig gezin. Dus bestond het positieve luik van Bush' campagne vooral uit reclamespots die Bush toonden terwijl hij speelde met zijn kleinkinderen. Zijn getalenteerde speechschrijfster Peggy Norman liet hem zeggen: 'Veertig jaar geleden verhuisden we naar West-Texas. De oorlog was voorbij en we wilden op eigen benen staan. We leefden de droom – voetbal op vrijdagavond, de kinderen speelden baseball, we hadden barbecue met de buren...' De responsieve snaar trilde als een espenblad.

Wat Bush zo geschikt maakte voor dit soort reclamecampagnes en wat hem tevens zo typisch maakt voor de nieuwste generatie van Amerikaanse politici, is dat hij 'een lege kern' heeft, zoals hem vaak wordt verweten. Zijn tegenstanders zeggen dat hij geen programma heeft, geen visie op de toekomst. Maar juist die vaagheid verleent zijn reclamestrategen de flexibiliteit om zijn imago aan te passen aan de testresultaten van de focusgroepen. Ze geeft hun de vrijheid de campagne te construeren rond hun eigen mythische thema's en de werkelijkheid, de vraag hoe Bush de vele dringende problemen die het land plagen zou oplossen, voor het hele kiesgebeuren irrelevant te maken.

Het enige duidelijke, concrete standpunt dat Bush in 1988 innam was zijn plechtige, eindeloos herhaalde belofte: 'Geen nieuwe belastingen.' Anderhalf jaar later voerde hij nieuwe belastingen in. Het protest dat die beslissing uitlokte, liet hij niet aan z'n hart komen. 'Ik heb wat research gedaan,' zei hij, 'die stormen waaien wel over. Dat is het Amerikaanse systeem.' Daarin had hij gelijk. 'Presidenten beliegen het publiek voortdurend,' zegt Ben Bradlee, ex-hoofdredacteur van de *Washington Post*. In 1964 voerde Johnson campagne als de kandidaat van de vrede; hij beloofde zeker geen 'Amerikaanse jongens' naar Vietnam te sturen. Toen hij eenmaal was verkozen, stuurde hij er snel tienduizenden. Zijn opvolger Nixon werd op zo veel leugens betrapt dat de volgende verkiezingen door Carter gewonnen werden met de slogan: 'Ik zal u nooit beliegen.' Om zijn eerlijkheid te bewijzen, liet Carter een lijst opstellen van zijn kiesbeloften. Enkele jaren later, zo schreef een journalist, 'leek de lijst wel een pagina uit een sciencefictionroman.' Reagan beloofde de begroting in evenwicht te brengen en zijn begrotingstekorten waren groter dan die van alle vorige presidenten samen. Liegen was voor hem zo'n gewoonte dat hij zelf niet meer wist wat nu waar was en wat hij had verzonnen. 'Ik denk niet dat het publiek geschokt was dat er geen enkele gelijkenis bestond tussen wat Bush tijdens zijn campagne zei en wat hij als president doet,' zei Gary Orren van Harvards *Kennedy School of Government*. 'Het publiek heeft geleerd dat de verkiezingscampagne een charade is.'

Geen wonder dat de politici weinig waardering krijgen. Het 'vertrouwen in de overheid' is opnieuw gedaald tot 36% in de opiniepeilingen, bijna zo laag als in het dieptepunt van de Vietnam-Watergate periode. 'Het cynisme van de burgers ten aanzien van de politici is niet nieuw,' schreef *New York Times*-reporter Michael Oreskes. 'Wat opvalt, is de unanimiteit tussen de consumenten en de beoefenaars van politiek. En hoe de beoefenaars, terwijl ze het proces dat ze zelf stimuleren bejammeren, dat cynisme bij de consumenten nog versterken.' Maar ondanks hun cynische kijk op zichzelf 'begrijpen de verkozenen van beide partijen en de belangengroepen die hen onderhouden dat hun macht steunt op de huidige soort lege verkiezingen,' schrijft William Greider in zijn boek *Who will tell the people? – The betrayal of American Democracy*. Die lege verkiezingen en de groeiende economische onzekerheid creëren volgens Greider bij de meerderheid van de bevolking een gevoel van hulpeloosheid. Maar terwijl ze zich machteloos voelt, blijft diezelfde meerderheid geloven dat de meerderheid de macht bezit in Amerika.

De politici beschrijven Amerika graag als het meest democratische land ter wereld. En misschien is het dat ook wel. Iedereen mag zeggen wat hij wil, schrijven wat hij wil, betogen en vergaderen waar en wanneer hij wil. Iedereen mag zich verkiesbaar stellen en stemmen. Maar als men ziet hoe effectief een elite van geldbezitters het democratisch verkiezingsproces controleert en voor haar eigen belangen gebruikt, hoe efficiënt de mythische wereld van de massamedia de werkelijkheid verhult en de vrije meningsuiting van dissidenten in haar overvloed verdrinkt, kan men niet anders dan concluderen dat democratie en totalitarisme elkaar niet uitsluiten.

SLOT
OP WEG NAAR 2000

Op lemen voeten waggelt Rambo naar een nieuw millennium. Zijn spieren en wapens zijn indrukwekkender dan ooit maar zijn economische en sociale basis vertoont barsten die steeds wijder worden. Dat kan echter zijn enthousiasme om in de 'nieuwe wereldorde' zijn plichten als superheld waar te nemen niet temperen.

De ontwerptekst van de *Defense Planning Guidance*, een document dat de strategische basis schetst voor de Amerikaanse bewapeningsinspanningen tot in het jaar 1997, laat daarover geen twijfel bestaan. 'Hoewel de VS niet de politieman van de wereld kunnen worden door de verantwoordelijkheid te nemen voor de herstelling van elk onrecht,' aldus het document, 'zullen wij bij uitstek de verantwoordelijkheid blijven opnemen om op selectieve wijze dat onrecht te bestrijden dat niet alleen onze eigen belangen bedreigt maar ook deze van onze bondgenoten of vrienden of dat de internationale relaties ernstig kan verstoren.' Anders gezegd: terwijl de VS het kwalijk ruikende etiket van 'politieman' niet willen, behouden ze zich wel het recht voor om niet alleen de rol van sheriff van de wereld te spelen maar ook die van rechter. Het voornaamste doel van de Amerikaanse militaire inspanningen, zo bleek uit het document, is ervoor zorgen dat niemand die rol kan betwisten. De VS moeten de enige supermacht blijven; noch in Europa, noch in Azië mag een rivaal opstaan 'die ons leiderschap (kan) aanvechten' of 'de gevestigde economische en politieke orde' kan veranderen.

Het geheime document lekte uit in de pers en veroorzaakte nogal wat protest in binnen- en buitenland. Daarom liet het Pentagon een nieuwe versie van de Planning Guidance opstellen, waarin de omstreden passages vervangen waren door vage formuleringen over de noodzaak van internationale coöperatie. Wezenlijk was er echter niets veranderd. Het bedrag dat volgens de eerste versie in 1993-'97 moet geïnvesteerd worden om te verzekeren dat de VS de enige supermacht blijven – meer dan 1200 miljard dollar – werd in de tweede versie met geen cent verminderd. Nochtans kan men zich geen andere strategische reden voor dergelijke uitgaven indenken. De voorbeelden die het Pentagon-document gaf van oorlogssituaties die zich in de rest van de eeuw zouden kunnen voordoen (een nieuw conflict met Irak, met Noord-Korea, een staatsgreep in de Filippijnen, een invasie van Litouwen, enz.) zijn daar zelf een illustratie van.

De voortzetting van dit uitzinnig bewapeningsritme, dat het land ruim 800 miljoen dollar per dag kost, en het steeds zwaarder gewicht van de overheidsschuld, maken nog strengere bezuinigingen in de sociale sector onvermijdelijk. De kloof tussen rijk en arm zal nog toenemen; misdaad, drugmisbruik, geweld, raciale en andere sociale spanningen dus ook. De achteruitgang van het onderwijs, de steden, de infrastructuur en de gezondheidszorg zal misschien nog versnellen. In 1982 schreef Marion Donoff, de hoofdredacteur van *Die Zeit*: 'Het valt te vrezen dat de VS binnen 10 jaar inderdaad militair onkwetsbaar zullen zijn maar op het burgerlijk terrein in catastrofale mate een onderontwikkeld land zullen zijn geworden.' Donoff is volop bezig met gelijk te krijgen.

Ook voor de Amerikaanse bedrijven zal de last van de renteverplichtingen steeds zwaarder gaan wegen. En het ziet ernaar uit dat hun honger naar winst op korte termijn ze nog zuur zal opbreken. Sinds het midden van de jaren '80 investeren Amerikaanse bedrijven minder in nieuwe produktiemiddelen dan deze van Japan, een land met een bevolking slechts half zo groot als de Amerikaanse. Japanse ondernemers geven ook meer uit aan research dan hun Amerikaanse collega's, niet alleen in relatieve maar ook in absolute cijfers. Als er al iets veilig voorspelbaar is omtrent de rest van de jaren '90, dan is het wel de verscherping van de internationale economische concurrentie. Door het slepende ritme waarin de wereldeconomie (in het beste geval) in de komende jaren zal groeien, dreigt de strijd om de markt tussen de VS, West-Europa en Japan steeds bitsiger te worden. En het ziet ernaar uit dat Amerika nog meer terrein zal moeten prijsgeven.

Om dat lot te ontlopen stellen sommige Amerikaanse politici voor in de komende jaren honderden miljarden te versluizen van Defensie naar binnenlandse noden – onderwijs, infrastructuur, research en andere posten om zo het Amerikaanse concurrentievermogen op te vijzelen. Amerika kan dit doen en toch de sterkste militaire mogendheid ter wereld blijven, zo stellen zij. Maar Rambo zou niet langer met kop en schouders boven alle anderen uitsteken. Washington zou misschien niet meer in staat zijn te voorkomen dat een ander land, of alliantie van landen, de supermacht-status zou opeisen. Dat is een risico dat het Amerikaanse establishment liever niet wil lopen, ook al is er vandaag geen enkel land dat ambities in die richting laat blijken. Integendeel: West-Europa en Japan lijken best tevreden dat zij niet dezelfde militaire lasten hoeven te torsen als hun Amerikaanse concurrent.

De economische achteruitgang en de nieuwe sociale bezuinigingen zullen de binnenlandse spanningen nog doen toenemen. En door de ineenstorting van 'het Rijk van het Kwaad' beschikt Amerika niet langer over een buitenlandse vijand om de gevoelens van nationale eenheid aan te wakkeren. Het verdwijnen van de USSR heeft ideologische verwarring gewekt onder Amerikaanse politici en de nood doen ontstaan aan een nieuwe vijand die als zondebok kan dienen voor de binnenlandse problemen. Japan is voorlopig de favoriete kandidaat. 'De aanhoudende handelsinvasie door Japan is de voornaamste oorzaak van onze economische problemen en groeiende werkloosheid,' zei de Democratische senator Donald Riegle in 1991. En zijn partijgenoot John Dingell voegde daaraan toe: 'De huidige recessie is made in Japan.' Volgens het Japans consulaat in New York werd de anti-Japanstemming in de VS steeds grimmiger sinds het einde van de jaren '80. De berichtgeving over Japan in de tv-nieuwsshows werd vijandiger. Chinezen en Vietnamezen werden op straat aangevallen omdat ze voor Japanners werden aangezien. Vakbondsleiders lieten hun leden stoom afblazen in de rituele vernieling van Toyota's. Chrysler-baas Iacocca waarschuwde tegen 'Japans mondiale ambities' (en ondertekende intussen een samenwerkingsakkoord met Mitsubishi). Sinds 1990 zijn meer dan 30 anti-Japanboeken (met titels als: *The coming war with Japan*) op de markt gebracht. 'Het hoeft ons niet te verbazen,' schrijft de economist Robert Reich, 'dat deze golf van "Japan is de vijand"-boeken exact samenvalt met het verdwijnen van de koude-oorlogsspanningen.'

'Deze boeken zijn een strijdoproep,' aldus Reich. 'Hun auteurs willen dat Amerika de rangen sluit tegen de zogezegde vijand. Sluit de rangen: Amerikaanse overheid, Amerikaanse bedrijven, Amerikaanse arbeiders; sluit de rangen: rijke Amerikanen, arme Amerikanen, Amerikanen van elk ras en etnische achtergrond.' Voorlopig klinkt die strijdoproep nog gedempt. Japan is tenslotte een belangrijke handelspartner, een onmisbare financier en schuldeiser. Maar hoe groter de kloof tussen rijk Amerika en arm Amerika, tussen Amerikaans kapitaal en Amerikaanse arbeiders zal worden, hoe luider de oproep zal klinken om de rangen te sluiten en de nationale weerbaarheid niet door onderling getwist te ondermijnen. En hoe overtuigender de media de 'dreiging' die van die vijand uitgaat, zullen afschilderen.

Stel dat de huidige trage groei van de wereldeconomie niet uitmondt in een robuuste heropleving maar in een diepe inzinking of zelfs een depressie. Die mogelijkheid kan niet weggewuifd worden. Er zijn vele gelijkenissen tussen de huidige situatie en deze aan de vooravond van de depressie in de jaren '30. Ook toen werd de wereldeconomie geteisterd door oververzadiging in sleutelsectoren zoals staal, textiel, land- en scheepsbouw. Ook toen werden grondstoffenprijzen door een deflatoire spiraal omlaag getrokken. Speculatiekoorts deed de beurswaarden stijgen terwijl rentelasten de winsten uitholden en de banken steeds kwetsbaarder werden, net als vandaag. Het is waar dat de depressie van de jaren '30 werd uitgelokt door politieke blunders die wellicht niet opnieuw zullen worden begaan. En dat het niveau van internationale economische coöperatie dat vandaag bestaat een herhaling van het scenario van toen uitsluit. Nochtans zijn de onderliggende problemen in sommige opzichten nog erger geworden. Al kan men met een gerust hart beweren dat een diepe inzinking zich niet op dezelfde bruuske manier kan manifesteren als toen, dat ze niet zal plaatsvinden, is veel minder zeker.

Zowel de binnenlandse sociale spanningen in de VS als de commerciële wrijvingen met Japan en West-Europa zouden door zo'n inzinking op de spits worden gedreven. De eerste zouden de nood verscherpen aan een buitenlandse vijand om de binnenlandse eenheid te redden. De laatste zouden voor gevolg hebben dat die propaganda aan een reëel conflict zou beantwoorden. Voor Washington kan de verleiding dan onweerstaanbaar worden om Japan en/of Europa een dictaat op te leggen, om ze te dwingen meer Amerikaanse produkten te kopen en hun aandeel in de Amerikaanse markt terug te schroeven, om de economische spelregels zo te veranderen, dat Amerika het laken weer naar zich toe kan trekken.

Deze tendens is vandaag al zichtbaar. Japan wordt nu al gedwongen zijn invoer uit de VS te vergroten en zelfs de uitvoer van Amerikaanse produkten naar de derde wereld te helpen financieren. Het is waar dat de Japanse markt traditioneel meer beschermd is dan de Amerikaanse. Maar in Japan worden importbeperkingen onder Amerikaanse druk verminderd terwijl in de VS de protectionistische trend langzaam maar zeker veld wint. In 1980 werd 20% van de Amerikaanse produkten door importquota en -tarieven beschermd, in 1992 al meer dan 35%. In 1991 dienden Democratische Congresleiders een wetsvoorstel in dat Japan zou dwingen zijn handelsoverschot met de VS jaarlijks met 20% te verminderen, ongeacht of de Japanse consumenten wel trek hebben in de Amerikaanse produkten. Als nu al dergelijke maatregelen worden overwogen, kan men zich afvragen welke drastische stappen zullen volgen als de economische nood het hoogst is.

De uiteindelijke reden waarom Amerika in staat is zijn handelspartners eenzijdig zijn wil op te leggen en ze desnoods te verbieden tegenmaatregelen te nemen, is dat het door zijn militaire overmacht een formidabele stok achter de deur bezit. Het hoeft die stok niet te gebruiken, er wellicht zelfs niet mee te dreigen. Iedereen weet dat de stok er is.

De landen die het slachtoffer worden van Amerikaanse chantage, zouden geneigd kunnen zijn middelen te zoeken om een nieuw machtsevenwicht tot stand te brengen. Rusland, economisch aan de grond maar nog steeds in het bezit van een formidabel nucleair arsenaal en een enorm leger, zou plots een aantrekkelijke bondgenoot kunnen lijken. Nieuwe allianties zouden gevormd kunnen worden. Wederzijdse bedreigingen zouden een nieuwe bewapeningswedloop in gang kunnen zetten.

Dit scenario kan ongeloofwaardig lijken, maar de gebeurtenissen van de laatste jaren zouden tien jaar geleden ook science fiction hebben geleken. Het is niet mijn bedoeling de toekomst te voorspellen – daarvoor zijn er vandaag te veel variabelen – maar te illustreren dat een militaire supermacht met een verzwakkende economie en enorme binnenlandse problemen, in de context van een achteruitboerende wereldeconomie, een gevaarlijke situatie kan creëren. De tere voeten van Rambo zijn niet simpelweg een binnenlands probleem, waar de rest van de wereld zich geen zorgen over hoeft te maken.

Louter binnenlandse problemen bestaan in feite nauwelijks meer op het einde van de twintigste eeuw. Nooit tevoren werd het leven van elke aardbewoner in die mate geregeerd door globale processen. Enkele cijfers die op een computerscherm in Wall Street flitsen, kunnen het doodvonnis betekenen van een fabriek op de Filippijnen. Bosbranden in Brazilië kunnen het klimaat van Europa veranderen. Een epidemie die in Afrika begint kan honderdduizenden Amerikanen ziek maken. Het hemd dat u aan heeft, de auto waarmee u rijdt, zijn wellicht het resultaat van arbeid uit verscheidene landen, verscheidene werelddelen.

Eenieders lot wordt bepaald door verschuivingen op de wereldmarkt. Omdat de wereldmarkt sinds het einde van de jaren '60 veel trager groeit dan de mondiale produktiecapaciteit, moeten steeds meer mensen uit het globale produktieproces geëlimineerd worden. Die selectie is nog steeds aan de gang en het einde is niet in zicht.

De zwakste concurrenten werden het eerst geëlimineerd. Daarom leeft het grootste deel van de derde-wereldbevolking nu in schrijnende armoede. Daarna was het de beurt aan de meer geïndustrialiseerde maar achterop hinkende 'tweede wereld'. Daarom stortte het Oostblok in elkaar en worden Rusland en Oost-Europa nu bedreigd door gigantische werkloosheid. Maar het eliminatieproces wordt ook meer en meer voelbaar in de 'eerste wereld'. Dat is uiteindelijk de voornaamste reden waarom de barsten in Rambo's voeten steeds groter worden.

De reden waarom er niet massaal wordt geïnvesteerd in de Amerikaanse binnensteden is dezelfde als waarom er vrijwel niet meer geïnvesteerd wordt in Afrika. Voor het merendeel van hun bewoners is er geen plaats meer in het globale produktieproces. Vanuit het standpunt van de concurrentiepositie van de Amerikaanse economie in de strijd om de wereldmarkt, zijn de gigantische investeringen die nodig zijn om de groeiende wegwerpbevolking menswaardige huisvesting, scholen, verzorging en tewerkstelling te verschaffen, grotendeels verspilling. Het is veel goedkoper ze te laten rotten in hun getto's en meer gevangenissen te bouwen en meer politieagenten te huren om ze in toom te houden.

De verdediging van de concurrentiepositie is voor elke regering een noodzaak en dus het enig mogelijke vertrekpunt van een rationeel beleid. Maar de som van die rationele beslissingen is voor iedereen irrationeel. Als zelfs de Amerikaanse regering zich vanuit de noodzaak om de concurrentiepositie te verdedigen gedwongen voelt om, zoals in 1992 in Rio, beperkingen op de emissie van koolzuurgassen te verwerpen, hoe kan men dan verwachten dat zwakkere landen de vernietiging van het globale milieu stopzetten? Als zelfs voor het rijke Amerika de verdediging van de concurrentiepositie impliceert dat een groeiend deel van de bevolking steeds armer wordt, wat kan men dan anders verwachten dan dat armoede en wanhoop in heel de wereld zullen toenemen, zodat de wereldmarkt voor iedereen nog kleiner wordt en miljoenen uit de armste landen trachten te ontsnappen naar landen waar de crisis minder erg is?

Als deze globale problemen het gevolg zouden zijn van een gebrek aan materiële middelen, dan zouden ze uiteraard onoplosbaar zijn. Maar dat zijn ze niet. Er is bijna geen enkel probleem, noch in de VS noch in de rest van de wereld, waarvoor niet ruimschoots voldoende kennis, technologie, arbeidskrachten en grondstoffen bestaan om het op te lossen. De middelen om de vervuiling drastisch te reduceren, om woestijnen in Afrika te doen bloeien, om de Amerikaanse binnensteden weer op te bouwen, bestaan. Maar die middelen zullen niet gemobiliseerd worden voor het oplossen van deze crisissituaties zolang 'de magie van de vrije markt' het dogma blijft dat de wereld regeert, zolang de beslissingen in het globale produktieproces worden ingegeven door koning Rendabiliteit.

De globalisering van het produktieproces impliceert dat oplossingen enkel op een globale schaal kunnen werken, en dat het uitblijven van een globaal alternatief voor iedereen rampzalige gevolgen zou hebben. De toename van ellende en vernietiging zouden gepaard gaan met de bloei van bijbehorende ideologieën. Dat is vandaag al merkbaar. Het lijkt wel of de vuilnisbak van de geschiedenis is omgegooid. Nazisme, racisme, chauvinisme en religieus fundamentalisme steken weer openlijk hun lelijke koppen op. Het is ironisch dat, juist nu het globale produktieproces de wereld meer heeft verenigd dan ooit en de wederzijdse afhankelijkheid ten top heeft gedreven, ideologieën die isolement en wederzijdse haat prediken het zo goed doen. Maar het hoeft ons niet te verwonderen. Als de verdediging van het nationale belang in een min of meer humane verpakking het tij niet kan keren, is het niet onlogisch dat het nationalisme nog versmalt en compromislozer wordt. En dat de buitenlander de kop van jut wordt. Eigen volk eerst. Eigen streek eerst. Eigen ras eerst. Het is een angstaanjagend perspectief.

Tenzij er een globaal alternatief verschijnt. Links heeft de mensheid een slechte dienst bewezen door dat alternatief te vereenzelvigen met de concentratie van politieke en economische macht in staatshanden, zonder het nationale kader in vraag te stellen. De ineenstorting van de stalinistische regimes heeft het failliet van dat pseudo-alternatief bewezen. Nu dit obstakel geïmplodeerd is, is de weg misschien vrij voor de ontwikkeling van een alternatief zonder oogkleppen, dat even globaal is als de problemen die Amerika en de wereld bedreigen.

LITERATUURLIJST

Michael Ako & Marc Levinson, *After Reagan: Confronting the changed World Economy*, New York, Council on Foreign Relations, 1988

Donald Barlett & James Steele, *America: what went wrong?*, Kansas City, Andrews and McMeel, 1992

Jeremy Brecker, *Strike!*, Boston, South End Press, 1972

Ze'ev Chafets, *Devil's Night and other true Tales of Detroit*, New York, Vintage Books, 1990

William Domhoff, *Who rules America now?*, New York, Simon and Schuster, 1983

Barbara Ehrenreich, *The worst Years of our Lives: irreverent Notes from a Decade of Greed*, New York, Pantheon, 1990

William Greider, *Who will tell the People? The Betrayal of American Democracy*, New York, Simon and Schuster, 1992

Herbert Gutman, *The black Family in Slavery and Freedom*, New York, Vintage Books, 1977

Andrew Hacker, *Two Nations: Black and White, Separate, Hostile, Unequal*, New York, Charles Scribners's, 1992

Edward Herman & Noam Chomsky, *Manufacturing Consent: The political Economy of the Mass Media*, New York, Pantheon Books, 1989

Mark Hertsgaard, *On bended Knee: the Press and the Reagan Presidency*, New York, Farrar Straus Giroux, 1988

Lewis Lapham, *Money and Class in America*, New York, Ballantine Books, 1988

Jonathan Kozol, *Savage Inequalities: Children in America's Schools*,

New York, Crown, 1991
Alfred Mambre, *Within our Means: the Struggle for economic Recovery after a reckless Decade*, New York, Random House, 1991
Kevin Phillips, *The Politics of Rich and Poor*, New York, Random House, 1990
Robert Reich, *The Work of Nations*, New York, Alfred Knopf, 1991
Tony Schwartz, *The responsive Chord*, New York, Anchor Press, 1973
Stephen Steinberg, *The ethnic Myth: Race, Ethnicity and Class in America*, Boston, Beacon Press, 1991
Studs Terkel, *Race: how Blacks and Whites think and feel about the American Obsession*, New York, New Press, 1992
Lester Thurow, *Head to Head: the coming economic Battle among Japan, Europe and America*, New York, Morrow, 1992
Alexis de Toqueville, *De la démocratie en Amérique*, Parijs, Garnier-Flammarion, 1989
Donna Woolfolk-Cross, *Mediaspeak*, New York, Conard McCann, Geoghegan, 1983